경상

영주 괴헌고택
가평리 계서당
해저 만회고택
거촌리 쌍벽당
송석헌
봉화 설매리 3겹 까치구멍집
봉화 만산고택
예천권씨 초간종택
예천 의성김씨 남악종택
율현동 물체당
안동 학암고택
가일 수곡고택
안동 권성백고택
하회 겸암정사
하회 남촌댁
하회 북촌댁
하회 빈연정사
하회 양진당
하회 옥연정사
하회 원지정사
하회 주일재
하회 풍산류씨 작천댁
하회동 하동고택
안동 하회 충효당
만운동 모선루
안동 예안이씨 충효당
하리동 일성당
안동 소호헌
안동 귀봉종택
안동 의성김씨종택
안동 오류헌
의성김씨 서지재사

안동권씨 소등재사
안동 송소종택
의성김씨 율리종택
안동 향산고택
안동 임청각
법흥동 고성이씨 탑동파종택
아독귀씨 능동재사
안동 후조당
안동 광산김씨 탁청정공파종택
안동 번남댁
영양 서석지
영덕 충효당
영덕 화수루 일곽
영덕 영양남씨 난고종택
상주 양진당
의성 소우당
송소고택
청운동 성천댁
창양동 후송당
구미 쌍암고택
영천 매산고택 및 산수정
영천 정용준씨가옥
영천 숭렬당
영천 만취당
청도 운강고택 및 만화정
청도 임당리 김씨고택
경주 독락당
양동 강학당
양동 근암고택
양동 낙선당
양동 두곡고택
양동 사호당고택
양동 상춘헌고택

양동 서백당
양동 수졸당
경주 양동 향단
경주 양동 관가정
경주 양동 무첨당
경주 교동 최씨고택
경주 김호장군고택
울릉 나리동 너와집 및 투막집
울릉 나리동 투막집
달성 태고정
달성 삼가헌
달성 조길방가옥
대구 둔산동 경주최씨종택
거창 동계종택
함양 허삼둘가옥
함양 일두고택
합천 묘산 묵와고가
창녕 술정리 하씨초가
함안 무기연당

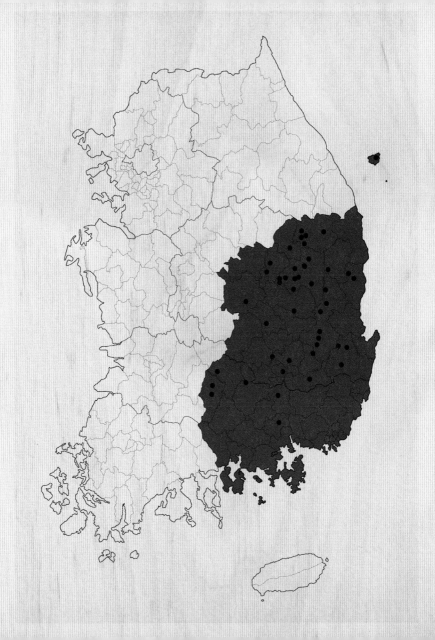

우 리
옛 집

우리 옛 집－경상도
ⓒ 목심회, 2015

초판 1쇄 펴낸날 2015년 8월 31일
초판 2쇄 펴낸날 2016년 1월 25일

지은이 목심회
펴낸이 이상희
펴낸곳 도서출판 집

출판등록 2013년 5월 7일 2013-000132
주소 서울 마포구 동교로 47-15 402호
전화 02-6052-7013
팩스 02-6499-3049
이메일 zippub@naver.com
홈페이지 www.zippub.kr

ISBN 979-11-952334-6-5 04610
　　　　 979-11-952334-4-1 04610(세트)

• 이 도서의 국립중앙도서관 출판예정도서목록(CIP)은 서지정보유통지원시스템
홈페이지(http://seoji.nl.go.kr)와 국가자료공동목록시스템(http://www.nl.go.kr/kolisnet)에서
이용하실 수 있습니다. (CIP제어번호 : CIP2015022117)

우·리·옛·집

경상도

목심회 지음

집

책이 나오기까지

나무로 만들어진 한국건축을 연구하는 사람들이 모여 1992년 1월 청양 장곡사에서 개심사에 이르는 첫 한국건축 답사를 시작했다. 이때 나무의 마음으로 나무를 사랑한다는 의미의 '목심(木心)'이라는 모임의 이름도 정했다. 2002년 연말정기모임에서 답사하면서 조사한 도면과 자료를 정리해 책으로 발간하자는 데 의견을 모으고 5개년 계획을 세웠다. 첫 책의 대상지는 "우리 옛집"으로 하기로 했다.

당시 옛집에 관한 자료는 한국문화재보호재단(현 한국문화재재단)에서 펴낸 《문화재대관 ─ 중요민속자료 편》이 있었다. 이 책은 전경 사진 위주로 편집되어 있어 옛집을 제대로 들여다보는 데 한계가 있지만 아쉬운 대로 유용했다. 하지만 책을 구하기가 어려웠다. 지금처럼 인터넷이 발달하지 못해 답사에 도움이 될 만한 자료를 찾는 것이 쉽지 않았다. 옛집을 첫 대상지로 삼은 이유다. 목심회의 구성원들은 대부분 문화재 보수나 실측설계 전문가들이어서 비교적 자료를 쉽게 구할 수 있었다. 자료를 찾기 어려운 분들에게 조금이나마 도움을 드리겠단 생각으로 답사지의 건물을 실측하고 도면을 작성하고 자료를 정리해 나갔다. 회원들 모두 생업이 있어 답사는 예상한 일정대로 진행되지 못했다.

20여 명의 모든 회원이 집필에 참여해야 한다는 원칙을 따르다 보니 이런 작업에 익숙지 않은 회원들은 원고 작성, 사진 편집, 도면 그리기, 부분 스케치 등 매 작업마다 난관에 부딪쳤다. 시간이 지나면서 문화재로 새로 지정되거나 문화재 명칭이 바뀐 집들도 생겼다. 책을 편집하면서 답사 당시 제대로 촬영하지 못한 집들은 부랴부랴 다시 다녀오고 자료를 보충했다. 처음에 계획한 만큼 옛집의 모든 것을 담지 못해 아쉬움이 남는다. 그러나 지금껏 시도되지 않은 전국의 우리 옛집 172동을 모았다는 데 큰 의미가 있다.

이 책이 나오기까지 처음부터 끝까지 진두지휘하고 각 집의 스케치를 해 주신 이도순, 원고와 사진·도면·삽화 등을 감수한 김왕직, 간사를 맡아 배치평면도 그리랴 원고가 늦어지는 회원들을 독려하고 미흡한 자료는 보충할 것을 요구하는 등 편집 전반을 책임지다시피한 유근록, 20대에 한국건축을 접해 희끗해진 머리가 된 지금까지 오랜 세월 열과 성의로 함께한 회원 여러분께 고마운 마음을 전한다.

이 책이 한국건축에 관심 많은 일반 대중과 한국건축에 입문하고자 하는 학생들, 한옥을 짓고 싶어 하는 사람들에게 조금이나마 보탬이 되었으면 하는 바람이다.

2015년 7월
목심회를 대표해 이영식 쓰다

발간에 부쳐

조선시대에 지어진 집들은 대개 '중요민속문화재'로 지정해 보존한다. 살림집이면서도 민속적 가치보다는 단위 건물의 가치나 역사적 가치를 인정받아 '보물' 또는 '사적'으로 지정된 것들도 있다. 이 책은 중요민속문화재와 보물 중에서 살림집으로 분류되는 172동을 대상으로 했다. 중요민속문화재 182동 중 살림집과 직접 관련이 없는 누각과 종교건물 등은 제외했다. 따라서 문화재지정 종류와 관계 없이 살림집에 해당되는 것은 모두 망라했다고 볼 수 있다. 강원 6동, 경기 8동, 경상 84동, 서울 1동, 전라 36동, 제주 5동, 충청 32동이다. 살림집은 다른 건축에 비해 지역적 특색이 강하며 다양한 생활민속과 의례, 역사와 문화가 함축되어 있는 소중한 문화자산이다. 현재 국가지정 목조건축문화재는 357건인데 이 중에서 살림집이 과반을 차지한다는 것은 다른 나라들과 비교해 볼 때 한국만이 갖고 있는 특수성이다.

우리나라에서 살림집의 비중이 이렇게 높은 것은 아직 유교에 의한 종법이 살아 있고 종손들이 지금도 살림을 하고 있기 때문일 것이다. 그러나 근 미래에 마지막 종손이 사라지는 순간 살림집의 보존은 심각한 문제에 봉착할 것이다. 일찍 개발이 이루어졌던 나라들의 경우, 살림집이 거의 남아 있지 않을 뿐만 아니라 남아 있어도 생활은 이루어지지 않고 박제된 모습으로 방치되거나 관리의 어려움으로 민속마을과 같은 곳에 이축해 보존하는 것이 현실이다. 이러한 상황을 반추해 본다면 우리는 그나마 다행이라고 할수 있지만 반대로 지금 대비하고 보존 대책을 강구하지 않으면 우리의 살림집들도 급속히 사라질 것이다. 생활이 살아 있을 때 살림집에 대한 조사와 연구가 구체적으로 진행되어야 할 것이며 국가적 지원이 필요하다. 현재 종가에 대한 지원 차원에서 한옥 숙박체험가옥으로 유도하고 있지만 과도한 체험시설로의 전환은 종가의 진정성 훼손과 건축 및 경관의 손상을 초래하게 되므로 신중한 검토가 필요하다.

우리 모임에서 전통건축 답사를 시작한 것은 1992년 1월이다. 20년이 지나는 동안 70차례 정도의 답사가 있었고 갔던 곳을 다시 가는 경우도 빈번했다. 20년을 다니는 동안에 많은 집들이 변화하고 있음을 목격할 수 있었다. 없던 건물이 복원되고 사라지기도 했으며, 화장실과 부속시설, 체험시설이 신축되는가 하면 내부는 생활편의시설의 도입으로 바뀌기도 했다. 가장 많이 바뀐 것은 지붕 서까래와 기와이다. 얇고 굽은 자연목 서까래가 직선으로 잘 가공된 굵은 서까래로 바뀌고 수제 기와가 매끈한 공장 생산 기와로 바뀌었다. 또한 비어 있는 집이 늘어나고 문을 굳게 닫아 들어가 볼 수 없는 집들도 많아졌다. 마지막 종손이 돌아가시고 자식들이 귀향하면서 상업적으로 개발해 진정성을 훼손한 집도 있었으며, 마구잡이 개발로 고졸한 맛이 없어진 경우도 부지기수이다. 안타까움에 그동안의 답사 기록을 책으로 내겠다는 용기를 냈다.

그러나 172동에 이르는 옛집을 모두 망라하려니 역사적 변천을 다 담아내기에는 역부족임을 느꼈다. 옛집을 다룬 책들은 여럿 있으나 모두를 망라해 묶어 놓은 책은 없었다는 것이 그간의 아쉬움이었다. 지역적 특색을 한눈에 보려면 망라해서 보는 방법이 가장 좋은데 그럴 수 없었다. 그래서 이번에는 모두를 망라해서 한 권으로 묶는 것을 목표로 삼았다.

집필자들의 구성은 대개 전통건축 전문가들이지만 분야는 다양하고 중년의 실무 경력자들이 대부분을 차지한다. 분야별로는 문화재기술자들이 많았고 학계, 연구 및 전문직 공무원, 현대건축 설계와 시공 등으로 다양하다. 따라서 대중서이면서도 전문가들의 견해가 반영된 책을 만들고자 했다. 결과를 놓고 보면 욕심이 앞선 측면도 있고 다양한 사람이 집필하다보니 다양성은 있으나 통일감이 없고 집필진에 따른 편차도 있었다. 그러나 내용 소개 보다는 전문가들에 의한 관점의 전달에 초점을 맞췄으며 건축가로서 우리 건축 공간과 기술적인 특징을 작지만 단편이라도 그림과 사진을 통해 입체적으로 전달하려고 노력했다. 마지막으로 어려운 출판계의 현실 속에서도 선뜻 출판을 허락해 준 도서출판 집의 이상희 대표에게 감사의 마음을 전한다.

2015년 7월 함박골에서
집필진을 대표해 김왕직 쓰다

차례

경상

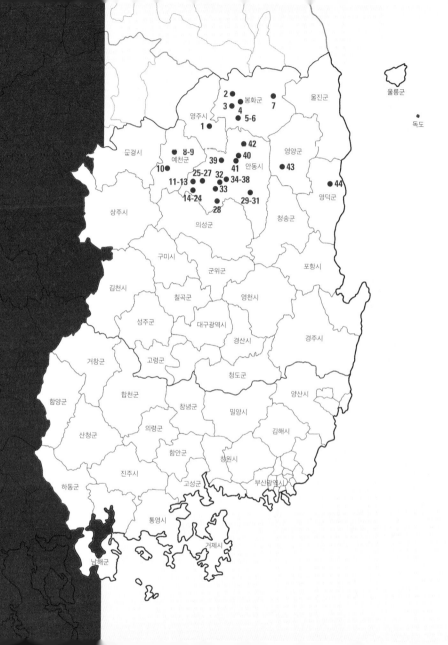

경상

경상

영주 괴헌고택

榮州 槐軒古宅

소재지	경북 영주시 이산면 영봉로 875-8
건축 시기	1779년
지정 사항	중요민속문화재 제262호
소유자	김종국
구조 형식	안채: 5량가, 팔작+맞배 기와지붕
	사랑채: 1고주 5량가+3량가, 팔작 기와지붕
	사당: 3량가, 맞배 기와지붕

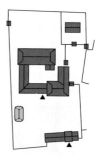

지붕 평면도

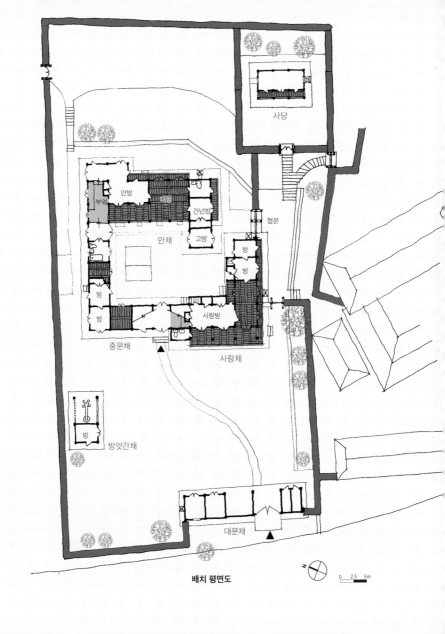

안방

대청

건넌방

부엌

고방

안채

방

방

사랑방

중문채

협문

방

방

사랑채

사당

방

방앗간채

대문채

배치 평면도

N

0 2.5 5m

괴헌고택은 입향조의 8대손이 1779년에 지었다고 한다. 전형적인 경상도 지역 양반가옥의 배치 형태인 튼 'ㅁ'자 형으로 구성되어 있다. 방과 수납 공간 등이 쓰임새에 따라 적절히 배치되어 있으며 창호, 난간, 구조 등에서 고풍스런 멋을 느낄 수 있다. 안대청 대들보와 종보 사이의 눈에 띄지 않는 곳에 다락이 있어 일제 강점기에는 피신 공간으로 사용되었다. 오래된 성주단지가 잘 보존되어 있다.

사진 1
대문에서 본 사랑채와
중문채

대문채를 지나면 중문채와 사랑채가 있으며 뒤에 안채가 있고 사랑채 오른쪽 상단에 사당이 있다. 이와 같은 배치 형태는 경상도 지방에서 흔히 볼 수 있는 유형이다. 각 영역은 담장을 이용해 영역 구분을 확실히했다.

중문채, 안채와 튼 'ㅁ'자 형을 이루고 있는 사랑채는 사랑방, 마루, 한 칸 방 두 개로 구성되어 있으며 툇간이 있다. 팔작지붕으로 익공 모양이 없는 직절익공집이다.

안채는 대청을 중심으로 왼쪽에 안방과 부엌이 있고, 오른쪽에 건넌방과 고방이 있다. 팔작지붕과 맞배지붕이 결합된 민도리집이다. 툇간 상부는 고미받이를 도리 방향과 직각으로 도리에 걸치고 고미받이에 고미가래를 얹은 고미반자로 했다.

사진 2
사랑채는 각 칸마다 다른
현판을 달아 이 건물이
다양한 기능을 가지고
있음을 드러냈다.

사진 3
안채는 팔작지붕과
맞배지붕이 결합된
민도리집이다.

　사랑채와 안채에는 모두 우물마루를 깔았다. 우물마루는 진입
방향에서 볼 때 직각 방향으로 귀틀을 설치하는 게 일반적인데,
사랑채는 평행하게 설치하고 안채는 평행 방향과 직각 방향이 혼
재되어 있는 특이한 구성을 보인다.

　사랑방에서 안채가 바로 보이지 않도록 내외벽을 설치해 한번
꺾어 안채 마당으로 갈 수 있도록 했을 뿐 아니라 사랑채 후면에
도 내외문을 두어 내외를 엄격하게 구분했다.

사진 1
안채에서 본 중문간

사진 2, 그림 1
대개 중문은 외문으로
구성되나 괴헌고택의
중문은 두 개이다. 사랑채
쪽의 중문은 사랑채
쪽으로, 안채 쪽의 중문은
안마당 쪽으로 열리게
되어 있다.

사진 3, 그림 2
안채의 방 부분은 3평주
5량가인데 동자주 간격이
삼분변작보다 좁은 것이
특징이다.

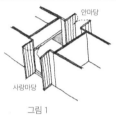

안마당

사랑마당

그림 1

그림 2

사진 4
고미받이를 도리 방향과
직각으로 걸치고
고미받이에 고미가래를
얹은 안채 툇간 상부

사진 5
대개 안채 시렁에는 행사
때 사용하는 독상을
보관한다.

사진 6
사랑채의 내외문과 내외벽

사진 7
귀틀을 보 방향으로 한
사랑채 툇마루. 경상도
지역에서만 볼 수 있다.

사진 8
사랑채 계자난간

사진 9
귀틀을 보 방향과 도리
방향으로 혼용해 사용한
안채의 우물마루

가평리 계서당

佳坪里 溪西堂

소재지	경북 봉화군 물야면 계서당길 34-1
건축 시기	1613년
지정 사항	중요민속문화재 제171호
소유자	성기호
구조 형식	안채: 5량가, 맞배 기와지붕
	사랑채: 2고주 5량가, 팔작 기와지붕

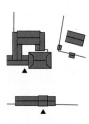

지붕 평면도

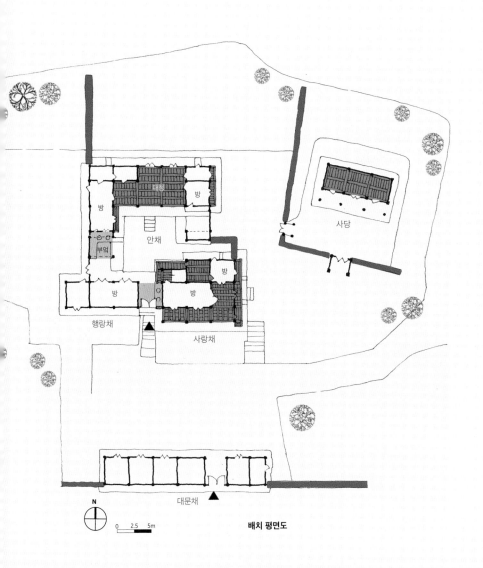

방 　대청 　방

안채

부엌

방 　방 　방

행랑채

사랑채

사당

대문채

N

0　2.5　5m

배치 평면도

계서당은 계서 성이성(溪西 成以性, 1595~1664)이 1613년에 지은 것으로 알려져 있다. 성이성은 문과에 급제해 암행어사가 되었는데 청빈, 강직, 근검한 청백리로 칭송받았다.《춘향전》에 나오는 이몽룡의 실제 인물이라고 한다.

'一'자 형, 6칸 규모의 대문채의 솟을대문을 들어서면 사랑채와 사랑채 옆에 붙은 행랑채가 보인다.

사랑채는 팔작지붕으로 익공 모양이 없는 직절익공집으로 누마루와 툇마루가 있다. 민가에서 익공 구조를 하는 것은 과도한 치장이 될 수 있어 직절익공으로 꾸민 것으로 보인다. 마루 모서리 부분에는 끝에 구멍을 내고 판벽으로 막아 소변을 볼 수 있도록 했다. 아래에는 소변을 받는 통이 있었다고 하는데 지금은 없다. 경사지에 자리해 전면은 마치 누각처럼 보이는데 지면에서 뜬 부분의 아래는 토석벽으로 막았다. 토석벽에는 기와를 이용해 사람의 웃는 얼굴을 본 뜬 문양을 새겼다. 이처럼 기와를 이용해 문양을 한 것은 행랑채에서도 볼 수 있다. 행랑채 용마루를 올라 타고

사진 1
진입로에서 본 계서당.
대문채는 6칸 규모로
솟을대문이 있다.

사진 2
대문채에서 본 계서당.
경사지에 자리하기 때문에
사랑채 전면은 마치
누각처럼 보인다.

있는 안채 지붕의 합각 벽에는 꽃이 핀 모양을 넣었다. 선조들의
해학과 미적 감각을 볼 수 있다.

사랑채 왼쪽의 행랑채에 있는 중문을 들어서면 안채와 안마당
이 나온다. 경사지에 있다 보니 안채는 기단을 높게 했다. 안채 양
날개채의 기단에는 충단을 두었고 지붕도 단을 두고 구성했다. 겹
집 형태인 안채는 3칸 대청을 중심으로 양 옆에 방이 있다. 오른쪽
날개채에는 아궁이가 있는 1칸 헛간이 있고, 왼쪽 날개채에는 1칸
부엌이 있으며 행랑채와 지붕이 연결되어 있다.

사랑채 오른쪽 위, 가까운 곳에 자리한 사당에는 사주문이 있다.
사주문의 상부에는 특이하게 다락처럼 창고를 두고 제기고로 사
용하고 있다. 사당 귓기둥의 상부는 창방뺄목을 마치 첨차처럼 만
들어 지붕의 뺄목 부분을 받치도록 했다.

사당 오른쪽에는 500년 정도 된 것으로 보이는 보호수가 있다.
소나무인데 휘어져 있어 그네를 탈 수 있다. 성이성이 유년시절에
놀던 곳이라고 한다.

사진 1, 2, 3, 4
원로한 아버님을 배려해
사랑채 툇마루에 소변
보는 공간을 설치했다.
사진 2부터 차례로
출입구, 상부, 하부 상세
모습이다.

사진 5, 6
사랑채 마루 하단의
토석벽(사진 5)과
행랑채에 올라 앉은
안채의 합각벽(사진
6)에는 문양을 새겨
놓았다.

사진 7
중문에서 본 안채

사진 8
안채 왼쪽 날개채

사진 9
안채 오른쪽 날개채

사진 10
안대청의 5량 구조 가구
상세

사진 11
사당의 문은 사주문으로
하고 문의 상부는
다락처럼 구성해 제기고로
사용하고 있다.

사진 12
사당의 귓기둥은
창방뺄목을 첨차처럼
만들어 도리와 장여를
받친 매우 격식 있는
구성이다.

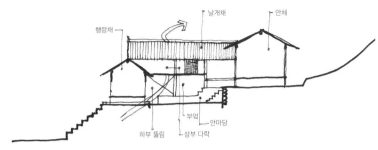

행랑채　날개채　안채

부엌　안마당

하부 뚫림　상부 다락

그림

경사지에 위계에 맞춰 공간을 구성하다보니 안채 날개채 부분의 층고가 높아지게 되었다. 높아진 층고를 적절히 활용해 위쪽은 수납 공간으로 사용한다. 행랑채와 안채의 날개채가 맞닿는 부분에는 샛문을 달아 안채 마당의 통풍을 배려했다.

해저 만회고택

海底 晩悔古宅

소재지	경북 봉화군 봉화읍 바래미 1길 51
건축 시기	조선 중기 추정
지정 사항	중요민속문화재 제169호
소유자	김정진
구조 형식	안채: 3량가, 맞배 기와지붕
	사랑채: 5량가, 팔작 기와지붕

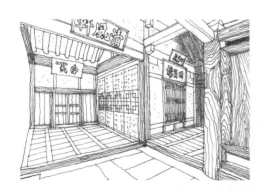

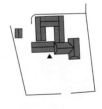

지붕 평면도

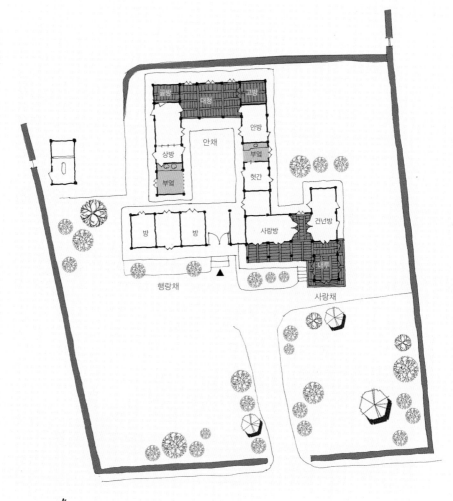

곳방　대청　곳방

안방

안채

상방　부엌

부엌

헛간

방　방

사랑방　건넌방

대청

행랑채

사랑채

N

0　2.5　5m

배치 평면도

해저마을 안쪽에 자리한 만회고택은 조선 후기의 문신 만회 김건수(晚悔 金建銖, 1790~1854)가 살던 집이다. 안채는 조선 중기에 지어지고, 사랑채는 김건수가 살면서 지었다고 한다. 중문채는 1981년 철거되었다.

3량 구조인 안채는 'ㄷ'자 형으로 몸채보다 날개채가 더 길다. 그래서 안마당이 마치 골목처럼 보인다. 몸채는 대청을 중심으로 양 옆에 마루를 깐 고방이 있다. 왼쪽 날개채에는 상방과 부엌이 있고, 오른쪽 날개채에는 안방, 작은 부엌, 헛간이 있다. 오른쪽 날개채에 있는 작은 부엌에는 기둥 초석에 까치발을 세워 구성한 벽감이 있다.

안채 오른쪽 날개채와 연결되어 있는 사랑채는 'ㅓ'자 형으로 비교적 규모가 크고 장식적이다. 사랑채는 사랑방과 건넌방, 건넌방 앞에 있는 누마루로 구성되어 있다. 사랑방 앞에는 퇴가 있다. 누마루에는 계자난간을 설치하고 판문을 달았다. 누마루와 퇴 전면, 즉 벽으로 막혀 있지 않고 개방된 곳에는 원형기둥을 사용했다. 대개 원형기둥은 격을 높이거나 상징성을 부여하기 위해 사용

한다. 안채나 행랑채는 민도리 구조인데 사랑채는 주두가 있는 직절익공 구조이다. 사랑채 내부 상부 기둥의 구조 짜임이 특이하다. 대개 고주를 사용해 대들보와 툇보를 연결하거나 평주에 대들보 두 개를 연결하는데 이 집에서는 평주에 대들보와 툇보를 얹혀 놓은 듯한 모양새이다. 변형된 것으로 보인다.

거촌리 쌍벽당

巨村里 雙碧堂

소재지	경북 봉화군 봉화읍 거수1길 17
건축 시기	쌍벽당: 1566년
지정 사항	중요민속문화재 제170호
소유자	김두순
구조 형식	안채: 5량가, 맞배 기와지붕
	사랑채: 1고주 5량가, 팔작 기와지붕
	쌍벽당: 5량가, 팔작 기와지붕
	사당: 5량가, 맞배 기와지붕

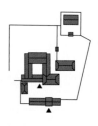

지붕 평면도

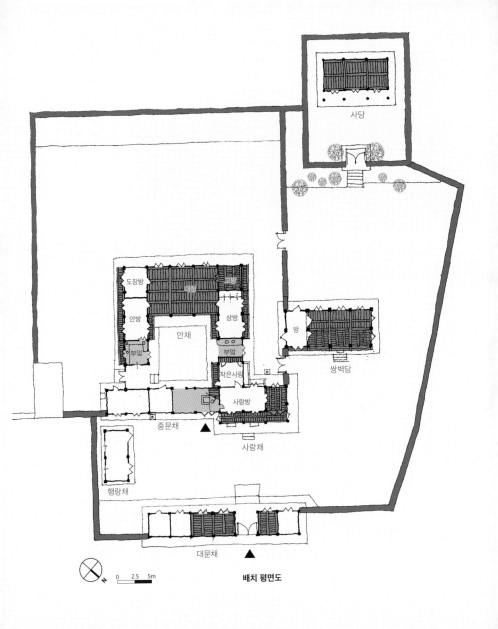

사당

도장방
대청
고방
안방
상방
방
안채
부엌
부엌
쌍벽당
작은사랑
사랑방
중문채
사랑채
행랑채
대문채

N

0   2.5   5m

배치 평면도

사진 1
중문채와 사랑채의 기둥
열은 동일하게 오다가
사랑채 전면에 있는
마루 부분만 외부로 반
칸 내밀어 사랑채를
구성했다

쌍벽당은 별당의 이름에서 가져 온 것으로 쌍벽당 중수기에는 1566년에 지은 후 1652년에 증축, 1892년에 개축했다고 기록되어 있다. 살림채는 1450년에 지었으며 1864년에 사랑채를 보수했다는 기록이 전한다.

7칸 규모의 대문채를 지나면 넓게 펼쳐진 사랑마당과 서쪽의 별당마당이 보인다. 사랑마당 왼쪽에는 2칸 행랑채가 있는데 예전에는 외양간이었다고 한다. 사랑채 왼쪽에는 5칸 규모의 중문채가 있다. 중문을 들어서면 6칸 대청이 있는 안채가 보인다. 안채 서쪽에 쌍벽당이 있다. 쌍벽당 뒤로 작은 연못과 수목이 어우러진 곳을 지나 가장 높은 곳에 담장으로 둘러싸인 3칸 규모의 사당이 있다. 이처럼 넓은 땅의 가장 좋고 높은 곳에 사당을 배치하고 사당 아래 서쪽에는 사랑채를, 동쪽에는 안채를, 사랑채 앞에 대문채를 배치한 것은 전형적인 사대부가의 배치 구성이다.

안채는 대청을 중심으로 양 옆에 5칸씩을 덧달아 낸 'ㄷ'자 형 구조이다. 동쪽 날개채에는 1칸 도장방, 2칸 안방, 1칸 부엌이 있고 후원을 드나들 수 있는 문이 있다. 서쪽 날개채에는 1칸 고방과 2

칸 상방이 있으며 사랑채와 이어진다. 몸채는 2평주 5량가이고, 양 날개채는 3평주 5량가로 홑처마 맞배지붕이다. 대청은 연등천장으로 하고 대청 양 옆의 방은 고미반자로 마감했다. 대청 후면에는 고식 수법인 중간 문설주가 있는 널판문이 있다. 안채 가운데에는 굵은 목재를 원형으로 다듬어 기둥으로 사용해 육중하고 장엄하다. 또한 목재를 치장하지 않아 소박하고 간결한 느낌이다.

높은 기단 위에 전퇴를 둔 6칸 홑처마, 팔작지붕인 사랑채는 2칸 사랑방과 1칸 마루방으로 구성된다. 사랑방 앞에는 전퇴가 있으며, 사랑방 오른쪽으로 한 칸을 내밀어 사랑대청을 마련했다.

쌍벽당은 8칸 규모의 홑처마, 팔작지붕으로 2칸 방과 6칸 마루가 있다. 기둥머리에 주두를 놓고 대들보에서 삼분변작하고 소로와 첨차를 갖추고 장여와 도리를 구성한 5량가이다. 매우 정교하게 초각한 보아지와 원형화반, 운형대공을 사용했다. 마루에는 계자난간을 두르고 후면에는 우리판문을 달았으며 우측 벽면은 판벽으로 마감했다. 방에는 이분합만살문을 달았다.

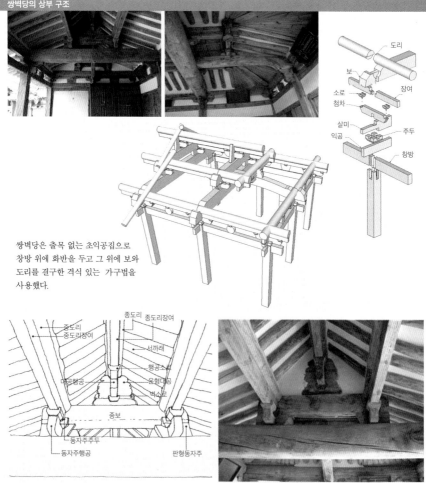

도리
보
소로
첨차
살미
익공
장여
주두
창방

쌍벽당은 출목 없는 초익공집으로
창방 위에 화반을 두고 그 위에 보와
도리를 결구한 격식 있는 가구법을
사용했다.

중도리
중도리장여
종도리 종도리장여
서까래
행공소로
대공행공
운형대공
벽소로
종보
동자주주두
동자주행공
판형동자주

대들보 위에서 소로와 첨차로 결구해 주두를 받고 주두 위에 종보를 얹었다. 우리 옛집에서 가장
많이 볼 수 있는 운형대공을 사용했다.

사진 1
안채에는 우람하면서도
폭에 비해 높은 기둥을
사용했다. 대청을
가운데에 넓게 두는 것은
경상도 지역 살림집의
특징이다.

사진 2
부엌 상부 다락은 대개
중방에 홈을 파고 판재를
끼우는데 쌍벽당 안채의
부엌 상부 다락은
수장폭의 부재를 이용해
중방 위에 걸쳐 놓고 그
위에 창호를 두었다.

사진 3
대청에서 볼 때, 중문을
들어오는 사람을 확인할
수 있도록 출입문 왼쪽
위에 구멍을 뚫어 놓았다.

사진 4, 5
하나의 판재로 된 문짝을
사용한 사당의 사주문.
판재가 갈라지고 휘는
것을 방지하려고 상하부에
보강목을 연귀맞춤했다.

사진 6
쌍벽당 난간 상세

송석헌

松石軒

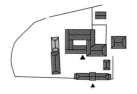

지붕 평면도

소재지	경북 봉화군 봉화읍 선돌안길 10
건축 시기	1719년
지정 사항	중요민속문화재 제249호
소유자	권영부
구조 형식	안채: 5량가, 맞배 기와지붕
	사랑채: 1고주 5량가, 팔작 기와지붕
	영풍루: 3량가, 팔작 기와지붕
	선암재: 1고주 5량가, 팔작 기와지붕
	영모채: 3량가, 팔작 기와지붕
	사당: 3량가, 맞배 기와지붕

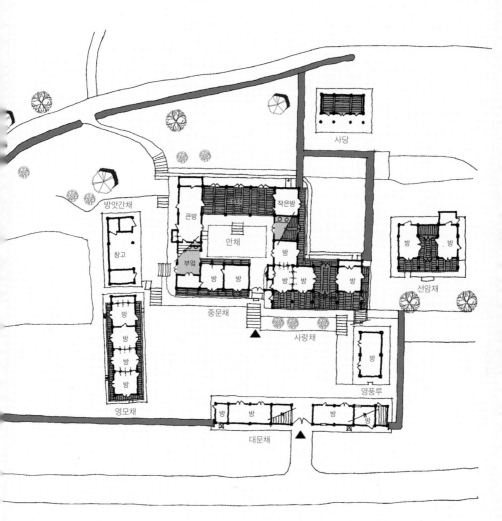

사당

방앗간채

큰방

창고

안채

작은방

방

부엌

방 방

방 방 방 방

중문채

방

방

영모채

방

방

사랑채

선암재

방 방

방

영풍루

방 방

대문채

방 방

0 2.5 5m

배치 평면도

봉화읍 석평리 선돌마을의 소나무 숲으로 둘러싸인 경사지에 자리한 송석헌은 동암 권이번(東巖 權以璠, 1678~1763)이 둘째아들을 장가 보내면서 지어 준 집이다. 안채, 사랑채, 사랑채 왼쪽에 있는 중문채가 높은 기단 위에 있어 상당히 큰 집처럼 보이지만 실제 기둥 높이는 그리 높지 않다.

동남향한 'ㄷ'자 형 안채를 중심으로 오른쪽 아래에 사랑채가 있고, 사랑채 아래에 서향한 2층 영풍루가 있다. 사랑채와 영풍루는 계단을 설치해 연결했다. 안채와 중문채, 사랑채는 한 덩어리처럼 보이지만 실제로는 각 건물의 위계 구분이 명확하다. 사랑채 동쪽에는 제향 공간인 선암재가 있고 선암재 북쪽, 제일 높은 곳에 사당이 있다. 안채 서쪽에는 방앗간채가, 방앗간채 아래에는 동향한 영모채가 있고 영모채와 직교해 대문채가 있다.

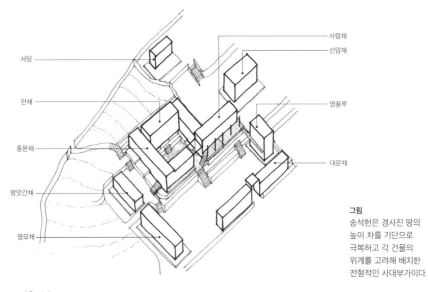

그림
송석헌은 경사진 땅의 높이 차를 기단으로 극복하고 각 건물의 위계를 고려해 배치한 전형적인 사대부가이다.

안채는 3칸 대청을 중심으로 서쪽에 2칸 큰방과 부엌이, 동쪽에 작은방, 하부에 아궁이가 있고 판문이 달린 마루방, 한 단 낮게 자리한 방이 있다. 이 방이 작은사랑이다. 사랑채와 이어져 있는 안채 후면의 툇마루는 사랑채에서 안채로 바로 갈 수 있는 통로 역할을 했을 것이다.

사랑채에는 전퇴가 있으며 가운데 마루를 중심으로 왼쪽에 2칸 큰방, 오른쪽에 1칸 작은방이 있다. 작은방의 전툇마루 앞에는 계단이 있는데, 앞에 있는 영풍루와 연결되는 계단이다. 영풍루는 서재 역할을 하는 공간이다. 사랑채 왼쪽에는 중문채가 있다.

'一'자 형, 7칸 규모의 대문채는 양 끝에 협간을 덧달았으며 솟을대문이 있다.

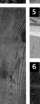

사진 1
왼쪽부터 중문채, 사랑채,
영풍루

사진 2
중문채와 사랑채

사진 3
사랑채의 전툇마루는
보방향으로 장귀틀을
2~3개 정도 보내고
장귀틀 사이에 청판을
끼워 구성했다. 이렇게
하면 청판의 길이가
길어지고 목재의 두께가
두꺼워져 목재를 많이
사용하게 된다.

사진 4, 5
사랑채 판문은 문틀
하부에 이물질 제거를
위한 구멍을 냈다.

사진 6
빗장 위에 작은 목재 촉을
끼워 문을 잠궜다.

사진 7
사랑채와 영풍루는 계단을 설치해 연결했다.

사진 8
영풍루 2층 난간은 기둥을 통으로 관통해 인방이 나오고 이 튀어나온 인방이 외부 귀틀을 받치도록 했다.

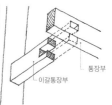

통장부
이갈통장부

사진 9
사랑'채와 마찬가지로 안채 역시 높은 기단 위에 자리한다.

사진 10
안대청 5량 구조 상세

사진 11
안대청

사진 12, 13
까치발 없이 기둥에 통장부맞춤한 안대청 시렁

사진 14
안채 박공 합각부 왼쪽

사진 15
사당

봉화 설매리 3겹
까치구멍집

奉化 雪梅里

소재지	경북 봉화군 상운면 설매2길 50-12
건축 시기	1820년경
지정 사항	중요민속문화재 제247호
소유자	봉화군
구조 형식	5량가, 우진각 초가지붕

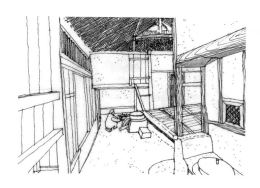

지붕 평면도

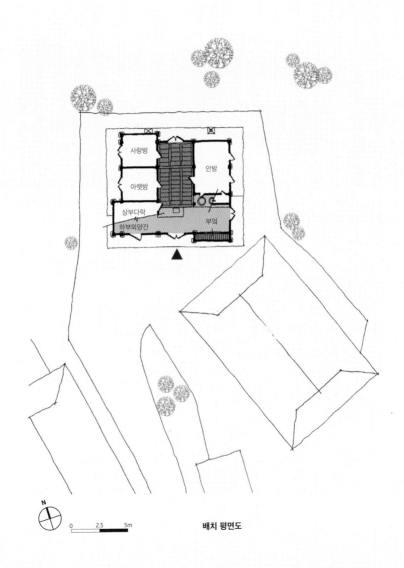

사랑방

아랫방

상부다락

하부외양간

안방

부엌

N

0   2.5   5m

배치 평면도

사진 1
좌우에 각각 4개 씩의
봉창이 있다.

사진 2
양 옆으로 까치구멍이
보이는 대청 천장

사진 3
안방

사진 4
대문을 들어서면 왼쪽에
외양간이 있다. 외양간
위는 다락으로 사용한다.
다락을 오르는 계단은
각목으로 다락을 받치면서
디딤판을 하나 걸쳐
간단하게 만들었다.

사진 5
환기를 고려해 봉창을 낸
부엌

사진 6
외부로 노출된 외양간
상부의 고미가래

봉화 설매리 3겹 까치구멍집이 있는 상운면 설매리는 깊은 산속에 있는 산골마을로 꼬불꼬불한 길을 한참 들어가야 나온다. 지금은 도로가 개통되고 자동차를 이용해 쉽게 갈 수 있지만 예전에는 꽤나 오지였을 것이다.

이런 오지는 산짐승과 폭설 때문에 겹집 형태로 구성할 수밖에 없다. 외부에 나가기 어려우니 외양간도 집 내부에 있고 대부분의 작업도 집 안에서 이루어져야 한다. 그래서 외양간과 봉당을 집 안에 두었다. 부엌에서 장작불이라도 지피면 연기가 집안에 머물게 되어 환기에 문제가 생긴다. 궁리 끝에 까치구멍을 두게 된 것이다. 까치구멍을 두면 도리 위의 상부 구조가 완전히 개방되어야 하므로 방 천장은 고미반자를 두어 단열을 해야 한다.

1820년경에 지어진 것으로 보이는 이 집은 정면 3칸, 측면 3칸 규모이다. 입구의 봉당을 중심으로 왼쪽에는 외양간이, 오른쪽에는 부엌이 있고 외양간 상부에 다락을 두고 마루에서 출입할 수 있도록 했다. 봉당 뒤로 가운데에 마루를 두고 왼쪽에 사랑방과 아랫방이, 오른쪽에 안방이 있다. 안방과 부엌 사이에는 작은 바라지창이 있다. 5량가이며 각 방의 천장은 고미반자를 하고 흙을 올렸다.

1970년대에 슬레이트 지붕으로 개량되었다가 문화재 지정 이후 다시 초가로 복원했다. 3칸 겹집으로 사라져 가는 까치구멍집의 좋은 표본이며 산간지역 서민생활을 잘 반영하고 있다는 점에서 가치가 있다.

그림
5량가 가구 상세도

봉화 만산고택

奉化 晩山古宅

소재지	경북 봉화군 춘양면 서동길 21-19
건축 시기	1878년
지정 사항	중요민속문화재 제279호
소유자	강백기
구조 형식	안채: 5량가, 팔작 기와지붕
	서실: 3량가, 우진각 기와지붕
	칠류헌: 5량가, 팔작 기와지붕

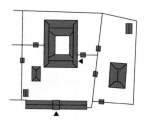

지붕 평면도

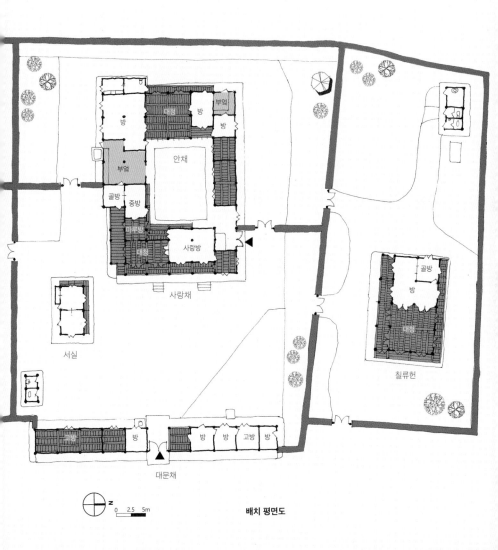

방

대청

방 부엌

방

안채

부엌

골방 중방

마루빙

대청

사랑방

◀

사랑채

서실

칠류헌

골방

방

대청

고방

방

방 방 고방 방

▲

대문채

N

0 2.5 5m

배치 평면도

조선 말기의 문신으로 통정대부와 중추원의관을 지냈으며, 말년에 도산서원장을 역임한 만산 강용(晚山 姜鎔, 1846~1934)이 1878년에 지은 집이다. '만산(晚山)' 현판은 흥선대원군이 친필로 하사한 것이고, 서실 처마 밑에 있는 '한묵청연(翰墨淸緣)' 편액은 영친왕이 여덟 살 때 쓴 글이다. 두 편액을 통해 왕실과 밀섭했음을 알 수 있다.

　전면 11칸 규모인 대문채의 가운데에 있는 솟을대문을 들어서면 사랑마당을 사이에 두고 'ㅁ'자 형 정침이 있으며, 사랑마당 왼쪽에는 서실이, 오른쪽에는 별당인 칠류헌이 있다. 각 건물은 가로축과 세로 축을 정확하게 일치시키면서 배치되어 있다. 안채는 사랑채 오른쪽 감실 뒤로 난 중문으로 드나들게 되어 있다.

　솟을대문은 대문채의 기둥과 적절하게 높이 차이를 두어 대문채의 용마루 끝단이 솟을대문 측면 박공면에 일치되도록 처리해 매우 정갈해 보인다. 대문은 판문으로 했는데 부재와 부재는 반턱맞춤해 목재가 수축되더라도 빈틈이 생기지 않도록 했다. 건물 외부에서 내부가 들여다 보이는 것을 차단하기 위함이다. 문간채의 오른쪽 1칸을 마루로 개방해 자연스럽게 별당 쪽으로 시선을 유도한다.

　높은 기단 위에 배치한 사랑채는 전퇴를 두고 있으며, 오른쪽부터 사랑방, 대청, 마루방, 골방이 있다. 마루방 뒤로 중방이 안채 부엌과 연결되고 골방은 사랑채에서 안채로 드나들 수 있도록 되어 있다. 사랑채 왼쪽의 대청 바깥쪽으로는 차양 칸을 덧달고 넓은 누마루를 만들었다. 누마루는 장마루로 해 넓어 보인다. 사랑채의 툇간은 납도리 소로 수장집 형태로 구성하고 민가에서는 잘 사용하지 않는 창방을 사용했다. 부재와 부재는 매우 치밀하게 맞춤

되어 있다.

안채는 사랑채와 연결되어 매우 폐쇄적인 마당을 가지고 있는데, 사랑채의 지붕이 매우 높고 건물이 평지에 자리하기 때문에 안마당을 깊이 방향으로 4칸 규모로 설정했음에도 햇빛이 잘 들지 않을 정도이다. 안채 양 측면과 후면은 담장을 둘러 사랑 공간과 명확하게 구분했으며, 건물 내부의 협소함에 비해 넓은 뒤안을 갖추고 있다.

서실은 전면 2칸, 측면 1칸 규모의 우진각지붕이며 온돌방과 마루방이 있었는데 현재는 온돌방으로 모두 바꾸었다.

별당인 칠류헌은 전면 5칸, 측면 2칸 규모이다. 광, 2칸 온돌방, 2칸 대청이 있으며 방 뒤에 골방이 있다. 칠류헌의 망와에는 '光緖六年庚辰 四月'이라고 새겨져 있는데, 1880년을 말한다. 별당의 전면 처마 선은 낙수공(落水孔)을 볼 때 거의 직선이지만 시각적으로는 만곡되어 보인다. 전통건축에서 안허리곡과 앙곡의 처리가 중요한 이유이다. 부재의 가공 정도나 구성 방식이 정침이나 대문채와는 많이 다르며, 건립 시기가 늦은 것으로 보인다.

사진 1
대문채의 오른쪽 1칸을
마루로 개방해 별당으로
시선을 유도했다.

사진 2
높이가 다른 솟을대문과의
결구를 보여 주는 대문채
상부 가구 상세

사진 3
고방 판문 위의 창

사진 4
대문 빗장 상세

사진 5
사랑채와 서실

사진 6
후대에 차양 칸을 덧댄
사랑채 왼쪽면

사진 7
사랑채의 추녀곡은
유려하나 말굽서까래로 해
치밀함은 떨어진다.

사진 8
사랑채 툇간은 납도리
소로 수장집으로 창방을
사용했다.

사진 9
서실

사진 10
엇걸이산지이음한 서실
쪽마루

사진 11
사랑채의 높은 지붕에
둘러싸여 폐쇄적인 안마당

사진 12
안대청 상부 가구 상세

사진 13, 그림
별당의 처마선은 안허리곡
없이 앙곡만 적용해
시각적으로 잘못돼
보인다. 왼쪽 그림은
안허리곡을 사용한 경우의
처마선 모습이다.

사진 14
별당 가구 상세

사진 15
창호의 비례가 좋은 별당
우측면

사진 16
별당 디딤돌로 사용하는
구 부재 고막이

안허리곡 없이 앙곡만 적용한 경우의
지붕 모양

앙곡, 안허리곡을 모두 적용했을 경우의
지붕 모양

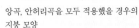

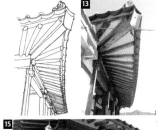

예천권씨 초간종택

醴泉權氏 草澗宗宅

소재지	경북 예천군 용문면 죽림길 37
건축 시기	1589년
지정 사항	종택: 중요민속문화재 제201호
	별당: 보물 제457호
소유자	권영기
구조 형식	정침: 5량가+3량가, 맞배 기와지붕
	별당: 5량가, 팔작 기와지붕
	백승각: 5량가, 맞배 기와지붕

지붕 평면도

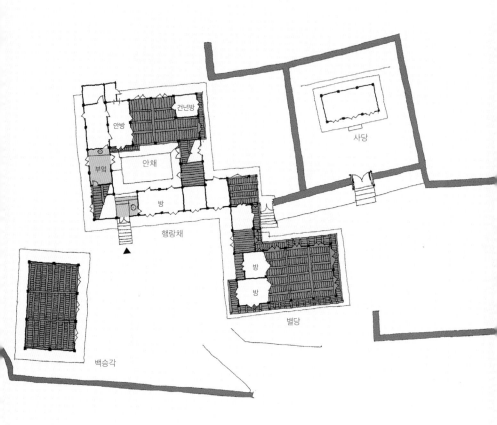

안방
건넌방
안채
부엌
방
행랑채
사당

백승각
별당

배치 평면도

0 2.5 5m

　예천권씨 초간종택과 별당은 16세기 말에 초간 권문해(草澗 權
文海, 1534~1591)의 할아버지인 권오상(權五常)이 지은 것이다. 이황
의 문하에서 수학한 권문해는 우리나라 최초의 백과사전인《대동
운부군옥(大東韻府群玉)》을 편찬했다. 1582년에는 심신수련을 위해
종택에서 3킬로미터 떨어진 곳에 초간정(경북문화재자료 제143호)을
지었는데, 지금의 정사는 여러 번 소실된 것을 1870년에 새로 고
쳐 지은 것이다.

　서쪽에 주산을 두고 동쪽으로 열린 넓은 들을 바라보며 자리한
초간종택은 'ㅁ'자 형 안채와 동북 모서리에 붙어 있는 사랑채인
별당, 동남 모서리에 있는 백승각, 안채 북쪽에 있는 사당으로 구
성되어 있다. 백승각에는《대동운부군옥》목각판과 송나라 때 주
희가 쓴 역사서인《자치통감강목(資治通鑑綱目)》, 옥피리가 보관되어
있다.

　전면 5칸으로 구성된 안채는 양통집으로 5량가이다. 4칸 대청
을 중심으로 남쪽에 '田'자 형으로 4칸 안방이 있고, 북쪽에 1칸의
건넌방이 있다. 건넌방 앞쪽으로 1칸 마루가 있으며 마루 아래에
건넌방 아궁이가 있다. 안채에는 3량가인 날개채가 있다. 남쪽 날

개채에는 안채 부엌이 있다. 북쪽 날개채에는 별당 후원으로 통하는 협문이 있는데, 협문 위에는 다락을 설치하고 건넌방 앞마루에서 통하도록 했다. 양 날개채의 끝에는 안대문 행랑을 연결해 전체적으로 'ㅁ'자 형을 이루도록 했다. 행랑채는 북쪽으로 2칸이 빠져올라가 별당과 연결된다.

북동쪽에 있는 사랑채인 별당은 전면 4칸, 측면 2칸의 양통집으로 5량가이며 사방에 쪽마루를 두고 난간을 둘렀다. 남쪽 2칸에 온돌을 두고 나머지 6칸은 대청이다. 별당 전면에는 높은 축대가 있어서 배면으로 올라야 한다. 대청에는 난간을 둘렀다. 별당은 후면에 2칸의 날개채를 달아 안채 행랑과 연결해 신발을 신지 않고도 안채와 사랑채를 드나들 수 있도록 했다.

별당을 대청 위주의 누각처럼 짓고, 안방이 건넌방에 비해 크고 과도하게 강한 공간 위계를 가지도록 한 점과, 행랑과 날개채를 통해 안채와 사랑채가 긴밀히 연결되도록 구성한 것은 조선 전기 접객 중심의 민가에서 나타나는 특징이다. 별당을 사랑채 역할보다는 접객 역할에 초점을 맞추었다는 것은 평면 구성과 단면 구성 외에 화려한 조각 장식에서도 나타난다. 특히 연화두형 첨차를 사용한 포동자주와 하엽을 엎어 놓고 그 위에 포대공을 올린 대공 장식에서 잘 드러난다. 이보다 조금 늦게 지어진 의성김씨 남악종택에서도 유사한 모습을 볼 수 있다.

그림
별당의 공간 개념도. 안채 행랑과 별당의 날개채를 연결해 신을 신지 않고도 안채를 드나들 수 있도록 했다.

안채   행랑채   별당

사진 1
진입로에서 본 별당

사진 2
단차를 이용해 중층으로
구성한 별당 오른쪽면

사진 3
별당 대청 상부 가구
상세. 접객 공간이라는
점을 고려해 화려하게
조각했다.

사진 4
별당 기둥 머리 상세

사진 5, 6, 7, 8
화려하게 치장한 별당의
대공(사진 5), 동자주(사진
6, 7), 보아지(사진 8) 상세

사진 9
별당 뒤 날개채와 안채의
연결 부분

사진 10
툇마루에 있는 쪽문은
행랑채와 연결되고 협문은
안채와 연결된다.

사진 11
행랑채와 별당 오른쪽면

사진 12, 13, 14
행랑채에서 안채로
향하면서 바라본 안채.
사진 13부터 차례로 계단
아래에서 본 모습, 계단
위에서 본 모습, 중문에서
본 모습이다.

사진 15
안채는 층고를 높게
하고 날개채는 중층으로
구성했다.

예천 의성김씨 남악종택

醴泉 義城金氏 南嶽宗宅

소재지	경북 예천군 용문면 구계길 43-8
건축 시기	16세기 말 추정
지정 사항	중요민속문화재 제248호
소유자	김종헌
구조 형식	안채: 5량가, 맞배 기와지붕
	사랑채: 2고주 5량가, 팔작 기와지붕

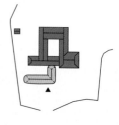

지붕 평면도

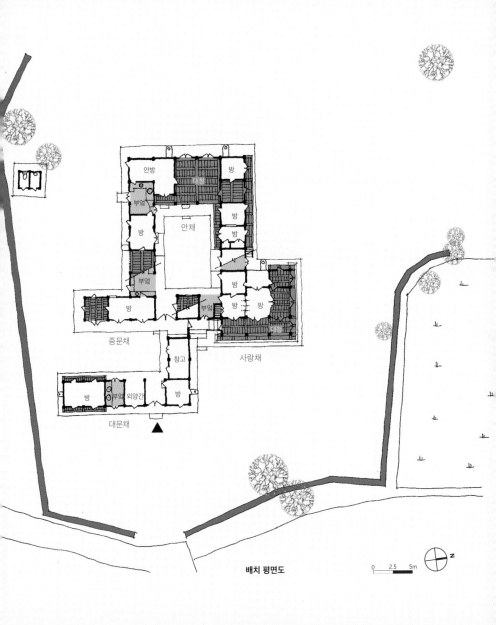

안방

대청

방

부엌

방

방

방

안채

부엌

방

방

부엌

방

방

대청

중문채

사랑채

창고

방

방

부엌 외양간

대문채

배치 평면도

0   2.5   5m

N

남악종택이라는 택호는 남악 김복일(南嶽 金復一, 1541~1591)의 호에서 가져온 것이다. 김복일의 부친인 김진(金璡, 1500~1580)은 의성 김씨의 중흥조이고 김복일은 그의 다섯째 아들로 김복일은 울산 부사, 이어 창원부사를 거쳐 풍기군수를 역임했다. 남악종택은 김복일의 오촌 조카로 병자호란 때 청과 화친을 배척한 척화신이었던 불구당 김왕(不求堂 金𨦭, 1606~1681)이 태어나 성장한 곳이기도 하다. 김왕의 후손이 수대에 걸쳐 거주해 왔다.

집을 수리할 때 발견된 기와에서 "崇禎七年甲戌三月日龍門寺僧雲補造"라는 문구가 발견되어 1634년에 지붕 수리가 있었으며 기와는 용문사의 중이었던 운보가 만들었음을 알 수 있다.

종택은 서쪽에 있는 국사봉의 주맥 끝자락에 동향하고 있는데 좌청룡과 우백호가 잘 갖추어진 명당이다. 안채는 중문채와 연결되어 'ㅁ'자 형을 이룬다. 동북 모서리에 사랑채가 붙어 있고 동쪽 전면에 역 'ㄱ'자 형의 대문채가 있다. 사당은 북쪽 방향으로 별도 영역에 있다. 전체적인 배치와 구성이 예천권씨 초간종택이나 봉화 송석헌과 닮아 있다.

안채는 전면 5칸, 측면 2칸의 양통집으로 5량가이며 장식 없이 단순하고 명쾌하다. 가운데 대청 4칸을 중심으로 남쪽에 '田'자 형으로 안방을, 북쪽 2칸에는 온돌방과 마루방을 두었다. 대청 뒷문은 가운데 문설주가 있는 세로 판문을 달았는데, 문설주가 있는 것은 고식 수법이다. 안채 양쪽에서 빠져 내려온 날개채에는 방과 부엌이 있다. 부엌 상부에는 다락을 두었다.

3량가인 중문채는 남쪽으로 돌출되어 있다. 전체 6칸으로 남쪽 끝부터 마루방 1칸, 온돌 2칸, 문간 1칸, 창고 1칸, 부엌 1칸이 있다. 북쪽 1칸의 부엌은 사랑채 구들에 불을 넣는 아궁이가 마련되어 있으며 사랑채와 통하는 쪽문이 달려 있다.

사랑채는 정면 3칸, 측면 3칸으로 5량가이다. 남서쪽 모서리에 '田'자 형으로 방을 배치하고 동쪽과 북쪽에는 마루를 두었다. 사랑채는 누하주가 있는 누각 형태의 건물로 전면으로 오를 수 없고 왼쪽에 설치된 나무계단을 통해 올라간다. 중문채를 통해 안채로 들어갈 수 있는 판문이 있으며 계단 맞은편에 중문채 전면 기단으로 통하는 쪽문이 있다.

사랑채에서 안채로 바로 연결되는 통로가 다양하게 있는 것이 특징인데 이 부분 말고도 사랑채 뒤에서 안채 오른쪽 날개채 배면의 쪽마루로 오를 수 있는 계단이 따로 있다. 이렇게 사랑채가 누각 형태이고 안채와 사랑채가 긴밀하게 연결되어 안채에서 사랑채 손님을 접대할 수 있도록 한 것은 조선 전기 살림집의 특징을 반영한 것으로 볼 수 있다. 사랑채에 온돌방이 많아진 것은 조선 후기의 특징이다. 외부에서는 동쪽 전면에 있는 대문채의 대문을 통과해 기단을 타고 오르다가 중문을 통과해 안채 안마당에 갈 수 있다. 대문에서 중문까지 마당을 통과하지 않고 기단을 타고 갈 수 있도록 한 것이 다른 집에서는 보기 드문 일이다.

안채의 안마당은 횡축으로 긴 예천권씨 초간종택과는 달리 종축으로 길게 만들어졌으며 중문은 마당의 모서리 부분에 있어 안채를 약간 대각선으로 보면서 진입하도록 했다. 종축마당의 권위적인 모습을 조금 동적으로 바꾼 건축 계획이 엿보인다.

사진
오른쪽에 초가인 대문채가 있고, 왼쪽으로 낮은 경사지를 따라 올라가면서 중문채와 안채를 배치해 위계를 부여했다.

사진 1
대문채 마당에서 본
의성김씨 남악종택

사진 2, 그림 1
대문에서 마당을 거치지
않고 기단을 타고
중문으로 갈 수 있다.

사진 3
사랑채에 오르는 계단

사진 4
사랑채에 오르는 계단과
판문

사진 5
사랑채

사진 6
안채 안마당에서 본 중문

사진 7
안대청

그림 1

안채

중문채

대문채

사랑채

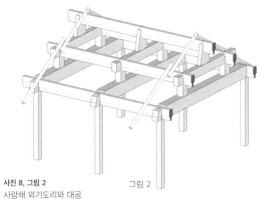

사진 8, 그림 2
사랑채 외기도리와 대공
상세

그림 2

사진 9
가운데에 문설주가 있고
머름이 있는 고식 기법을
이용한 안대청 후면 판문

사진 10
중문에서 본 안채

율현동 물체당

栗峴洞 勿替堂

소재지	경북 예천군 유천면 밤고개길 68-9
건축 시기	조선 중기
지정 사항	중요민속문화재 제174호
소유자	임재원
구조 형식	물체당: 3량가, 맞배 기와지붕

지붕 평면도

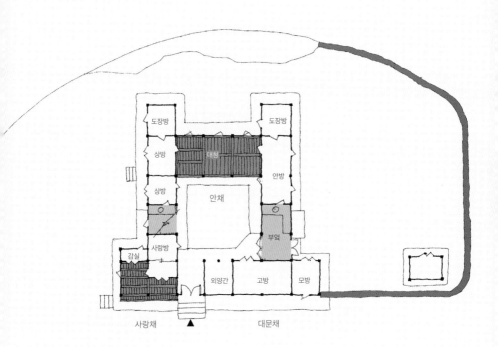

도장방

도장방

상방

대청

상방

안방

안채

사랑방

부엌

감실

외양간

고방

모방

사랑채

대문채

N

0   2.5   5m

배치 평면도

율현동 물체당은 낮은 언덕을 배경으로 자연석 기단 위에 정남
향에서 약간 동쪽으로 틀어서 자리하고 있으며 전면이 열려 있어
넓은 논을 바라볼 수 있다. 창건에 대한 문서나 명문은 없고 현 소
유자의 말에 의하면 8대조가 구입한 집이고 택호는 7대조의 호에
서 따왔다고 한다.

'工'자 형 안채와 사랑채, 대문채가 연결되어 전체적으로 'ㅂ'자
형의 평면을 이룬다.

안채는 자연석 기단 위에 덤벙주초를 놓고 각기둥을 사용한 3
량가 맞배지붕이다. 지형의 높낮이 차이와 기둥 높이를 이용해 지
붕에 변화를 주었다. 대청의 양 날개채 북쪽으로 1칸씩의 방을 달
아 '工'자 형 안채를 구성한 것이 특이하다. 3칸 대청의 정면 기둥
에는 중인방을 걸고 위에 회벽을 발랐다. 대청 양 옆에 있는 방 상
부에는 연목의 단면이 보이는데 이것으로 보아 방의 3량가 맞배

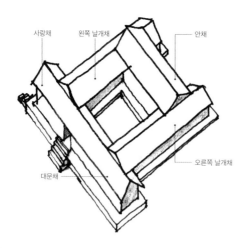

사랑채   왼쪽 날개채   안채

오른쪽 날개채

대문채

그림
지붕 조감도. 지형의
높이 차이를 반영해 기둥
높이를 달리하는 방법으로
지붕에 변화를 주었다.
맞배지붕 위에 맞배지붕을
얹는 식으로 지붕 사이가
떨어져 있다.

지붕과 대청의 3량가 맞배지붕이 결합되었음을 알 수 있다. 대청
전면 중인방 하부에 문인방을 세웠던 것으로 추측되는 홈이 남아
있고 대청의 전면 귀틀 끝부분의 하인방은 대청보다 조금 높게 설
치되어 있다. 기둥의 양측면에는 중깃을 끼웠던 흔적이 남아 있다.
이 흔적을 통해 창건 초기에는 정면도 배면처럼 문과 벽체로 막혀
있었을 것으로 추측할 수 있다.

　사랑채에는 전면이 개방된 2칸 사랑대청이 있고 사랑대청 뒤에
감실이 있다. 사랑마루 오른쪽에 대문이 있다. 사랑채는 덤벙주초
위에 각기둥을 세웠다. 대청 전면에는 난간을 둘렀다.

　대문채는 대문, 1칸 외양간, 2칸 고방, 1칸 모방으로 구성되어
있다. 외양간과 고방의 전면 입면 하부가 판벽으로 되어 있는데
습도 조절을 고려한 것으로 보인다.

사진 1
1칸 작은방과 2칸
대청으로 구성된 사랑채

사진 2, 3
사랑채 계단

사진 4
주먹장이음한 사랑채 기둥
상세

사진 5
주먹장이음한 사랑 대청
전면의 난간 돌난대

사진 6
사랑채와 대문채보다
안채의 지형이 높아
경사로를 놓았다.

사진 7
외양간의 중간에 원형
기둥을 세워 상부 다락의
하부 인방을 받쳤는데
기둥 중간에는 발을 디딜
수 있도록 턱을 만들어
상부의 다락을 출입할 수
있도록 했다.

사진 8
대문에서 본 안채

사진 9
비교적 옛 모습이 잘
보존되어 있는 대청의
우물마루

사진 10, 그림
안채는 홑집, 3량가이다.
그림은 3량가 구조
상세도와 보머리
결구 상세이다.
안채의 보머리는 기둥
사갈에서 보와 도리가
두겁주먹장으로 결구되는
가장 단순한 민도리집
결구법을 사용했다.

사진 11
수직 벽선 사이에 있는
동쪽 창호 입면

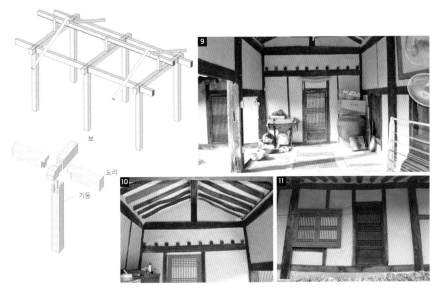

보

도리

기둥

안동 학암고택

安東 鶴巖古宅

소재지	경북 안동시 풍산읍 미동길 59
건축 시기	1800년경
지정 사항	중요민속문화재 제179호
소유자	풍산김씨 근정문중
구조 형식	안채: 5량가, 팔작+합각 기와지붕
	사랑채: 3량가, 맞배 기와지붕
	별당: 5량가, 팔작 기와지붕

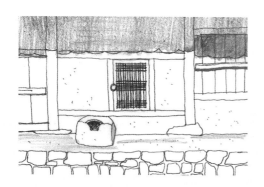

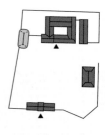

지붕 평면도

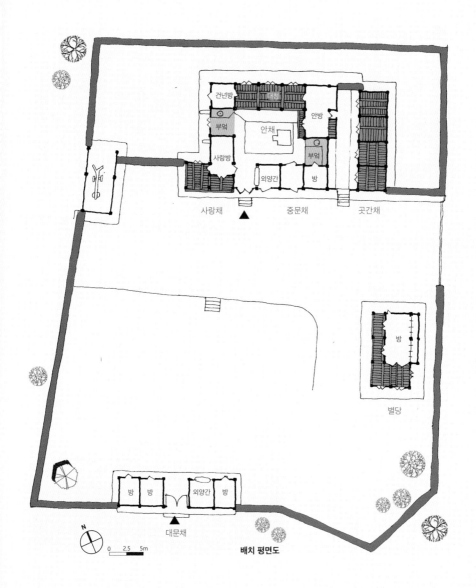

건넌방　　대청

부엌

안채　　　안방

사랑방

부엌

외양간　　　방

사랑채　　　　　중문채　　　곳간채

방

별당

방　　방　　　외양간　　방

대문채

N

0　2.5　5m

배치 평면도

제릉참봉을 지낸 학암 김중휴(鶴巖 金重休, 1797~1863)가 분가하면
서 지은 집이다. 학암고택으로 명칭이 변경되기 전에는 오미동 참
봉댁이라고 했다.

중문채와 사랑채, 안채가 하나로 연결되어 'ㅁ'자 형을 이룬다.
행랑마당 동쪽에 별당이 있고, 대문채는 별당 남쪽에 있다. 자연
석 기단 위에 자리한 대문채는 전면 5칸 규모이다. 솟을대문을 중
심으로 동쪽에는 외양간과 방, 서쪽에는 방 2칸이 연이어 있다. 솟
을대문은 문설주에 각 세 군데씩 나무로 만든 경첩을 달아 단단히
고정했다.

정면 3칸, 측면 1.5칸 규모
의 별당에는 2칸 방과 마루가
있다.

'ㄷ'자 형 안채 앞에서 'ㅡ'
자 형으로 자리하고 있는 사
랑채와 중문채는 서쪽부터 사
랑마루, 아궁이 설치로 한 단

사진 1
대문채에서 본 학암고택.
자연석 기단 위에 사랑채,
중문채, 곳간채가 연이어
있다.

사진 2
솟을대문의 왼쪽에는
외양간과 방이,
오른쪽에는 방 2칸이
있다.

높게 가설된 툇마루와 반 칸 뒤로 물러 설치한 사랑방, 중문, 외양간, 방이 있다. 툇마루 아래에는 아궁이 출입문이 있다. 사랑채는 3량 구조로 내부 가구가 간결하다. 북쪽에는 벽감이 있다.

안채는 3칸 대청을 중심으로 왼쪽에는 건넌방이, 오른쪽에는 안방이 있는데 보칸이 홑집 3량 구조라는 점이 특이하다. 대청 전면의 기둥 두 개는 원형이다. 대청 배면에는 판문을 달고 판문 위에 제사용품을 올려 놓을 수 있는 시렁을 달았다. 2칸 규모의 안방은 동쪽으로 반 칸을 내밀어 방과 벽장을 들였다. 안마당 쪽에는 대청과 연결해 쪽마루를 덧달았다. 건넌방 아래에는 부엌이 있고 부엌 아래에 사랑방이 있다. 건넌방과 사랑방 상부에는 다락이 있다. 다락은 하나의 공간으로 되어 있는데 가운데를 반벽으로 막고 각 방에서 열고 닫을 수 있도록 외면에 문을 달아 사랑방 다락과 건넌방 다락으로 공간을 구분해 사용하고 있다.

안채 동쪽에는 작은 문을 사이에 둔 4칸 곳간채가 있다. 곳간채의 작고 깊은 마당은 담으로 막혀 있다. 3량가인 곳간채의 전면은 문으로, 후면은 판벽과 인방으로 구성되어 있다. 바닥에는 우물마루를 깔았다.

지붕의 높이가 안채, 사랑채, 날개채 순으로 낮아진다. 안채의 합각마루까지 날개채의 지붕이 연결되고, 서쪽 날개채의 지붕은 사랑채의 맞배지붕으로 연결된다.

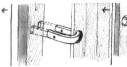

사진 1
별당

사진 2
별당 마루는 합각부를
만들기 위해 충량을 놓고
외기를 반칸 정도 내밀어
눈썹반자를 달았다.
툇보와 연결되는 안쪽
인방에는 난간대와 같은
구멍 뚫린 흔적이 있어
구 부재를 활용한 것으로
보인다.

사진 3, 그림
사랑채의 툇마루를
고상마루처럼 구성하고
하부에는 아궁이를
들였다. 아궁이를
판문으로 막아 정갈하다.

사진 4
사랑채의 3량 가구
상세. 가구는 치장 없이
간결하다.

사진 5
사랑채 하부 아궁이

사진 6
안대청의 가운데에 있는 두 기둥은 원형을 사용하고 배면 판문 위에는 제사용품을 올려 놓을 수 있는 시렁을 달았다. 양반가옥이지만 안채를 3량으로 구성하고 몸채 전체를 대청으로 만든 점은 눈여겨볼 만하다.

사진 7
부엌 쪽에서 본 안채

사진 8
건넌방 앞 부엌

사진 9
안채와 곳간채 사이에 있는 곳간채의 문

사진 10
좁고 긴 마당 앞·뒤를 출입문과 담장으로 막아 외부인의 출입을 철저히 통제했다.

가일 수곡고택

佳日 樹谷古宅

소재지	경북 안동시 풍천면 가일길 78
건축 시기	1792년
지정 사항	중요민속문화재 제176호
소유자	권대송
구조 형식	안채: 5량가+3량가, 맞배 기와지붕
	사랑채: 3량가, 우진각+맞배 기와지붕
	별당 사랑채: 5량가, 팔작 기와지붕
	사당: 3량가, 맞배 기와지붕

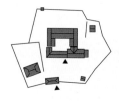

지붕 평면도

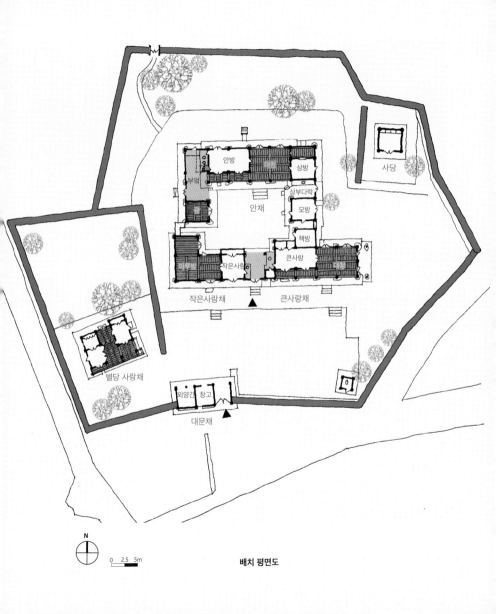

안방
대청
상방
부엌
상부다락
모방
안채
책방
마루방
작은사랑
큰사랑
대청
작은사랑채
큰사랑채
사당
별당 사랑채
외양간 창고
대문채

N

0 2.5 5m

배치 평면도

수곡고택은 가일마을 북쪽의 주산인 정산을 배경으로 정남향
하고 있으며, 마을에서 가장 오래된 권씨문중의 대종가인 시습재
(時習齊)의 약간 오른쪽에 자리한다.

창건에 관련된 문서나 명문은 전해지는 것이 없으나 현 소유자
권대송의 동생 권대인의 말에 의하면 집안 대대로 창건 사실과 유
래가 구전되었는데 수곡 권보(樹谷 權甫, 1709~1778)의 유덕을 기리기
위해 손자 권조(權眺)가 1792년에 창건했다고 한다.

남쪽에서 북쪽으로 높아지는 지형에 자리한 수곡고택은 대문
채, 별당 사랑채, 사랑채, 안채의 순으로 지형이 높아진다. 'ㄷ'자
형 안채와 'ㄷ'자 형 사랑채가 결합되어 튼 'ㅁ'자 형을 이룬다. 안
채와 사랑채는 담장으로 연결되어 붙어 있는 것처럼 보이지만 분
리되어 있다. 사랑채는 중문간을 중심으로 왼쪽은 작은사랑채, 오
른쪽은 큰사랑채이다. 행랑마당의 왼쪽에는 은퇴한 주인이 여생을
보내는 별당 사랑채가 있다. 동쪽 뒤에는 사당이 있다.

안채는 부엌, 안방, 대청, 상방이 있는 '一'자 형 몸채에 광이 있
는 왼쪽 날개채와 모방이 있는 오른쪽 날개채가 결합되어 'ㄷ'자

사진 1
수곡고택 전경. 지형의
높이 차를 이용해 건물의
위계를 드러냈는데 이
위계는 지붕 형태에도
반영되었다. 안채의
몸채는 맞배지붕,
날개채는 맞배지붕이
서로 결합된 형태이다.
작은사랑채는
우진각지붕이고
큰사랑채는 맞배지붕인데
주 사용 공간인
큰사랑채의 기단을
작은사랑채보다 한 단
정도 높게 하고 지붕도
높게 설치했다.

형을 이룬다. 자연석 바른층쌓기한 기단에 덤벙주초를 사용했다. 몸채는 전면에 퇴를 두었으나 평주에 대들보를 설치한 5량가이고 양 날개채는 3량가이다. 지붕은 모두 홑처마 맞배지붕이다.

사랑채는 자연석 기단에 덤벙주초를 사용한 3량가이다. 작은사랑채는 마루방과 작은사랑으로, 큰 사랑채는 큰사랑과 대청으로 구성되어 있다. 작은사랑채는 홑처마에 왼쪽이 우진각지붕이고, 큰사랑채는 홑처마에 오른쪽이 맞배지붕이다. 작은사랑채보다 큰 사랑채의 기단을 조금 높게 하고 지붕도 높게 해 위계를 표현했다. 오른쪽 맞배지붕 옆에는 부섭지붕을 덧달아 공간을 넓게 사용하고 입면에 변화를 주었다.

정면 3칸, 측면 2칸인 별당 사랑채는 가운데 대청을 중심으로 양 옆에 방이 있다. 자연석 기단에 덤벙주초를 사용한 5량가 홑처마 팔작지붕이다.

사당은 정면 1칸, 측면 1칸으로 3량가 홑처마 맞배지붕이다.

정면 3칸, 측면 1칸인 대문채의 양 옆은 판축담장으로 마감했다. 외양간, 창고, 대문간이 있으며 3량가 홑처마 우진각지붕이다.

사진 2
중문채와 사랑채

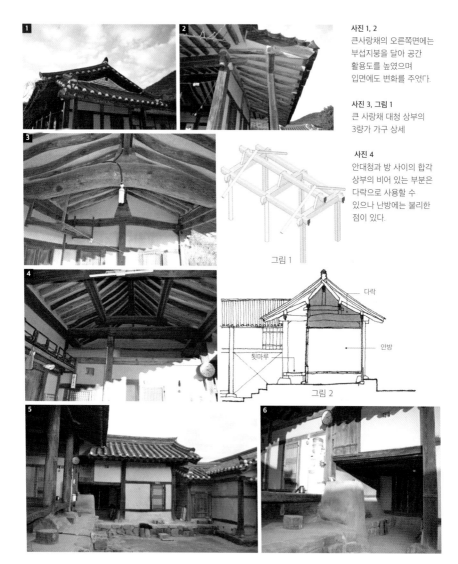

사진 1, 2
큰사랑채의 오른쪽면에는
부섭지붕을 달아 공간
활용도를 높였으며
입면에도 변화를 주었다.

사진 3, 그림 1
큰 사랑채 대청 상부의
3량가 가구 상세

사진 4
안대청과 방 사이의 합각
상부의 비어 있는 부분은
다락으로 사용할 수
있으나 난방에는 불리한
점이 있다.

그림 1

다락

안방

툇마루

그림 2

사진 5
왼쪽 날개채에서 바라본
오른쪽 날개채

사진 6
오른쪽 날개채의 함실 상부
다락을 출입하기 위해 기단
상부에 만든 디딤 형태가
재미있다.

사진 7
장성한 아들에게
사랑채를 물려 준 후
주인이 여생을 보낸 별당
사랑채는 유일하게 팔작
기와지붕이다.

사진 8
별당 사랑채 구조 상세

사진 9
별당 사랑채의 선자연 상세

사진 10
별당 사랑채의 난간 상세

사진 11
별당 사랑채의 돌난대
연귀맞춤 상세

사진 12
사당

그림 2
남쪽에서 북쪽으로
높아지는 지형을 이용해
건축물의 위계를 표현했다.
안방 상부에는 다락을
설치해 수납 공간으로
활용한다.

안동 권성백고택

安東 權成伯古宅

소재지	경북 안동시 풍천면 가일길 60
건축 시기	1800년대 후반
지정 사항	중요민속문화재 제202호
소유자	권태응
구조 형식	안채: 1고주 5량가+3량가, 맞배 기와지붕
	사랑채: 5량가, 팔작 기와지붕

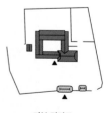

지붕 평면도

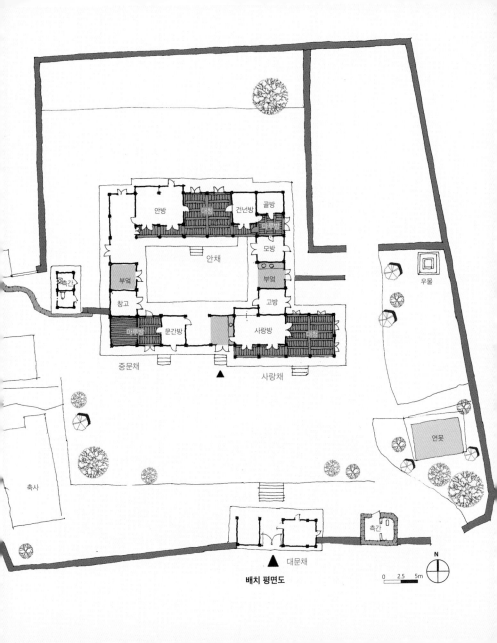

안방

대청

건넌방

골방

마루방

모방

안채

부엌

부엌

창고

고방

외측간

마루방

문간방

사랑방

대청

중문채

사랑채

축사

우물

연못

측간

대문채

배치 평면도

0 2.5 5m

N

권성백고택은 하회마을 북쪽에 있는 야산으로 둘러싸인 풍천면 가곡리마을 위쪽의 조금 높은 땅에서 남향으로 자리하고 있다. 독립운동 자금 모금 활동을 한 독립운동가 권영식(1894~1930)의 생가이다.

　안채와 사랑채가 아채의 날개채에 의해 연결되어 'ㅁ'자 형을 이루고 사랑채는 동쪽으로 2칸 더 붙어 있다. 대문채, 안채, 사랑채는 비교적 높은 네벌대 기단에 자리한다. 예전에는 안채 동쪽 뒤편에 정면 3칸, 측면 2칸의 사당이 있었고, 앞마당 서쪽에 초가 별당이 있었는데 현재는 터만 남아 있다.

　기존 대문채는 현재 사용되지 않고 오른쪽에 담을 터 새로 낸 대문을 이용하고 있다. 기존 대문채 뒤로는 'ㄴ'자 형으로 길게 자연석 석축을 쌓고 대문 뒤에 계단을 놓았다. 이 계단을 오르면 높은 기단 위에 자리한 중문채와 사랑채가 보인다.

　안채는 가운데 있는 2×2칸 대청을 중심으로 서쪽에 2×2칸 안

1

방, 동쪽에 1칸 건넌방이 있다. 건넌방 동쪽에는 골방이 있다. 골방 아래로는 마루방, 모방, 작은 부엌, 고방이 있는 오른쪽 날개채가 있다. 왼쪽 날개채에는 부엌, 창고방이 있으며 중문채로 이어진다. 안채에는 안방 상부에서 부엌과 창고가 있는 왼쪽 날개채까지 이어지는 다락과 오른쪽 날개채의 건넌방과 골방, 모방으로 이어지는 다락이 있다. 대청에는 물건을 얹을 수 있는 시렁이 있다. 넓은 다락과 대청의 시렁 등 수납 공간을 많이 둔 것이 특징이다.

중문채에는 마루방과 문간방, 안채로 드나드는 중문이 있다. 중문에는 차면벽을 두어 조금 돌아 안마당에 진입하도록 했다. 대개 살림집의 대문과 중문은 복이 들어오고 나가지 못하게 문을 안으로 열게 구성했는데 이 집의 중문은 밖으로 열게 되어 있다.

사랑채는 전퇴가 있는 2칸 사랑방과 2×2칸 사랑대청으로 구성되어 있으며 '복운헌(復雲軒)'이라는 편액이 붙어 있다. 자연석으로 구성한 기단 위에 자연석 초석을 두고 원형기둥을 세웠다. 직절익공을 두었으며, 창방을 도리처럼 단면 크기 그대로 뺄목으로 낸 것이 특이하다. 담장은 흙을 다져 만든 판축담이다. 굵고 튼실한 부재를 사용해 조선 후기 사대부가의 면모를 잘 보여 준다.

사진 1
사랑대청의 기둥과 기둥
사이는 소로 수장으로
치장하고 간단한
포대공으로 대들보 위를
장식했다.

사진 2
사랑채 대들보 위 포대공

사진 3
사랑채 툇간 가구 상세

사진 4
사랑대청 왼쪽

사진 5
중문채에서 바라본 안채

사진 6
안채

사진 7
넓은 다락과 큰 시렁이
있는 안대청

사진 8
안방 다락

사진 9
왼쪽 날개채 부엌 위의
다락은 안방, 부엌,
창고까지 이어진다.

사진 10
오른쪽 날개채의 다락은
건넌방, 골방으로
이어진다.

사진 11
안대청 가구 상세

사진 12
안채 왼쪽 날개채와
중문채 지붕

사진 13
왼쪽 날개채와 측간
사이에 있는 내외담

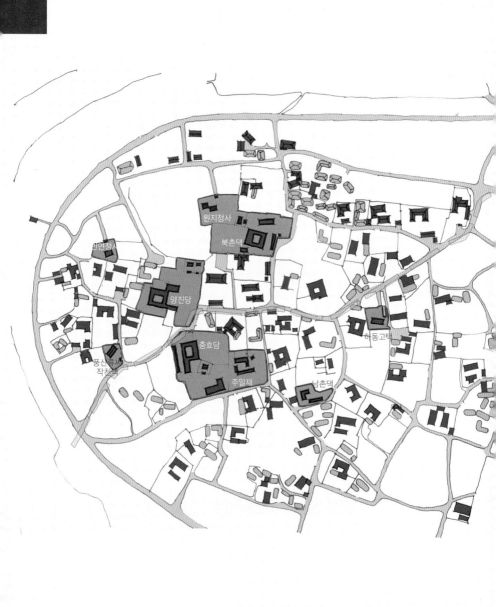

원지정사

북촌댁

빈연정사

양진당

풍산류씨
작천댁

충효당

주일재

하동고택

남촌댁

안동 하회마을

安東 河回

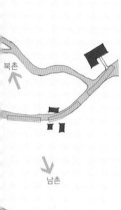

소재지　경북 안동시 풍천면 종가길 40
지정 사항　중요민속문화재 제122호

　　고려 때 입향한 풍산류씨의 동족마을인 하회마을은 마을 주변으로 낙동강 물이 휘돌고 있어 하회(河回)라는 이름이 붙었다. 물돌이마을이라고도 한다. 하회마을은 풍수상으로 연꽃같다 해서 연화부수형 형국이라고도 하고, 물길을 가로지르고 나아가는 배같다 하여 행주형(行舟形)이라고도 한다. 이러한 형국은 마을 삶에도 깊숙이 스며들어 꽃이나 배가 가라앉지 않도록 돌담을 쌓지 않고, 우물도 파지 않았다고 한다.

　　명당의 기운 덕인지 마을에는 조선 중기 영의정까지 오른 문신이자 뛰어난 성리학자인 서애 류성룡(西厓 柳成龍, 1542~1607), 그의 형인 겸암 류운용(謙唵 柳雲龍, 1539~1601)과 같이 뛰어난 인재가 많이 배출되었다. 이들의 집과 행적은 지금도 마을 곳곳에 남아 있다.

　　마을은 중앙을 가르는 큰 길을 기준으로 위쪽을 북촌, 아래쪽을 남촌(南村)으로 구분한다. 북촌에는 보물로 지정된 양진당을 비롯해 북촌댁과 원지정사, 빈연정사, 풍산류씨 작천댁 등이 있다. 남촌에는 역시 보물로 지정된 충효당과 남촌댁, 주일재, 하동고택 등이 있다. 전통가옥의 원형이 잘 보존되어 있다. 1984년 마을 전역이 중요민속문화재로 지정되었으며, 경주 양동마을과 함께 2010년 7월 세계문화유산으로 등재되었다.

하회 겸암정사

河回 謙菴精舍

소재지	경북 안동시 풍천면 풍일로 181
건축 시기	1567년
지정 사항	중요민속문화재 제89호
소유자	류상붕
구조 형식	안채: 5량가+3량가, 팔작 기와지붕
	겸암정사: 5량가, 팔작 기와지붕

지붕 평면도

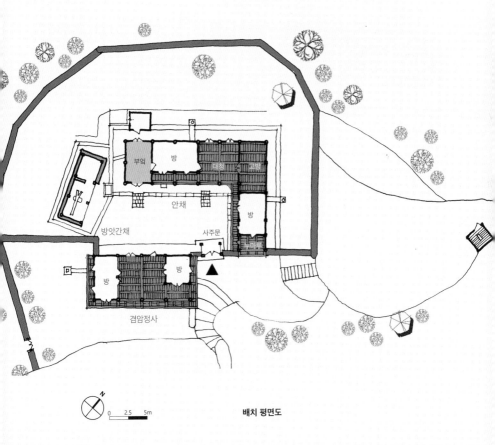

배치 평면도

사진 1
진입로에서는 안채,
사주문, 겸암정사가
차례대로 보인다. 대지의
높이 차를 적절히 활용한
배치가 돋보인다.

겸암정사는 조선 중기의 문신 겸암 류운룡이 스물아홉 살 되던 해인 1567년에 지었다. 마을의 북쪽 화천 건너편에 있는 부용대의 소나무 숲에서 동남향으로 경사가 가파른 곳에 석축을 쌓아 대지를 조성하고 하회마을을 조망하는 곳에 자리한다.

겸암정사는 입구가 높아서 내려가면서 들어가야 한다. 내려가다 보면 전면에 경사지를 활용한 겸암정사의 측면이 보인다. 기둥 사이로 1칸 방, 대청, 2칸 방, 숲이 중첩되어 보인다. 오른쪽 담장을 따라가면 안채의 날개채인 '절선헌(節宜軒)' 편액이 있는 누대청이 보이고 겸암정사에 들어갈 수 있는 유일한 출입구인 사주문에 도착하게 된다. 사주문의 서쪽에 바깥채인 겸암정사가 있다. 겸암정사는 정면 4칸, 측면 2칸의 누각건물이다. 아래층은 지형 차 때문에 생긴 공간으로 앞쪽에만 기둥 두 개가 있고 뒤쪽은 하층 없이 땅 위에 바로 상층 기둥이 있다. 방이 있는 곳의 아래층에는 아궁이를 들이고 다른 공간은 비어 있다. 위층에는 서쪽부터 차례로

2칸 방, 4칸 대청, 1칸 방이 있다. 동쪽의 1칸 방 앞
에는 마루를 두었다. 배면을 제외한 삼면에 툇마루
를 두고 난간을 둘렀다. 5량 구조 민도리집으로 홑
처마, 팔작지붕이다. 전면에만 원형기둥을 사용하고
나머지는 각기둥을 사용했다.

안채는 겸암정사의 북쪽에 'ㄱ'자 형으로 자리한
다. 몸채는 5량가이고, 오른쪽에 3량가 날개채를 덧
붙였다. 몸채에는 서쪽부터 차례로 부엌, 방, 대청이 있다. 몸채와
날개채가 만나는 칸에는 고방을 들이고 판벽과 판장문으로 막았
다. 날개채는 고방, 방, 마루로 구성된다. 마루는 누각 형태이며 천
장은 고미반자로 했다. 가구는 모두 굴도리를 사용하고 몸채의 전
면에는 원형기둥을, 방을 들인 내진주와 날개채에는 각기둥을 사
용했다. 방과 대청에는 주두를 설치했으나 부엌에는 설치하지 않
았다.

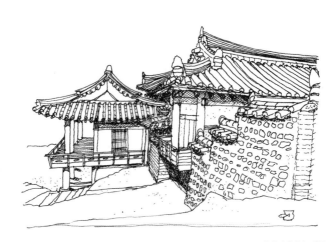

사진 2
사주문 앞에서 올려 본
겸암정사

그림
겸암정사와 안채

사진 1
지형의 높이 차로 인해
아래층에는 앞쪽에만
기둥이 있고 뒤는 안마당
위에 바로 놓여 있다.
지형의 높낮이를 이용해
누각을 설치한 사례는
경주 독락당 계정이 있다.

사진 2
겸암정사 왼쪽 모서리

사진 3
전면 2열 기둥만
아래층까지 내려와 있다.

사진 4
겸암정사는 대들보
양쪽에 충량을 두고
외기도리를 받쳤다.
대들보 상부에는 중도리와
종보를 설치하고, 종보
위에는 제형판대공을
올려 종도리를 받게 했다.
충량은 기둥 상부에
결구되어 있으며 보아지는
초각되어 있다.

사진 5
부엌에서 본 날개채와
대문

사진 6
대문에서 본 방앗간채

사진 7
안대청은 5량 구조로
모두 굴도리를 사용했다.
방에는 소로가 없으나
대청의 외부 열에는
소로를 설치하고
보아지를 초새김해 공간적
위계를 드러냈다.

사진 8
안채 누마루

사진 9
날개채 누대청의 3량
가구 상세

그림
고미반자 상세

부엌

안방

대청

방

안채

방

방

사당

방

별당

방앗간채

중문채

방

방

사랑방

대청

사랑채

대문채

배치 평면도

N

0 2.5 5m

하회 남촌댁

河回 南村宅

소재지	경북 안동시 풍천면 남촌길 60-5
건축 시기	1797년
지정 사항	중요민속문화재 제90호
소유자	풍산류씨대사간애운공파문중
구조 형식	안채: 5량가, 팔작 기와지붕
	사랑채: 1고주 5량가, 팔작 기와지붕
	별당: 3량가, 팔작 기와지붕
	사당: 3량가, 맞배 기와지붕

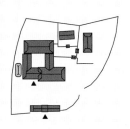

지붕 평면도

형조좌랑이었던 류기영(柳驥榮, 1825~1880)이 1797년에 지은 집으로 충효당과 함께 남촌을 대표하는 사대부가이다. 1953년 화재로 대문채와 별당, 사당을 제외한 모든 건물이 소실되어 터만 남아 있었다. 화재 전에는 안채와 사랑채가 'ㅁ'자를 이루고 대문채에서 멀리 떨어져 있었다. 본채 서쪽에는 방앗간채가 있고 대문채 동쪽에는 남북방향으로 길게 헛간채가 있으며, 서쪽에는 측간이 있었다고 한다. 안채 뒤쪽의 동쪽에는 창고방이 있으며, 서쪽에 장독대가 있었다고 한다. 2011년 12월 현재 모습으로 복원했다.

토석담을 두른 좁고 긴 골목길을 따라 들어가 대문 앞에 서면 화방벽으로 마감한 7칸 규모의 큰 대문채 가운데 높이 솟아 있는 솟을대문을 접하게 된다. 좁은 골목을 지나온 터라 남촌댁의 솟을대문은 여느 솟을대문보다 더 위엄 있어 보인다.

불 타기 이전에는 안채와 사랑채의 구들 연기를 하나의 큰 굴뚝으로 뽑아 낼 정도로 잘 지은 집이었다고 한다. 복원된 본채는 정면 9칸, 측면 7칸 반의 'ㅁ'자 형이다. 5량가에 민도리 홑처마 팔작기와지붕인 안채와 사랑채를 행랑으로 연결했다. 방앗간채는 정면 3칸, 측면 1칸의 '一'자 형으로 민도리 3량가의 홑처마 초가지붕으로 복원되었다.

사당은 정침의 동측 뒤편에 담을 둘러 별도의 공간으로 구성했다. 사랑채 배면에 담을 치고 협문을 통해 사당과 별당으로 출입할 수 있도록 했으며, 안채에서도 이 담

사진 1
좁고 긴 골목은
솟을대문을 더욱 위엄
있어 보이게 해 준다.

사진 2
초가인 방앗간채와
중문채, 사랑채의 서로
다른 지붕 높이가 위계를
드러낸다. 방앗간채의
토벽, 중문채의 판벽,
사랑채의 회벽이 조화를
이루며 연속되어 있다.

사진 3
사랑채 후원 뒤로 안채의
지붕이 보인다.

과 담 사이에 문을 두어 통행에 편의를 주었다. 담장은 하부를 토
석으로 쌓고 상부는 와편으로 문양을 넣었는데, 세련돼 보인다.

별당은 굴도리에 소로 없이 장여로 받쳐, 북촌댁에 비해 비교적
장식을 생략했다. 안채와 사랑채가 화재로 소실되었을 때 주 생활
공간으로 사용되었다. 화재 이전에는 부엌 없이 넓은 대청이 있는
접객용 공간이었다. 현재 별당은 대청 1칸, 방 2칸, 부엌 1칸을 갖
추고 있다. 부엌은 아궁이만 있던 누마루였으나 화재 이후 누하부
에 벽체를 설치하고, 누마루는 안방에서 다락으로 사용하고 있다.
이러한 변화는 외형에서 잘 나타나는데, 특히 부엌 상부의 창은
하부 머름을 둔 세살창이고,
하부에는 출입문을 제외한 두
면에 화방벽을 두었다. 화방
벽은 와편으로 만든 사선형의
격자무늬에 '囍'자와 '壽'자 문
양을 넣고 회벽으로 마감했
다. 화방벽 하부에는 격자에
맞춰 통기구를 앙증맞게 뚫어
놓았다.

사진 1
안채에서 본 안마당

사진 2
안채 왼쪽의 툇간

사진 3
하부에 아궁이를 들인
안채 건넌방

사진 4
화재 이후 살림채로
사용했던 별당

사진 5, 6
격자무늬에 '囍'자와 '壽'자
문양을 넣고 회벽으로
마감한 화방벽. 하단에는
격자 무늬에 맞춰
양증맞게 통풍 구멍을
뚫어 놓았다.

사진 7
별당 누마루 하부의 판문.
별당의 부엌은 아궁이만
있던 누마루였으나 화재
이후 누하부에 벽체를
설치하고, 누마루는
안방에서 다락으로
사용하고 있다.

사진 8, 9, 10
안방 굴뚝(사진 8), 건넌방
굴뚝(사진 10), 사랑채
굴뚝(사진 9). 화재 이전
안채와 사랑채는 하나의
굴뚝으로 뽑을 만큼 잘
지은 집이었다고 한다.

사진 11
초가인 방앗간채

사진 12
사당은 본채의 동측 뒤에
있다. 사당채에서 별채,
안채, 사랑채로 모두
출입할 수 있도록 협문을
두었다.

하회 북촌댁

河回 北村宅

소재지	경북 안동시 풍천면 북촌길 7
건축 시기	1862년
지정 사항	중요민속문화재 제84호
소유자	류세호
구조 형식	안채: 5량가 + 3량가, 맞배 기와지붕
	사랑채: 5량가, 팔작 기와지붕
	별당: 5량가, 팔작 기와지붕
	사당: 3량가, 맞배 기와지붕

지붕 평면도

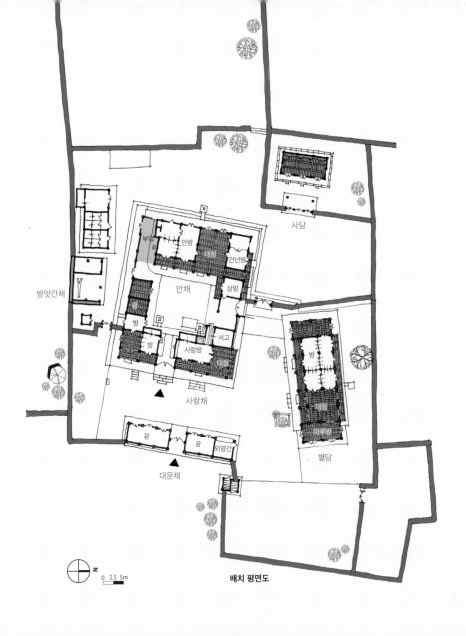

사당

방앗간채

부엌 **안방** **대청** **건넌방**

상방

안채

광 **방**

방

방

방

서고

사랑방

대청

마루방

별당

사랑채

광 **광** **외양간**

대문채

N

0 2.5 5m

배치 평면도

하회마을은 마을의 가운데에 있는 길을 따라 북촌과 남촌으로 나뉜다. 북촌댁은 북촌 중심의 넓은 대지에 동향하고 있는 하회마을에서 가장 큰 72칸의 집으로 양진당과 더불어 북촌을 대표하는 사대부가이다.

'화경당(和敬堂)'과 '수신와(須愼窩)' 편액이 붙은 사랑채가 안채의 양 날개채와 연결되어 'ㅁ'자 형을 이루고, 주변에 별당인 큰사랑채인 '북촌유거(北村幽居)', 대문채, 방앗간, 사당이 삼문과 함께 배치되어 있다. 북촌댁은 대문 밖에 앞마당 없이 마을 길에 바로 노출되어 있어서 마을의 다른 집과는 달리 대문채를 폐쇄적인 형태의 화방벽으로 높게 지었다. 대문채는 정면 7칸, 측면 1칸으로 솟을대문을 중심으로 양 옆에 광이 있고, 오른쪽 끝 1칸에 외양간이 있다.

1

2

사진 1
골목에서 본 대문채. 마당 없이 대문 밖이 마을 길에 바로 노출되어 화방벽을 높게 설치했다.

사진 2
사랑마당에서 본 대문채. 솟을대문 양 옆에 광이 있고 왼쪽 끝에 외양간이 있다.

안채의 몸체는 왼쪽에 날개채와 연결되는 1×3칸 부엌이 있고, 오른쪽으로 2×2칸 안방, 2×2칸 대청, 1×2칸 건넌방이 있다. 전면에는 반 칸 툇마루를 두었다. 안방은 '田'자 형태의 겹집 구조로 보칸이 꽤나 긴 집이다. 보칸의 비례에 맞춰 기둥도 높고, 굵고 긴 대들보를 얹었다. 부엌, 창고가 있는 왼쪽 날개채는 중층 구조로 상부에 다락이 있다. 건넌방은 툇마루를 사이에 두고 오른쪽 날개채의 상방과 2칸 중문간으로 이어져 사랑채와 연결된다. 장대석 기단 위에 자연석 초석을 놓고 사각기둥을 세웠는데 대청 전면의 기둥 세 개는 원형기둥으로 했다. 민흘림기둥 머리에 주두를 놓아 직절익공으로 결구하고 소로 수장을 했다.

사랑채는 중문을 중심으로 왼쪽에 작은사랑인 수신와가 있고, 오른쪽에 중간사랑인 화경당이 있다. 손자가 기거하는 수신와에는 전퇴를 둔 1칸 사랑방, 왼쪽에 사랑대청, 안채 쪽으로 꺾어 1칸 방이 있다. 아버지가 기거하는 화경당에는 전면 반 칸은 퇴를 두고, 왼쪽의 2칸 사랑방, 대청, 안채 쪽으로 꺾여 서고가 있다. 사랑채는 막돌 허튼층쌓기 기단 위에 다듬은 자연석 초석을 놓고 각기둥을 세웠다. 안채와 달리 민도리집이다.

별당인 큰사랑 북촌유거는 가장 웃어른이 기거하는 곳으로 '一'자 형 평면에 전면 7칸, 측면 2칸이다. 왼쪽부터 1×2칸 부엌, 2×2칸 방, 1×2칸 방, 2×2칸 대청, 1×2칸 누마루가 있다. 방과 대청의 전면은 반 칸 툇마루가 있다. 자연석 기단 위에 다듬은 자연석 초석을 놓고 각기둥을 세웠는데, 정면 일곱 개와 후면 일곱 개, 대청 중간의 한 개는 원형기둥이다.

사당채는 별도의 영역으로 담장을 둘렀으며 안채와 별당 사이의 협문으로 드나든다. 삼문이 있으며 정면 3칸, 측면 2칸이다.

사진 1
아들과 아버지가 기거하는 중간사랑과 작은사랑이 중문 양 옆에 있다.

사진 2
'卍'자 형 난간을 두른 사랑대청 우측 후면

사진 3
작은사랑인 수신와의 가구 상세

사진 4
중층 구조인 안채

사진 5
건넌방과 상방이 있는 안채 오른쪽 날개채

사진 6
부엌이 있는 안채 왼쪽 날개채

사진 7
몸채와 날개채의 지붕이 겹쳐 있는 안채 왼쪽 후면

사진 8
기둥머리에 주두를 놓아 직절익공으로 결구하고 소로 수장을 둔 안채 가구

사진 9
몸채와 날개채의 연결 부분 지붕 상세

사진 10
문선과 널빤지로 톡특한 입면을 만든 부엌 벽면

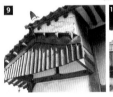

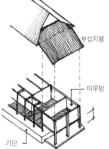

사진 11
안대청의 가마 보관소

사진 12
부섭지붕을 덧댄 별당

그림
기단의 높이 차를 이용해
배치하고 상층과 하층의
사용을 고려해 각각의
높이를 설정했다.

부섭지붕

마루방

기단

하회 빈연정사

河回 賓淵精舍

소재지	경북 안동시 풍천면 북촌길 17-22
건축 시기	1583년 추정
지정 사항	중요민속문화재 제86호
소유자	류상붕
구조 형식	5량가, 팔작 기와지붕

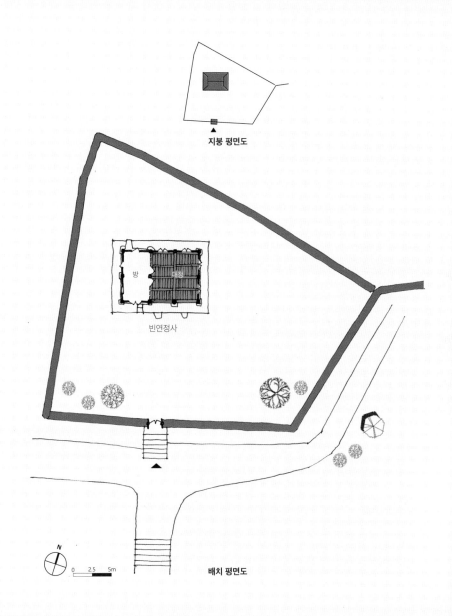

지붕 평면도

방　대청

빈연정사

N

0　2.5　5m

배치 평면도

화천과 부용대를 바라보고 있는 빈연정사는 겸암 류운룡이 1583년에 조영한 것으로 추정된다. 겸암정사에서 생활하던 겸암은 강 건너의 마을과 집안을 돌보기 위해 배를 타고 왕래해야 하는 불편함과 서재 겸 휴식 공간이 필요해 빈연정사를 지었다. 빈연정사는 원지정사와 마찬가지로 마을 북쪽의 야트막한 구릉지에 부용대와 만송정, 겸암정사를 바라볼 수 있도록 북향하고 있으며 원지정사와 일직선상에 놓여 있다.

정사는 자연석 지대석 위에 판축담을 쌓고 기와를 올려 마감했으며, 북쪽의 담장과 맞대어 협문을 설치했다. 맞배지붕을 얹은 일각문 형태의 1칸 협문을 지나면 정면 3칸, 측면 2칸, 5량가 홑처마 팔작지붕으로 꾸민 정사가 보인다. 왼쪽 2칸은 온돌방, 오른쪽 4칸은 대청인 겹집이다. 기단은 전면과 후면의 높이를 달리해 배수에 유리하도록 했다. 전면에 아궁이를 두고 후면 기단에 굴뚝을 두어 난방을 했는데, 사랑채 형태를 차용한 것으로 보인다.

열한 개의 기둥 중 대청의 기둥 하나만 원형이고 나머지는 각기둥이다. 대청 가운데 앞·뒤의 기둥 상부 보아지만 초각했다. 우물마루를 깔고 우측과 배면에는 판문을 설치하고 판문 하부에는 통

사진 1
대문에서 본 빈연정사

사진 2.
같은 면이지만 창호의 형태를 달리해 입면의 변화를 꾀했다.

사진 3, 그림
합각판이나 박공판을 종도리가 받쳐 주는 형태로 해 종도리 단면이 노출되어 있다. 흔히 볼 수 없는 사례이다.

사진 4
대청은 정면 기둥 한 개만
원형이고 전·후면의
기둥 상부의 보아지만
초각했다.

사진 5
대청 배면 오른쪽면에는
하부에 간단한 통머름을
둔 판문을 설치했다.

사진 6, 7
통머름으로 간단하게
설치한 오른쪽 판문(사진
6) 꾸밈없이 수수하게
처리한 대청 배면(사진 7)

머름을 두었다. 가운데 칸은 연등천장으로, 오른쪽은 중도리와 외
기도리 사이에 우물반자를 두어 눈썹반자로 마무리했다.

온돌방은 전면과 배면에 세살창을 달고, 왼쪽면에는 세살창과
벼락닫이창을, 대청 쪽에는 두 짝 분합문을 달았다. 온돌방의 천장
에는 고미가래를 사용해 고미반자를 두고, 벽체와 천장 모두 한지
로 도배했다. 온돌방 부분에는 납도리를, 대청 부분에는 굴도리를
사용했다.

합각 부분은 종도리가 합각판에 일부 가려지는 것이 보통이나
하회마을의 가옥 합각부나 박공 부분은 종도리가 합각판이나 박
공판을 받쳐 주는 형태로 해 종도리의 단면이 모두 노출되도록 하
고 그 위에 합각판을 박공띠쇠나 꺾쇠로 결구했다.

앞마당에 작은 연못을 두고 연꽃을 길렀다고 하나 현재는 마당
이 복토되어 흔적을 찾아볼 수 없다.

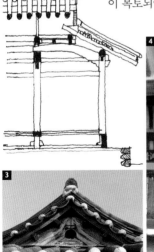

하회 양진당

河回 養眞堂

소재지	경북 안동시 풍천면 하회종가길 68
건축 시기	1600년대
지정 사항	보물 제306호
소유자	류상붕
구조 형식	안채: 5량가, 맞배 기와지붕
	사랑채: 5량가, 맞배+팔작 기와지붕

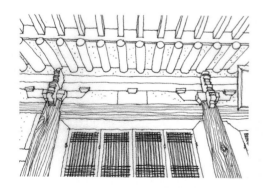

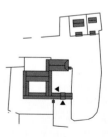

지붕 평면도

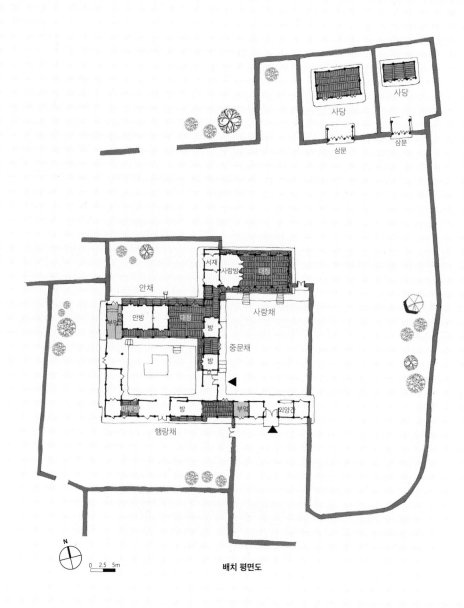

사당

사당

삼문

삼문

서재

사랑방

대청

안채

사랑채

안방

대청

방

부엌

중문채

방

마부방

방

부엌

의양간

행랑채

N

0 2.5 5m

배치 평면도

사진 1
마을 입구에서 본 양진당

　양진당은 조선시대 유학자인 겸암 류운룡이 살았던 풍산류씨의 종택이다. 풍산류씨는 풍산 상리에 터를 잡고 대대로 살았는데 겸암 류운용과 서애 류성룡의 6대조로 여말선초 공조전서를 지낸 류종혜(柳從惠)가 길지를 찾아 하회로 입향해 초창했다고 한다. 양진당의 사랑채는 입암 류중영(立巖 柳仲郢, 1515~1573)이 생전에 지어 완성한 집으로 사랑채 정면에 입암고택이라는 편액이 걸려 있다. 지어질 당시에는 99칸의 대가였을 것으로 추정되나 현재는 53칸만 남아 있다.

　양진당은 하회마을 중심부의 지형상 가장 높은 곳에 자리하며 하회에서는 드물게 모든 건축물이 남향하고 있다. 경사지에 기단의 높이 차를 이용해 각 건물의 위계를 표현했다.

　안채는 정면 7칸, 측면 2칸으로 안방, 우물마루를 깐 4칸 대청, 건넌방이 있다. 안방의 서쪽에는 중층으로 구성한 3칸 부엌이 있다. 부엌의 위층은 마루를 깔고 수납 공간으로 사용하고 있다. 대청은 고주 없이 자연스럽게 휘어진 대들보를 걸친 5량가이다. 고주 대신 평주를 사용하고 대들보와 툇보를 맞보로 걸었으며 대들보 위에 동자주를 세우고 종보를 걸었다. 안방은 평주를 이용한 1고주 5량가이다. 대청의 전면 기둥 네 개와 후면에서 대들보와 만나는 기둥 한 개는 원형이고, 나머지 기둥은 각기둥이다. 비교적

높은 기둥을 사용해 건물의 위계를 드러냈다. 안방의 평천장 위에는 창고 용도로 사용하는 누다락이 있으며, 건넌방 뒤에는 사랑채로 통하는 마루가 있다.

정면 5칸, 측면 2칸인 사랑채는 왼쪽 1칸이 안대청과 연결되어 있다. 사랑채의 서재는 2칸으로 나누어 있으며 오른쪽에는 아래 온돌을 들인 1×2칸 사랑방과 6칸 우물마루 대청이 있다. 고주를 세우지 않은 5량 구조, 겹처마이다. 왼쪽은 안채와 같은 형식인 맞배지붕으로 중문채의 용마루와 사랑채의 박공 부분이 만나는 부분을 안채보다 1칸 뒤로 물러나 합각처럼 처리했으며 오른쪽은 추녀를 설치한 팔작지붕으로 했다. 대청은 연등천장이나 충량이 설치된 상부 외기부분은 우물반자로 했다. 기둥은 안채와 연결되는 중문채를 제외하고 모두 원형기둥을 사용했다. 대부분의 기둥은 상부는 좁고 하부로 갈수록 커지는 민흘림을 두고 있으며 오른쪽의 귓기둥과 일부 초창기에 지어진 부재로 보이는 기둥에서는 배흘림 수법이 보이기도 한다. 대들보는 거대한 자연 곡재를 거의 손 대지 않고 사용한 반면 중보의 파련대공은 화려하게 치장한 것을 볼 수 있다.

사진 1
 행랑대청. 사랑채가
증축되기 전에는
사랑대청이었을 것이다.

사진 2
행랑채 큰 방에서 내다
본 바깥 마당과 앞산.
사랑채가 증축되기 전에는
사랑방이었을 것이다.

사진 3
사랑대청 상부 가구 상세

사진 4
사랑대청

사진 5
안마당에서 본 안채

사진 6
안대청 상부 가구 상세

사진 7
안대청에서 본 안마당과
행랑채

사진 8
안채 부엌 상부에는
마루를 내밀고 간단한
난간을 설치한 다락이
있다.

사진 9
사랑대청에서 본 사당

하회 옥연정사

河回 玉淵精舍

소재지	경북 안동시 풍천면 광덕솔밭길 86
건축 시기	1586년
지정 사항	중요민속문화재 제88호
소유자	류영하
구조 형식	완심재(안채): 5량가, 팔작 기와지붕
	옥연정사(사랑채): 2고주 5량가, 팔작 기와지붕
	원락재(별당): 1고주 5량가, 팔작 기와지붕

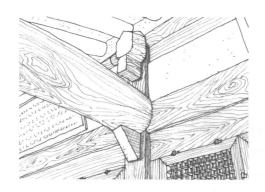

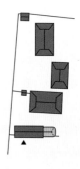

지붕 평면도

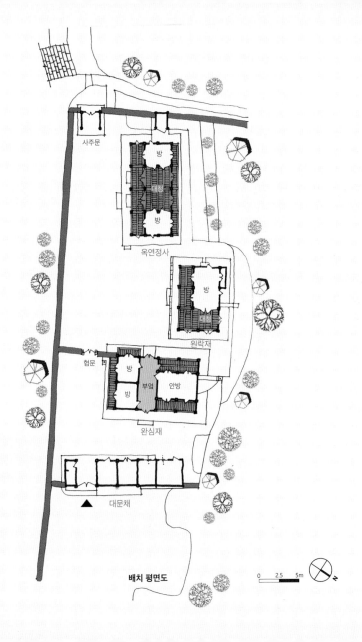

사주문

방

대청

방

옥연정사

방

대청

원락재

협문

방

방

부엌

안방

완심재

대문채

배치 평면도

0 2.5 5m

서애 류성룡이 학문 연구와 제자를 키우기 위해 지은 옥연정사는 강 건너 부용대 부근 동쪽 강가에 비교적 높은 석축을 쌓아 조성한 땅에 자리한다.

6칸 규모의 대문채에는 화장실과 광이 있다. 오른쪽 2칸은 초가로 지붕을 이었다. 대문을 지나 들어가면 동향하고 있는 안채인 완심재(玩心齋)가 보인다. 완심재는 여느 안채와 달리 대청이 없고 가운데에 부엌을 두고 부엌 양 옆에 방을 둔 복판 부엌집이다. 대청은 없지만 안방의 앞과 뒤에 모두 툇마루를 두고, 다른 방에는 쪽마루를 두었다.

안채 뒤에는 정면 3칸, 측면 2칸 규모의 별당인 원락재(遠樂齋)가 남향해 있다. 전퇴가 있는 2칸 방과 1칸 대청이 있다. 잘 다듬은 장대석을 두벌대로 쌓고 가운데에 기단을 오를 수 있게 디딤돌을 두었으며, 자연석이 아닌 원형으로 곱게 가공한 초석에 각기둥을 세웠다. 방은 들보에 고미받이를 걸고 천장을 두었다. 툇간 천장은 대개 서까래가 노출되는 연등천장으로 하는데 원락재의 전면 툇간은 고미가래를 걸고 앙토를 발라 별도의 천장으로 꾸몄다.

사랑채인 옥연정사는 정면 4칸 규모로 원락재와 같이 강이 보이는 남쪽을 향하고 있다. 2칸 대청을 중심으로 양 옆에 방을 들였다. 전면에는 툇마루를, 배면에는 쪽마루를 두고 대청에는 사분합들문을 설치했다. 불을 지피기 쉽게

사진 1
오른쪽 2칸을 초가로 이은
대문채

사진 2
안채인 완심재

사진 3
원락재 마당에서 본
완심재

사진 4
완심재에는 대청을 두지
않은 대신 앞·뒤에 넓은
툇마루를 두었다.

방 뒤쪽의 쪽마루는 조금 높게 설치하고 아궁이를 들였다. 별도로 굴뚝을 설치하지 않고 전면과 측면 기단에 연도 구멍만 두었다. 지붕은 홑처마임에도 사래를 추녀 위에 겹쳐 놓고 붙임혀를 설치했다.

옥연정사 뒤에는 자연 지형에 맞춰 두른 외부 담장과 사주문이 있다. 이 문은 나루터로 연결되어 강 건너 하회마을로 바로 갈 수 있도록 했다.

원락재 앞에 사각형의 정원을 구성한 것, 옥연정사 뒤에 경사지를 따라 담장을 두르고 화계를 둔 것, 완심재에 붙여 낮은 담장과 협문을 두어 안마당과 사랑마당으로 외부 공간을 구분한 것, 대문과 협문, 뒤편의 사주문을 일직선으로 두지 않고 살짝 어긋나게 배치해 변화를 주면서 기능적으로 처리한 점 등 배치 공간 구성이 매우 잘 되어 있다.

사진 1
별당인 원락재

사진 2
원락재의 대청에 걸린
충량은 한쪽 끝을 대들보
위에 걸고 다른 쪽은 측면
기둥에 걸었다.

사진 3
충량 위에서 저울대
모양으로 짜인 외기와
눈썹반자

사진 4
원락재는 잘 다듬은
장대석으로 놓은 두벌대
기단 위에 자리한다.

사진 5
원형으로 다듬은 원락재의
초석과 고막이

사진 6
사랑채인 옥연정사

사진 7, 8
옥연정사 주변에는 마당을
따라 담장을 두르고
화계를 구성했다.

사진 9
일반적으로 툇간의 천장은
서까래가 노출되는
우물반자로 하지만
옥연정사의 전면 툇간에는
고미가래를 걸고 앙토를
발라 마감했다.

사진 10, 그림
옥연정사는 홑처마임에도
사래를 추녀 위에 겹쳐
두고 붙임혀를 달았다.
추녀를 만들기 위해서는
곡재로 길고 큰 목재가
필요하지만 여기서는
짧은 목재를 겹쳐서 큰
목재와 같은 효과를 보고,
추녀 끝을 들어올리는
지붕의 앙각도 고려했다.
아래 작은 그림이
일반적인 홑처마
추녀이다.

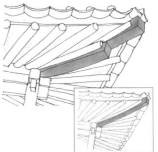

사진 11
옥연정사에는 굴뚝을
별도로 설치하지 않고
개자리에서 굴뚝으로
연결되는 연도구멍을
기단에 두었다.

사진 12
담장은 지형에 맞춰 낮은
층을 두어 지형과 조화를
이룬다.

하회 원지정사

河回 遠志精舍

소재지	경북 안동시 풍천면 하회북촌길 17-7
건축 시기	1576년
지정 사항	중요민속문화재 제85호
소유자	유영하
구조 형식	원지정사: 1고주 5량가, 맞배 기와지붕
	연좌루: 5량가, 팔작 기와지붕

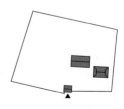

지붕 평면도

연좌루 2층평면도

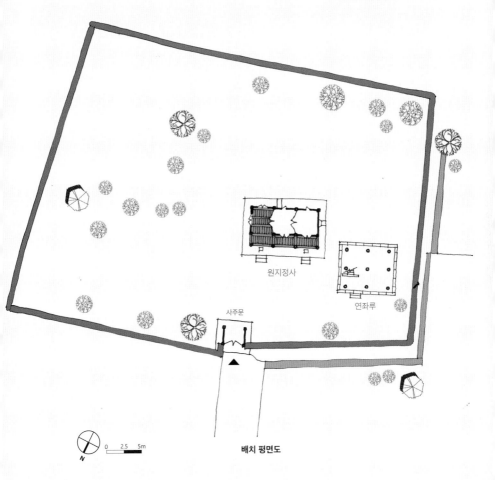

원지정사

연좌루

사주문

0 2.5 5m

N

배치 평면도

사진 1
진입로에서 바라본
원지정사와 연좌루

　원지정사는 서애 류성룡이 부친상을 당해 고향으로 돌아와 지은 집이다. 서애는 나이 들어 병이 들었을 때 이곳에서 치유 및 독서를 하고 자식 교육을 했다. 《서애문집》에 원지정사는 1576년(萬曆四年 丙子年), 서애의 나이 35세 때 완성되었다고 나온다. 지었을 당시의 건물은 소실되었고 지금의 정사와 연좌루는 후에 중건한 것이다.

　북쪽의 진입로를 따라 가면 토담을 쌓아 만든 담장과 사주문이 나온다. 이 사주문을 들어서면 원지정사가 보이고 오른쪽에 연좌루가 북향으로 자리한 것이 보인다. 정사와 연좌루는 북쪽의 화천과 화천 건너의 부용대, 옥연정사를 바라보고 있는데 절경을 감상하기 위해 의도적으로 배치한 것이다. 배면 담장은 북촌댁과 일부 담장을 공유하며 경계를 이루고 있는데 두 집의 담장은 토석담과 토담으로 다르다.

　원지정사는 정면 3칸, 측면 1칸 반 규모로 1칸 마루와 2칸 방이 있다. 전면 툇간에는 툇마루를 들였다. 방은 마루를 통해 드나들게 되는데 방과 방 사이에는 사분합문을 달고 방과 툇마루 사이에는 통머름을 두고 창을 달았다. 마루의 왼쪽과 배면에는 판문이 설치되어 있다. 자연석을 두 단으로 쌓아 기단을 만들고 전면 양쪽에 각각 3단의 계단을 두어 오르게 했다. 전면과 후면 기단의 높이를 달리해 배수를 고려했다. 자연석 초석 위에 각기둥을 세웠는데 전면의 툇기둥만 원형으로 하고 초각된 보아지를 사용했다. 납도리를 사용한 민도리집으로 1고주 5량가 홑처마 맞배지붕이다.

정면 2칸, 측면 2칸의 누정인 연좌루는 두 단의 자연석 위에 갑석으로 화강석 기단을 두었다. 하층부는 초석과 여덟 개의 원형기둥만으로 구성하고 상부는 마루와 원형기둥, 난간으로 구성했다. 상층 누각은 5량가 익공형 소로 수장집으로 홑처마 팔작지붕이다. 누각에서는 정면에 있는 화천과 부용대의 옥연정사를 한눈에 볼 수 있다. 마루에 개구부를 낸 후 좌·우에 판재를 대고 계단판을 설치한 간단한 형태의 계단을 설치해 상·하층의 이동 통로로 사용한다. 가구는 굽은 형태의 대들보를 가운데에 설치하고 그 위에 한층 더 굽은 형태의 충량을 기둥과 보 가운데 상부에 걸었다. 대들보 상부에 종보를 얹어 중도리와 장여를 걸치고 그 위에 대공과 종도리를 걸었다. 중도리는 외기도리와 결구되어 있는데 그 아래에 소로를 달아 기둥처럼 장식했으며 종도리와 중도리 사이에는 우물반자를 설치했다. 대들보와 충량을 자연스런 곡선 부재로 절묘하게 사용한 가구미가 돋보인다.

2

사진 2
마당에서 바라본
원지정사와 연좌루

사진 1
연좌루에서 본 원지정사

사진 2
납도리를 사용한
민도리집으로 1고주 5량
구조인 원지정사 대청의
가구 상세

사진 3
머름동자와 머름청판
없이 통머름을 사용한
원지정사의 창호

사진 4
전면의 툇기둥에만
사용한 원형기둥과
초각한 보아지

사진 5
마당에서 본 연좌루

사진 6
연좌루는 여덟 개의
원형기둥과 난간으로만
구성해 사방을 조망할 수
있다.

사진 7
대들보와 충량으로
자연스러운 곡선 부재를
사용해 자연미가 돋보이는
연좌루 대청 가구 상세

사진 8
연좌루 하부 가구 상세

사진 9
연좌루의 난간 상세

사진 10
연좌루에는 우물마루를
깔았다.

사진 11
연좌루는 화강석 기단에
원형 초석을 올리고
원형기둥을 세웠다.

사진 12, 13, 14, 그림
곡선 부재를 사용해
자연미가 돋보이는
연좌루의 계단과 계단
접합부 상세

사진 15
원지정사는 북촌댁과
담장을 공유하지만
토석담과 토담으로 형태가
다르다.

사진 16
마당에서 바라본 부용대

사진 17
원지정사 대청에서 바라본
부용대

누마루귀틀
계단 지지대
디딤판
디딤판 지지대
바닥 지지판

하회 주일재

河回 主一齋

소재지	경북 안동시 풍천면 하회남촌길 66
건축 시기	1600년대
지정 사항	중요민속문화재 제91호
소유자	류호근
구조 형식	안채: 1고주 5량가, 팔작 기와지붕
	사랑채: 3량가, 맞배 기와지붕
	사당: 3량가, 맞배 기와지붕

지붕 평면도

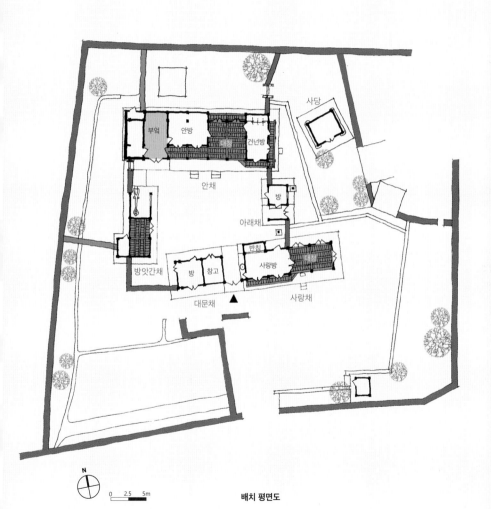

부엌

안방

대청

건넌방

사당

안채

방

아래채

방앗간채

반침

사랑방

대청

방

창고

사랑채

대문채

N

0 2.5 5m

배치 평면도

하회 주일재는 서애 류성룡의 증손자인 류만하(柳萬河, 1624~1711)가 분가하면서 지은 집으로 후에 류만하의 아들인 주일재 류후장(主一齋 柳後章, 1650~1706)이 증축한 것이다. 뒷편 골목에 있는 주일재는 대문채, 사랑채, 안채, 아래채, 방앗간채, 사당으로 구성되어 있다. 골목으로 이어진 담장 중간 끊어진 곳으로 들어서면 사랑채와 대문채가 있고 대문을 들어서면 앞쪽에 안채가 보이고, 안채 왼쪽에는 방앗간채가, 오른쪽에는 아래채가 있다.

하회마을에 있는 집들이 경북지역의 전형적인 배치 형식인 'ㅁ'자 형인 반면 주일재는 '一'자 형으로 배치하고 각 건물의 사이에 협문과 담장을 둘러 튼 'ㅁ'자 형을 만들었다. 사랑채와 사당을 안채와 수평으로 배치하지 않고 약간씩 틀어서 배치함으로써 마당은 마름모꼴이 되었다. 방앗간채와 아래채의 규모도 달리했다. 이런 배치는 하회마을의 중심에서 내려오는 경사 지형과 마을 길에서의 접근성을 고려해서이다.

대문 앞에는 외부에서 내부가 바로 보이지 않도록 내외담을 두었는데 현 거주자의 증조부인 류학우가 설치했다고 한다. 원래는 지금처럼 남쪽이 아닌 마을로 들어오는 주 진입 동선에 맞춰 현재의 동쪽 텃밭 자리에 대문과 행랑채가 있었는데, 류학우의 동생이 분가하면서 문을 지금의 자리로 바꾸었다고 한다. 어떤 이유에서든 이 내외담은 주일재의 특징이 되었다.

사랑채인 주일재는 정면 4칸, 측면 1칸 규모로 2칸 사랑방과 2칸 대청이 있다. 사랑채 옆에는 기단을 한 단 낮춘 정면 3칸, 측면 1칸 규모의 대문채가 연결되어 있다. 하회마을의 사랑채는 대부분 측면 폭을 1칸 반 이상으로 해 문간채와 구별하면서 사랑채에 권위를 부여했다. 그러나 주일재는 측면을 1칸으로 하고 기단과 지붕을 한 단 높여 위계를 드러내고 편의를 위해 사랑방 앞·뒤에 쪽마루와 반침을 설치했을 뿐이다. 하회마을의 여느 사랑채와 다른 절제성이 돋보인다. 경북지역 사랑채의 초기 모습이다.

안채는 정면 6칸, 측면 2칸으로 왼쪽부터 부엌, 안방, 대청, 건넌방이 있다. 건넌방은 현재 통간으로 되어 있으나 이전에는 위·아래 2칸으로 나누어 윗상방과 아래상방으로 구분해 사용했다. 윗상방은 북쪽 벽에 벽감을 두어 안주인들을 모시는 안사당으로 사용하고 아래상방은 갓 결혼한 아들 내외가 사용했다고 한다. 안방 쪽으로 문을 내지 않고 위·아래상방 사이에 있는 미닫이문을 거쳐 윗상방의 여닫이문으로 출입했다.

사진 1
사랑대청은 측면 폭을
1칸으로 하고 기단과
지붕을 대문채보다 높여
최소한의 상징성만 부여한
절제미가 돋보이는 초기
사랑채의 모습이다.

사진 2
사랑채의 박공널은 곡선
부재를 그대로 사용해
자연미가 있다.

사진 3
사랑채 후면의 아래채

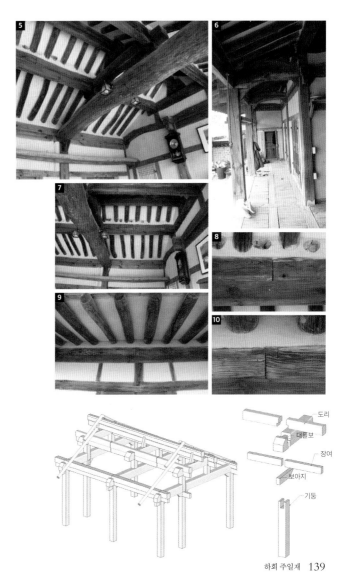

사진 4
안채

사진 5, 그림
안대청 가구 상세.
중도리는 칸의 중간에
이음이 있다.

사진 6
안채 툇간 가구 상세

사진 7, 8, 9, 10
도리는 주심에서
나비장이나 주먹장으로
이음하는 것이
일반적인데, 주일재의 안
대청과 사당은 주심이
아닌 칸의 중간에서 이음
했다. 이것은 박공부에
사용되는 도리의 길이를
줄이기 위한 것으로
생각된다.
안대청(사진 7, 8)에서는
도리의 가운데를 주심에
두고 양쪽의 균형을
맞추는 것으로 처리한
보기 드문 가구법을
취했다.
도리를 칸의 중간에서
이을 경우 처짐이 발생할
확률이 높은데, 이를
보강하기 위해 사당(사진
9, 10)에서는 상인방 위에
동자주와 같은 벽선을
설치해 처짐을 보강했다.

도리
대들보
장여
보아지
기둥

하회 풍산류씨 작천댁

河回 豊山柳氏 鵲泉宅

소재지	경북 안동시 풍천면 하회종가길 76
건축 시기	조선 중기 추정
지정 사항	중요민속문화재 제87호
소유자	류시주
구조 형식	안채: 3량가, 맞배 기와지붕

지붕 평면도

다용도실

방

방

창고

부엌

안방

대청

건넌방

반침

사랑방

안채

고방채

사주문

0   2.5   5m

배치 평면도

작천 류도관(鵲泉 柳道觀, 1823~1894)이 살던 집이어서 작천댁이라 불리는 이 집은 하회마을 북촌의 서쪽 강변 가까이에 자리한다.

남향하고 있는 안채는 부엌, 안방, 대청, 건넌방, 사랑방이 있는 '一'자 형 5칸 집이다. 안방과 건넌방 앞에는 전퇴가 있다. 건넌방의 전퇴는 안방의 퇴보다 1자 정도 넓게 했는데 이것은 사랑방을 드나들기 편하게 하기 위한 것으로 생각된다.

대청은 집의 가운데에 가장 넓게 자리하는데 작천댁의 대청은 6자로 다른 칸에 비해 좁게 꾸민 것이 다르다. 건넌방과 사랑방 사이에 층단으로 막돌담장을 설치해 남녀의 공간을 구분한 점 또한 여느 가옥과 다르다. 대개는 안채와 사랑채로 나누어 꾸미지만 사랑채를 따로 갖지 못하고 안채에 사랑방을 붙이고 내외담을 설치해 공간을 구분하고 안마당과 사랑마당을 따로 둔 것이다.

부엌 상부는 서까래와 같은 원형 고미래를 걸고 다락을 꾸미며 안방에서 이용할 수 있도록 하고 광창을 달았다. 부엌의 측면 벽은 두껍게 돌담벽으로 쌓았다.

사진 1
대문에서 바라본 안채

사진 2
사랑채를 갖지 못해
안채에 사랑방을 두고
담장을 설치해 구분했다.

사진 3, 4
작천댁의 대청은 종으로
길고 한 칸의 폭이 6자로
좁은 편이다.

그림 1
배치 개념도

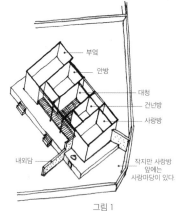

부엌
안방
대청
건넌방
사랑방
내외담
작지만 사랑방
앞에는
사랑마당이 있다.

그림 1

사진 5
대청 쪽으로 난 안방의
큰 문은 주 출입구이고
툇마루쪽으로 난 작은
문은 출입문이자 내다보는
창이다.

사진 6
건넌방의 툇마루는
사랑방에 드나들기
편하도록 1자 정도 넓게
구성했다.

사진 7, 그림 2
안채 3량 가구 상세.
곡선 부재를 대들보로
사용해 마치 춤 추는 듯한
형상이다.

사진 8, 그림 3
기둥 결구 상세

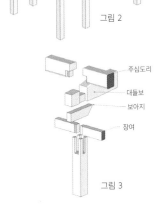

그림 2

주심도리
대들보
보아지
장여

그림 3

하회동 하동고택

河回洞 河東古宅

소재지	경북 안동시 풍천면 하회종가길 45
건축 시기	1836년
지정 사항	중요민속문화재 제177호
소유자	류단하
구조 형식	안채: 3량가, 맞배 기와지붕
	사랑채: 3량가, 팔작 기와지붕

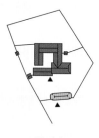

지붕 평면도

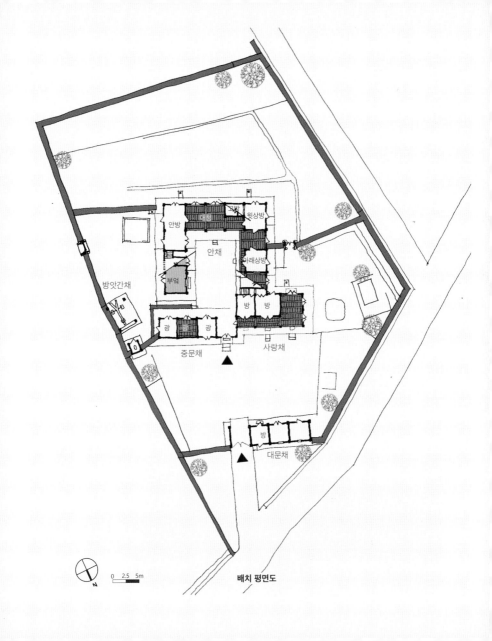

안방

대청

윗상방

방

안채

아래상방

부엌

방앗간채

방

방

광

광

중문채

사랑채

방

대문채

0 2.5 5m

N

배치 평면도

용궁현감을 지낸 류교목(柳敎睦, 1810~1874)이 1836년에 지은 하동고택은 하회마을 동쪽에 있어 하동고택으로 불리며 남촌과 북촌을 가르는 길가에 자리한다. 대문채, 중문채, 사랑채, 안채가 북향하고 있으며 사랑채와 안채가 튼 'ㅁ'자 형을 이룬다.

하동고택의 대문채는 집을 지은 류교목이 후손들에게 "세상의 모든 것은 한 차례 융성하면 한 차례 쇠락하므로 욕심을 내어 전부를 채우려 하지 말고, 부족한 가운데 노력하는 사람이 되어라." 는 가르침을 주기 위해 초가 평대문으로 했다고 한다.

안채는 가운데에 3칸을 대청으로 놓고, 오른쪽 뒤편의 반 칸에는 중층으로 된 고방을 두었다. 고방의 아래층에는 대청 쪽으로 외여닫이 판문을 달아 고방 출입문으로 사용하고 마당 쪽으로는 창을 내 통풍이 되도록 했다. 아래층의 천장은 고미반자로 하고 고미반자 위를 강회로 마감해 고방다락으로 꾸몄다. 다락은 안마당 쪽에 판문을 달아 출입문으로 사용하는데, 올라가는 계단 없이 떠 있다. 이 지역의 특색인 더그매로 된 천장을 이용해 다락을 설치했기 때문으로 보인다. 대청의 왼쪽에는 안방 2칸이 있고, 날개채 부분에 부엌 2칸이 있다. 대청 오른쪽에는 젊은 내외가 기거하는 윗상방과 작은대청이 있다. 작은대청은 대청보다 한 단 낮춰

사진 1
초가 평대문 형식은 많이 남아 있지 않은 사례이다. 대문간을 한쪽에 치우쳐 단 칸으로 한 것도 여느 가옥과는 다르다.

아래상방 앞에 설치된 쪽마루의 폭 만큼을 대청과 연결해 통행에 편의를 주었다. 아래상방과 사랑채 쪽으로 연결된 아궁이 칸은 1칸을 다용도 공간으로 구성하고, 안마당 쪽은 개방하고 사랑마당 쪽에는 판문을 달았다. 또한 사랑채 쪽에 작은 공간을 마련해 반침을 설치했는데, 이 반침도 1칸을 전부 사용하지 않았다. 1/3정도를 할애해 사랑방에서 안마당으로 나오는 문 앞에 시선 차단용 벽을 설치했다. 이곳의 상부에도 다락을 설치해 미리 해 놓은 음식을 보관하는 공간으로 사용하고 있다.

사랑채는 2칸 대청과 사랑방이 있고 앞쪽에 마루를 놓았다.

사랑채 왼쪽에는 문 1칸과 광 3칸이 있는 중문채가 연이어 있다. 사랑채와 문간채가 나란히 있을 때 사랑채가 앞에 나오는 경우가 많은데, 하동고택은 문간채가 앞으로 나와 있는 것이 특이하다. 낮은 문간채가 앞으로 나오면서 지붕 처리가 어색해졌다.

사진 1
사랑대청 상부 가구 상세

사진 2
사랑채 왼쪽 툇간

사진 3
사랑채 오른쪽 툇간

사진 4
대청이 넓고 높은
경상도지역의 특색이 잘
반영되어 있는 안채

사진 5, 그림 1
홑집 3량가인 안채.
안채를 홑집 3량가로 하는
경우는 흔치 않다.

사진 6, 7, 그림 2, 3
서쪽 날개채와 사랑채
사이의 부엌

사진 8
부엌 위에 있는 다락에
오를 때 사용하는 발 디딤
상세

사진 9
사랑채 배면에 있는 안채
출입용 협문

그림 1

다락

내·외부의
연결 동선

내외벽 사랑채와
안채의 연결
통로

그림 2

다락

다락용
난간

통래간

디딤홈

다락 출입용
발판 기둥

내외벽

그림 3

사진 10
마당에서 골목을 오가는
사람들과 바깥의 동태를
살필 수 있게 사랑마당
우측 담장에는 투시창을
냈다.

안동 하회 충효당

安東 河回 忠孝堂

소재지	경북 안동시 풍천면 하회종가길 69
건축 시기	조선 중기
지정 사항	보물 제414호
소유자	류영하
구조 형식	안채: 5량가+3량가, 맞배 기와지붕
	사랑채: 5량가, 팔작 기와지붕

지붕 평면도

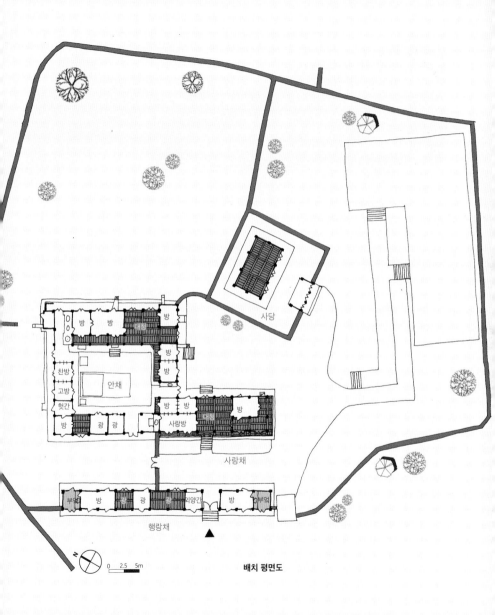

방　방　대청　방

찬방

고방

헛간

안채

방　광　광

방　방　대청　방

사랑방

사당

사랑채

부엌　방　광　광　광　인양간　방　부엌

행랑채

배치 평면도

N

0　2.5　5m

사진 1
진입부에서 본 행랑채.
솟을대문이 진입구임을
알려 준다.

서애 류성룡의 집으로 사랑채와 안채는 류성룡의 손자인 류원지(柳元之, 1598~1674)가 짓고 증손자 류의하(柳宜河, 1616~1698)가 확장 수리했다. 행랑채는 8대손 류상조(柳相祚, 1763~1838)가 지었다. 사랑채에 걸려 있는 '충효당'이라는 현판은 명필 허목(許穆, 1595~1682)이 쓴 것이라고 한다.

하회마을의 중앙에 자리한 충효당은 도로를 경계로 인접한 양진당과 함께 마을에서 가장 중요한 가옥으로 평가받는다.

서향하고 있는 충효당은 'ㅁ'자 형 안채, 안채 남동쪽 모서리에 붙어 있는 'ㅡ'자 형 사랑채, 사랑채 앞에 있는 'ㅡ'자 형 행랑채로 구성되어 있다. 그리고 사당이 안채 북동쪽에 자리한다.

충효당은 도로에서 바로 들어가는 게 아니라 행랑채 앞마당을 거쳐 왼쪽으로 유턴하듯이 돌면서 들어가게 되어 있는데 양진당과 마주보지 않게 하기 위한 것으로 추측된다. 행랑채에 있는 대문을 들어서면 사랑대청이 정면으로 보인다. 사랑채에서 대문을 드나드는 사람들을 확인할 수 있다. 안채는 사랑채 왼쪽에 있는 일각문과 사랑채를 반시계 방향으로 돌아 뒤에 있는 문을 통해 들어갈 수 있다. 이처럼 안채로 가기 어렵게 되어 있는 것은 여성 공간인 안채를 보호하기 위한 장치이다. 행랑채는 방과 외양간, 광이 있고 맞배지붕이다.

양통형, 5량 구조인 사랑채는 가운데 대청을 중심으로 양 옆에 방이 있다. 왼쪽에는 방이, 오른쪽에는 방과 마루가 있다. 대청과 오른쪽에 있는 방과 마루는 세살문을 달아 공간을 둘로 나누어 사용하고 있다. 자연스럽게 휜 부재를 대들보로 사용해 자연스럽고 운치가 있다. 민가임에도 불구하고 포동자형 대공을 사용했다. 장식을 더하고 싶었던 것으로 보인다. 앞쪽에 쪽마루를 돌출시키고 계자난간을 둘렀으며 문선과 인방은 고식인 연귀맞춤으로 했다.

'ㅁ'자 형으로 폐쇄적인 안채는 툇마루가 있는 5량 구조인 몸채와 3량 구조인 날개채로 구성되어 있다. 왼쪽 날개채는 중층으로 되어 있는데 이 지역의 규모 있는 가옥에서 흔히 볼 수 있는 구조이다. 하층은 방으로 사용하고 상층은 수장고로 사용한다. 안채 남쪽의 합각벽은 와편쌓기로 되어 있는데 '囍'자가 새겨 있고 약간 기하학적인 문양도 있다.

사진 2
대문에 서면 사랑대청이 바로 보인다.

사진 3
대문에서 본 사랑채

사진 1
사랑대청 상부 가구 상세

사진 2
사랑대청의 기둥 상세

사진 3
사랑대청의 대들보는 자연
곡선형 부재를 사용해
자연스럽고 운치 있다.

사진 4
사랑채 쪽마루의 계자난간

사진 5
사랑채 정면의 판문

사진 6
사랑에서 안채로 드나들
수 있는 협문

사진 7
안채

사진 8
사랑채 후면에서 본 안채
오른쪽 날개채와 출입문

사진 9
안대청에서 본 중문채

사진 10
안채 서쪽 날개채

사진 11
안채 동쪽 날개채

사진 12
안채 서쪽 날개채의
다락마루

사진 13
안채 서쪽 날개채의
다락마루 부분 난간 상세

사진 14
사랑채에서 본 사당

사진 15
사당 삼문의 지붕
박공에는 자연스럽게 휜
목재를 사용했다.

사진 16
사당 삼문

만운동 모선루

晚雲洞 慕先樓

소재지	경북 안동시 풍산읍 평지길 422-4
건축 시기	1591년
지정 사항	중요민속문화재 제180호
소유자	이헌춘
구조 형식	안채: 5량가, 팔작 기와지붕
	재사채: 3량가, 맞배 기와지붕

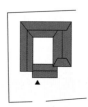

지붕 평면도

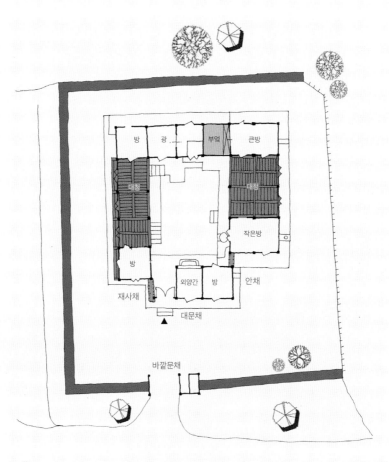

방　광　부엌　큰방

대청

대청

작은방

재사채

방

외양간　방

안채

대문채

▲

바깥문채

N

0　2.5　5m

배치 평면도

모선루는 근재 이전(近齋 李筌, 1486~1531)의 유덕을 추모하기 위해 그의 장손인 이호(李瑚)가 1591년 재사로 건립하고 1947년에 중수했다고 한다.

3칸 마루를 중심으로 양 옆에 방이 있는 '一'자 형 재사채와 4칸 대청을 중심으로 왼쪽에 2칸 큰방, 오른쪽에 2칸 작은방, 큰방 아래에 1칸 고방과 2칸 부엌, 1칸 광이 있는 'ㄱ'자 형 안채가 'ㄷ'자 형의 본채를 만들고, 남쪽으로 '一'자 형 3칸 대문채가 맞닿아 전체적으로 튼 'ㅁ'자 형을 이룬다. 누각 전면에는 개울이 흐르고 재사 뒤로 소나무 숲이 있어 경관이 아름답다.

바깥문채를 지나 대문에 들어서면 오른쪽으로 자연석 기단을 만들고, 대청 가운데에 하나의 원형기둥을 세운 다음 자연스레 굽은 대들보를 올려 5량 구조로 구성한 안채가 보인다. 대청은 동귀틀을 기둥 사이에 하나씩만 설치해 청판 길이를 길게 했다. 방의 천장은 고미반자로 했다.

누마루 형식인 재사채의 아래 빈 공간은 마당과 연결해 수장 공

사진 1
담장 쌓기 전 모선루 서측면 전경

사진 2
최근 담장을 쌓아 외부에서 모선루의 기단이 보이지 않는다.

간으로 사용하고 한쪽에 돌계단을 놓아 오르도록 했다. 자연미가 살아 있는 휜 목재를 대들보로 사용했다. 대청은 안대청과 마찬가지로 동귀틀을 도리방향으로 하나만 설치해 청판을 길게 만들어 마치 장마루처럼 느껴진다. 대개 한 칸에 두세 개의 동귀틀을 거는데 그렇게 하지 않

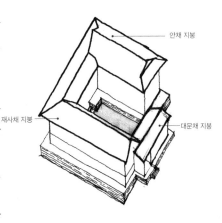

은 것은 청판재의 수급에 어려움이 있었기 때문으로 추측된다. 전면에는 머름 위에 널판문을 달았고, 오른쪽 방에는 세살청판분합문을, 왼쪽 방에는 세살청판삼분합문을 달았다. 외부 전면 쪽마루에는 평난간을 설치했다.

모선루는 안채의 원형기둥과 휜 부재를 사용한 대들보, 보아지 형태로 보아 격조 높은 건축물로 보이지만 후대에 변형이 많이 되었다.

사진 3
안대청에서 바라본
대문채. 방, 외양간, 문이
보인다.

그림
건물의 위계에 따라
지붕의 높이를 달리했다.

사진 1
안마당에서 바라본 모선루

사진 2
3량 구조인 모선루의
가구와 대청. 대청에는
일반적인 것보다 길이가
긴 청판을 사용했다.

사진 3
모선루에는 기둥을 세우고
난간대를 연결하는 단순한
평난간을 설치했다.

사진 4
모선루 배면의 출입 계단
상세

사진 5
모선루 왼쪽 방의 벽붙이
굴뚝

사진 6
안대청 오른쪽면

사진 7, 그림
안대청은 2평주 5량
구조이고 방 쪽은 3평주
5량 구조이다.

사진 8
만곡된 대들보와 정성스레
치장한 안채의 보아지

사진 9
외양간의 고미가래 부분

사진 10
큰방의 고미가래 상세

안동 예안이씨
충효당

安東 禮安李氏 忠孝堂

소재지	경북 안동시 풍산읍 우렁길 73
건축 시기	1551년
지정 사항	보물 제553호
소유자	이준교
구조 형식	안채: 1고주 5량가, 맞배 기와지붕
	사랑채: 3량가, 우진각 기와지붕
	충효당: 5량가, 팔작 기와지붕

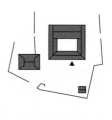

지붕 평면도

안방

부엌

대청

건넌방

안채

래간곳간

곳간

서고

대청

사랑방

외양간 문간방

충효당

방

대청

사랑채

중문채

배치 평면도

0 2.5 5m

예안이씨 충효당은 임진왜란 때 의병장으로 활약한 풍은 이홍인(豊隱 李洪仁, 1528~1584)의 종택으로 정침과 별당으로 구성되어 있다. 연지를 끼고 올라 담장 사이에 있는 입구를 들어서면 누각 형태의 별당인 충효당이 보이고, 충효당 오른쪽으로 정침이 산자락을 등지며 배산임수의 형국으로 서향하고 있다.

사랑채와 안채가 'ㅁ'자 형으로 구성되어 영남지방 사대부가의 일반적인 형태를 보이지만, 칸의 구성을 보면 방과 방 사이에 마루와 문간 같은 열린 공간을 두어 한결 개방된 공간 구성을 보인다. 정침의 주출입문은 원래 남쪽(우측)에 있었는데, 서쪽 문밖에 있던 바깥채가 없어진 뒤에 출입문을 서쪽으로 옮겼다고 한다.

중문의 왼쪽이 사랑채로 1칸 반 크기의 사랑방과 사랑대청이 있다. 대청 뒤편에 안채와 연결되는 1칸 서고가 있다. 사랑대청은 정면 기둥 밖으로 마루를 더 내어 사랑방까지 쪽마루로 연결했다. 중문 오른쪽에는 1칸 크기의 외양간과 문간방이 있다.

중문으로 진입하면 4×3칸 크기로 길게 열린 안마당이 보인다. 안마당 전면에 보이는 정면 6칸, 측면 1칸 반 규모의 건물이 몸채이다. 2×2칸 크기의 4칸 대청 왼쪽에는 툇마루를 둔 2칸 안방이 있다. 안방 왼쪽에는 부엌이 있다. 1칸 반 부엌은 좁은 안마당에 면하고 있어 문을 두지 않은 개방형 구조로 했다. 외부로는 측면 벽을 처마 밑까지 확장해 화방벽을 두고, 막돌과 와편으로 치장했다. 부엌 앞에는 통래간과 곳간이 있다. 대청 오른쪽의 건넌방 앞에는 반 칸 작은 부엌과 누마루, 곳간이 있다. 몸채는 1고주 5량가에 삼분변작으로 되어 있으며, 처마를 높이기 위해 기둥 길이가 긴 것을 사용했다. 기둥은 대부분 민흘림이 있는 각기둥을 썼는데, 안방과 대청 전면 기둥 세 개는 원형기둥으로 하고, 부엌에는 팔각기둥이 하나 있다. 대청의 우물마루는 일반적인 청판보다 길이가 긴 장마루 널을 놓았고 원형기둥 상부에 주두를 얹어 직절익공을 두고, 파련대공으로 장식해 다른 공간보다 격을 높였다. 추녀는 전면 양 모서리와 회첨부에 놓이고 추녀 옆은 자연 곡재를 사용한 말굽서까래로 구성되어 있다. 지붕 구조는 정면에서는 우진각지붕이고, 배면은 맞배지붕에 가적지붕을 붙인 형태로 구성되어 있다.

충효당은 정침보다 늦게 지은 별당으로 정면 3칸, 측면 2칸, 5량가로 홑처마 팔작지붕이다. 오른쪽 1칸은 계단 앞 통로를 퇴로 두고 온돌방을 만들었으며, 왼쪽 2×2칸은 우물마루를 깔아 누마루로 했다. 누마루는 판벽을 세우고 창호를 두었으며, 원형기둥 위에 주두를 놓아 쇠서형 익공으로 꾸몄다.

그밖에 입구 담장 오른쪽에는 뙤리 형태의 측간과 근래에 지어진 정면 2칸, 측면 1칸의 화장실이 있고 담장 밖에 연못이 있다.

사진
진입로에서 본 충효당

사진 1
여느 'ㅁ'자 형 사대부 집과 달리 외부로 통하는 문이 많은 개방적 공간 구성을 보인다. 입면 구성이 간결하고, 전면의 지붕을 우진각으로 해 권위적이지 않고 소박하다. 지형의 높이 차를 고려해 설치한 전면 기단도 급격하지 않게 이중으로 처리해 자연스럽게 오르도록 배려함과 동시에 낮은 지붕과의 비례도 고려한 듯하다.

사진 2
대문에서 본 대청

사진 3
안채는 1고주 5량가 삼분변작으로 구성한 맞배 기와집이다.

사진 4
안채 대공 상세

사진 5
부엌에는 하나의 팔각기둥이 있다.

사진 6
안채 부엌에 사용한 팔각기둥 상세

사진 7
별당인 충효당

사진 8
충효당에는 우물마루를
깔았다.

사진 9
충효당 왼쪽 배면

사진 10
충효당 대청 상부 가구
상세

사진 11
충효당은 원형기둥 위에
주두를 놓고 쇠서익공으로
화려하게 꾸몄다.

사진 12
충효당의 누하주는
덤벙주초 위에 그렝이질을
해서 도랑주를 세웠는데,
외부로 만곡지게 해
시각적인 안정감을
주었다.

하리동 일성당

下里洞 日省堂

소재지	경북 안동시 풍산읍 중마길 11
건축 시기	1680년
지정 사항	중요민속문화재 제178호
소유자	이종훈
구조 형식	안채: 5량가, 맞배 기와지붕
	사랑채: 3량가, 우진각 기와지붕

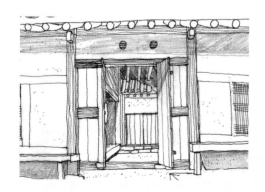

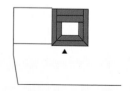

지붕 평면도

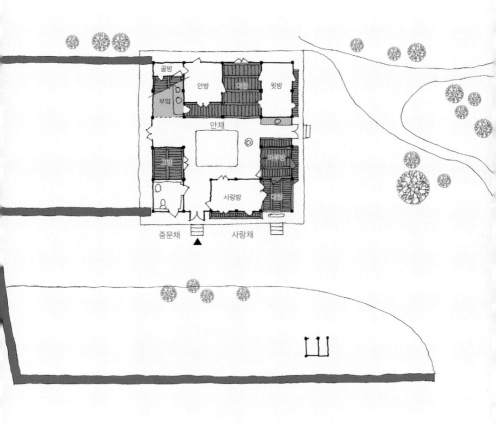

골방

안방

대청

윗방

부엌

안채

고방

마루방

사랑방

대청

중문채

사랑채

배치 평면도

N

0   2.5   5m

이성계의 역성혁명에 반대해 풍산으로 내려온 이웅(李雄)의 후손인 이문한(李文漢, 1612~1704)이 지은 것으로 추정되는 하리동 일성당은 비교적 높은 자연석 축대 위에 지은 'ㅁ'자 형 집이다. 'ㄱ'자 형 안채와 'ㄴ'자 형 사랑채가 연결되어 있는 형태로 남동향하고 있다. 외부에서 보면 정면 5칸, 측면 5칸이지만 안채 정면은 4칸으로 구성되어 안채와 사랑채의 칸살잡기에 차이가 있다. 안채와 사랑채 부분에는 자연석 기단을 쌓아 가운데 마당 부분을 한단 낮게 구성했다.

안채는 왼쪽에 안방과 마루가 1칸씩 있는데, 이 2칸은 사랑채 3칸의 크기와 같아 칸살에 차이가 있다. 안방 왼쪽 뒤에는 반 칸을 돌출시켜 만든 골방이 있다. 골방에서는 부엌 위 다락을 드나들수 있는데, 안방에서 드나들게 하는 대개의 경우와는 다른 점이다. 다락 바닥은 통나무를 듬성듬성 놓고 그 사이를 흙반죽으로 마감했다. 골방 앞에 부엌이 있고, 부엌 앞에는 고방과 외양간이 있었으나, 현재 외양간은 화장실로 개조해 사용하고 있다. 안방과 골방이 만나는 모서리 부분에 아궁이를 설치해 아궁이 하나로 방 두개의 난방을 해결했다. 안채에는 각기둥을 사용했으나 정면 가운

1

사진 1
오른쪽 진입로에서 본
사랑채

170 경상도

데의 기둥은 모를 많이 죽여서 팔각으로 다듬었는데 자귀질한 자
국이 남아 있다. 기둥머리에서 들보를 받는 보아지가 고졸하다. 5
량 구조로 제형 판대공을 세우고 마룻대를 올렸다. 현재 안채는
마루 전면을 비닐로 막아 난방을 고려했다. 대청 오른쪽에는 2칸
윗방이 있고, 윗방 옆에 협문이 있다. 협문 방향으로 다락이 있고
그 아래에 아궁이가 있었는데, 후대에 보수를 해 원형을 알 수 없
다. 협문 입구 양 옆으로는 안채 윗방의 쪽마루와 사랑채 마루방
의 쪽마루가 있다. 대문 상부에는 환기 구멍이 두 군데 있다.

사랑채는 안채 대각선 방향에 'ㄴ'자 형으로 자리한다. 오른쪽
모서리에 우물마루를 깐 대청이 있고, 대청 왼쪽에 2칸 사랑방이
있다. 사랑방은 대청을 향해 전면이 개방되는 접이문으로 연결되
어 있다. 사랑방 옆에는 중문이 있다. 사랑대청 뒤에는 벽감이 달
려 있는 마루방이 있다. 벽감이 설치되면서 안채 대문 왼쪽에 쪽
마루가 생겨 허드레 물건을 올려 놓는 공간으로 사용할 수 있다.
밖에서 보았을 때 사랑채 축대를 올라가는 계단은 안채 대문과 중
문, 그리고 사랑대청으로 바로 올라갈 수 있도록 모두 세 곳에 설
치되었다. 특히 사랑채 전면에 있는 계단은 네 단 정도로 경사가
꽤 가파르다. 대청과 마루방 연결문 위에 '일성당(日省堂)' 현판이 걸
려 있다.

사진 1
사랑대청

사진 2
사랑대청과 마루방의
천장은 고미반자이다.

사진 3
사랑대청에는 비교적 큰
댓돌이 놓여 있다.

사진 4
출입문이 있는 안마당
동쪽. 자연석 기단을 쌓아
가운데 마당을 한 단
낮췄다.

사진 5
중문이 있는 안마당 남쪽

사진 6
안채 부엌

사진 7
안채 부엌 위 다락 창호
상세

사진 8
안채 서측면

사진 9, 10, 11
사랑채는 우진각지붕처럼
연결했는데 날개채 지붕을
조금 낮게 연결했다. 안채
지붕과 날개채 지붕은
안과 밖이 다르다. 안쪽
날개채 지붕(사진 11)은
안채 지붕 아래에서
끝나지만 바깥쪽 날개채
지붕(사진 10)은 안채
지붕에서 높게 형성된
합각벽을 따라 안채 지붕
끝에서 마무리하면서
내림마루 형식으로
구성했다. 합각벽(사진
9)은 이 내림마루 끝에서
연결되어 마무리된다.
합각벽은 기와와 자기를
사용해 화려하게
장식했다.

안동 소호헌

安東 蘇湖軒

소재지	경북 안동시 일직면 소호헌길 2
건축 시기	16세기 중엽
지정 사항	보물 제475호
소유자	대구서씨종중
구조 형식	소호헌: 5량가+3량가, 팔작 기와지붕

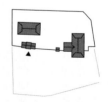

지붕 평면도

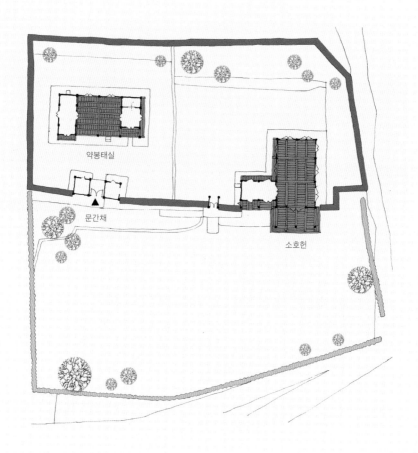

약봉태실

문간채

소호헌

0   2.5   5m

배치 평면도

　안동 소호헌은 함재 서해(涵齋 徐嶰, 1537~1559)가 서재로 쓰기 위
해 명종 때 지은 별당이다. 북동쪽의 건물은 서해의 아들인 약봉
서성(藥峯 徐渻, 1558~1631)의 태실이다.

　소호헌의 북동쪽에 태실이 있고 태실 앞에 문간채가 있다. 문간
채와 소호헌을 연결하는 담장은 소호헌을 지나 동쪽을 돌아 문간
채로 연결된다. 이 경계담장 서쪽에는 넓은 공터가 있다.

　몸채와 날개채로 구성된 소호헌은 별당이면서 서재이다. 보칸 2
칸, 도리칸 4칸의 몸채 북쪽의 도리칸에 보칸 1칸 반, 도리칸 2칸
의 날개채가 붙어 'ㅓ'자 형을 이룬다. 몸채에는 전부 우물마루를
깔았고 날개채에는 툇마루가 있는 온돌방이 있다. 날개채는 방의
역할을 하고 몸채는 강학 공간인 것으로 보인다. 몸채 일부는 담
장 밖으로 돌출시켜 누마루로 처리했다. 이 누마루가 소호헌의 조

형적 완성도를 높여 준다.

소호헌은 물익공집이고 삼분변작에 가까운 5량 구조로 중도리를 포동자주가 받치고 있다. 보는 모서리를 많이 공글린 방형으로 되어 있고 충량은 완벽한 곡선을 가진 모양이다. 아마도 누마루를 설치하면서 건물의 일체화를 유지하기 위한 것으로 보인다. 평방은 서로 반턱맞춤으로 되어 있다. 평방과 기둥은 촉으로 연결되어 있을 것으로 추측된다. 벽은 모두 판벽에 판창으로 되어 있다. 이 판창에는 중간 문설주가 있다. 조선 중기나 후기에는 잘 사용하지 않는 방법이다. 문선과 문인방은 연귀맞춤했는데 모두 고식이다.

날개채는 4량 구조로 되어 있는데 4량 구조는 잘 쓰지 않는 구조이다. 원래 3량 구조인데 툇마루를 두다보니 툇간에 간주를 두었고 그 이 간주를 마무리하기 위해 도리를 한 개 더 둔 것으로 보인다. 이 도리는 서까래를 받지 않고 처마도리와 같은 높이로 형성되어 있다. 실질적으로 3량 구조이다.

사진 2
문간채에서 본 소호헌

사진 1
소호헌 누마루 천장 상세

사진 2
소호헌 누마루 하부 기둥

사진 3
소호헌 누마루 하부 구소

사진 4
원형기둥 위에 물익공을
결구한 물익공집이다.

사진 5
소호헌의 쪽마루 상세

사진 6, 그림 1
축대 위쪽은 초석 위에
귀틀을 얹고 기둥을
설치했다.

사진 7
소호헌의 천장 가구 상세

사진 8
중도리를 받치고 있는
포동자주 상세

사진 9, 그림 2, 3
소슬합장은 종도리가
좌우로 이탈 혹은 구르는
것을 방지하는 부재로
조선 초기까지 사용했다.

그림 1

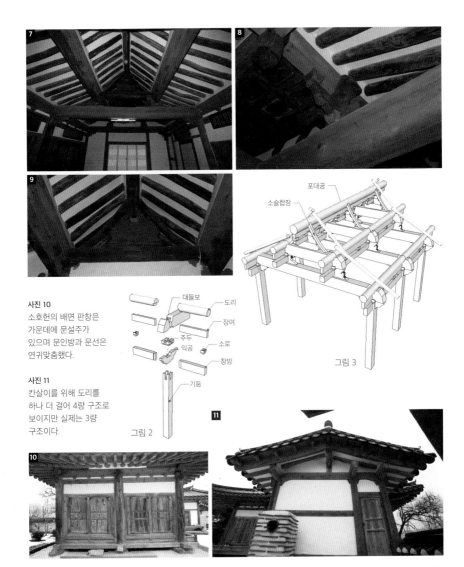

사진 10
소호헌의 배면 판창은
가운데에 문설주가
있으며 문인방과 문선은
연귀맞춤했다.

사진 11
칸살이를 위해 도리를
하나 더 걸어 4량 구조로
보이지만 실제는 3량
구조이다.

그림 2

그림 3

대들보
도리
장여
주두
익공
소로
창방
기둥

포대공
소슬합장

안동 귀봉종택

安東 龜峰宗宅

소재지	경북 안동시 임하면 내앞길 5-1
건축 시기	1660년
지정 사항	중요민속문화재 제267호
소유자	의성김씨 운천공파 문중
구조 형식	안채: 5량가+3량가, 팔작+맞배 기와지붕
	사랑채: 5량가, 팔작 기와지붕
	사당: 5량가, 맞배 기와지붕

지붕 평면도

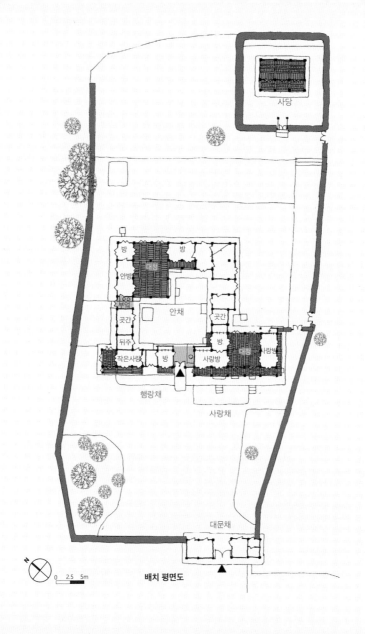

사당

방 방
안방 대청
부엌
곳간 안채 곳간
뒤주 방
작은사랑 방 사랑방 대청 사랑방

행랑채

사랑채

대문채

N

0 2.5 5m

배치 평면도

1660년에 지어진 것으로 추정되는 귀봉종택은 안동지방의 전형적인 특성을 가진 종가집이다. 귀봉 김수일(龜峰 金守一, 1528~1583)의 종택으로 보물 제484호인《운천 호종일기(雲川扈從日記)》가 보관되어 있다. 대종가인 의성김씨종택과 인접해 있다.

　　도로에서 좁은 골목으로 들어서면 보이는 귀봉종택은 남동향하고 있다. 5칸으로 구성되고 가운데 칸에 솟을대문이 있는 대문채를 들어서면 넓은 앞마당 뒤로 사랑채와 행랑채가 보인다. 사랑채와 행랑채는 서로 연결되어 있지만 지붕에 높이 차를 두어 위계를 명확히 드러냈다. 사랑채와 행랑채는 안채와 연결되어 'ㅁ'자 형을 이룬다. 안채 뒤 오른쪽에 사당이 있다. 행랑채는 박공지붕이지만 용마루 중간부분에 합각이 솟아 있어 조형적으로 조화를 이루고 있다.

　　행랑채를 지나면 안채가 있다. 평면상으로 안마당은 'ㅁ'자 형이 아니라 'ㄴ'자 형이다. 이렇게 특이한 모양이 된 것은 안대청이 돌출되어 있기 때문이다. 일반적으로 대청은 가운데에 놓여 있는데 귀봉종택의 안대청은 한쪽으로 치우쳐 돌출되어 마당 일부를 잠식하고 있다. 그래서 마당의 형태가 'ㄴ'자 형이 되었다. 대청의 면

사진 1
솟을대문이 있는 대문채

적은 보칸과 도리칸의 길이가 거의 같으며 왼쪽 날개채와 연결되다 보니 대청의 가구 구조가 일반적인 모습과 달리 매우 복잡하게 되었다.

다른 지역의 집들은 박공이나 우진각 또는 팔작지붕인데 안동지방의 집들은 이 세 유형의 지붕이 서로 연결되어 구성된 것을 볼 수 있는데 귀봉종택에서도 볼 수 있다. 합각 일부에 한쪽 지붕이 꽂히고 박공이 끝나는 부분에 눈썹지붕을 달고 용마루에 합각을 덧달았다. 그럼에도 지붕 구성이 눈에 거슬리지 않고 오히려 조화롭다.

지붕과 함께 또 하나의 특이한 점은 마루 귀틀이다. 귀틀은 기본적으로 진입하는 방향에서 볼 때 직각방향인 'ㅡ'자 형으로 구성되기 마련인데 사랑채 마루의 경우는 반대 방향인 'ㅣ'자 형이다. 이런 구성은 이 지역에서 자주 볼 수 있다.

사진 2
대문채의 대들보

사진 3
지붕의 높이 차를 이용해 왼쪽의 행랑채와 오른쪽 사랑채의 위계를 달리했다. 사랑채를 조금 더 앞쪽에 배치해 위계를 더욱 강조했다.

사진 1
안마당에서 본 사랑채와
행랑채 지붕. 사랑채의
지붕은 전면에서 볼 때,
팔작지붕으로 정형화해
위엄을 갖추고 있으나
안마당 쪽에는 평면의
형태에 따라 박공과
부섭지붕으로 처리했다.

사진 2
사랑대청의 귀틀은 진입
방향에서 볼 때 '—'자 형이
아닌 'ㅣ'자 형으로 되어
있다.

사진 3
사랑채 툇마루

사진 4
사랑채의 난간 문양 상세

사진 5
안대청이 한쪽으로
치우치면서 돌출되어 있어
마당의 모양이 'ㄴ'자 형이
되었다.

사진 6
안대청의 상부 가구는
5량가 팔작지붕의
일반적인 가구 구성인데
서쪽에 방을 들이면서
충량 대신 툇보가
설치되고 중보가 일부
벽에 가려 보이지 않는다.
또한 동쪽 날개채가
붙으면서 대청 가구의
일부가 가려져 복잡하게
보인다.

사진 7
2층 다락방의 창호와 안채
건넌방의 창호가 부조화
속의 조화를 이룬다.

사진 8
안대청 왼쪽의 벽체와
창호

안동 의성김씨종택

安東 義城金氏宗宅

소재지	경북 안동시 임하면 경동로 1949-9
건축 시기	16세기 말
지정 사항	보물 제450호
소유자	김시우
구조 형식	안채: 1고주 5량가, 맞배 기와지붕
	큰사랑채: 5량가, 팔작+맞배 기와지붕
	작은사랑채: 3량가, 맞배 기와지붕
	사당: 1고주 5량가, 맞배 기와지붕

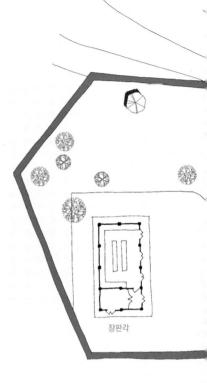

장판각

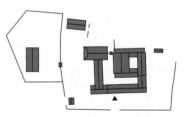

지붕 평면도

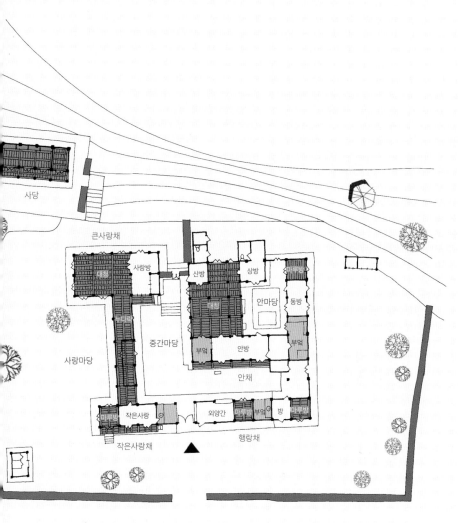

사당

큰사랑채

대청

사랑방

산방

상방

마루방

다락

안마당

동방

중간마당

부엌

대청

안방

부엌

사랑마당

안채

작은사랑

미루방

외양간

마루방

부엌

방

미루방

작은사랑채

행랑채

N

0 2.5 5m

배치 평면도

안동 의성김씨종택은 조선 선조 때 불에 탄 것을 16세기 말 학봉 김성일(鶴峰 金誠一, 1538~1593)이 명나라에 사신으로 갔을 때 북경에 있는 상류층 주택의 도본을 그려다가 지었다고 한다. 때문에 배치나 구조가 독특하다. 'ㅁ'자 형의 안채와 'ㅡ'자 형의 사랑채를 부속채로 연결해 전체적으로 '巳'자 형 평면을 이루고 있는 것도 김성일의 생각에서 나온 것이라고 한다.

큰길에서 골목으로 들어서면 별도의 대문채 없이 담장이 둘러 있고, 작은사랑채와 연결된 행랑채에 집의 첫 번째 문이 있다.

행랑채는 8칸 규모인데 문의 오른쪽에 2칸 외양간, 마루방, 부엌, 방, 마루방이 있다. 문 왼쪽에는 작은사랑채의 아궁이가 있는 1칸 함실이 있다. 행랑채의 왼쪽에는 행랑채보다 기단을 높이 올리고 지붕도 한 단 높게 얹어 위계를 구분한 작은사랑채가 있다. 작은사랑채 전면의 쪽마루에는 나지막한 난간이 있다.

문을 들어서면 왼쪽으로 큰사랑채가, 오른쪽으로 안채가 보인다. 큰사랑채와 안채 사이에는 중간마당이 있는데, 중간마당에서 보면 왼쪽에 길게 2층으로 된 누다락형 행랑채가 보인다. 이 행랑채의 2층은 서고와 통로이고 1층은 곳간이다.

큰사랑채는 전면의 지형차를 이용해 덧댄 2층 규모의 날개채를 기준으로 사랑마당과 중간마당 양쪽에 모두 접해 있다. 중간마당의 끝부분에 설치된 높은 기단 위에 사랑방이 있다. 사랑방의 전면에는 난간이 있는 쪽마루가 설치되어 있다. 사랑방은 이 쪽마루를 통해 출입하고 안채 쪽으로 난 쪽문을 통해 안대청으로도 들어갈 수 있다. 큰사랑채로 오는 손님은 작은사랑을 돌아 사랑마당을 지나 큰사랑 대청 측면에 있는 이분합문을 이용하도록 했다.

안채는 들어가는 문을 쉽게 인지하기 어렵다. 대문 오른쪽의 행랑채와 안채 사이의 긴 통로를 따라 들어가면 마당 끝 안채의 모서리에 부엌이 있는데, 이곳을 지나야 방형의 안마당을 볼 수 있다. 행랑채 끝 깊숙한 곳에 출입문을 두어 외부 시선으로부터 안채를 보호했다. 안채로 들어가는 문은 하나 더 있는데, 이것은 집안 사람들의 편의를 고려한 것이다. 대문을 통하지 않고 행랑채 바깥에서 행랑마당을 지나 직접 안채로 들어갈 수 있다.

안방은 남쪽에 남향으로 자리하고 있다. 안방 서쪽에는 정면 4칸, 측면 2칸 반 규모의 대청이 널찍하게 자리한다. 대청의 우물마루는 위치에 따라 방향을 달리했다. 또한 세 개의 단으로 마루의 높이를 달리했는데, 마루에 앉을 때도 장유유서를 따르도록 한 것으로 보인다. 안채의 서쪽 끝에 있는 대청 부분은 훗날 추가해 연결한 부분인데, 그 지붕은 내부에 고주를 세워서 다른 지붕들보다 한 층 높이고 크게 만들었다.

사랑채와 안채 사이에는 샛담을 두고 작은 일각문을 두었는데, 이 문을 통해 사당과 후원으로 나갈 수 있다.

청계 김진(青溪 金璡, 1500~1580)을 불천위로 모시고 있는 사당은 큰사랑채 뒤편 가장 높은 곳에 자리한다. 사당은 높은 석축을 이용해 전면에는 담장을 두르지 않고, 계단으로 오르는 부분에만 자연석으로 담장을 쌓고 협문을 설치해 전면의 개방감을 높였다.

사진
진입로에서 본
의성김씨종택

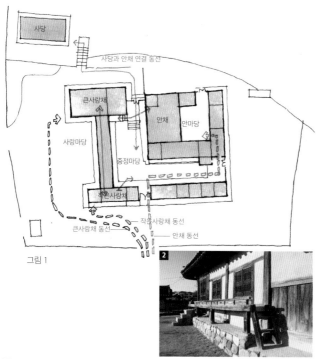

그림 1

사진 1
실의 기능에 따라 판벽, 재사벽, 창호를 사용해 긴 건물이 부담스럽지 않게 변화되는 입면으로 구성한 것이 인상적이다.

사진 7
전면에는 돌계단을, 측면에는 나무계단을 설치해 주출입구와 편의를 위한 부출입구의 위계를 명확히했다.

사진 3
작은사랑채와 큰사랑채를 연결하는 누다락. 사랑채의 주출입구를 사랑마당에서 바로 보이지 않게 측면에 두어서 마당에서는 깔끔한 입면을 볼 수 있다.

사진 4
대문 옆 작은사랑채 후면. 지붕의 높이 차로 위계를 구분했다.

사진 5
작은사랑채에서 누다락으로 올라갈 수 있는 나무 계단이 있다. 이 계단을 오르면 2층의 좁은 통로를 이용해 서고를 지나 큰사랑대청으로 갈 수 있다. 이런 복도형 통로는 의성김씨종택에서 볼 수 있는 독특한 방식이다.

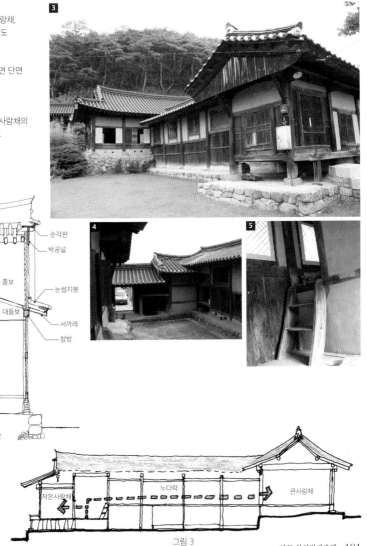

그림 1
큰사랑채, 작은사랑채,
안채의 동선 개념도

그림 2
큰사랑채 오른쪽면 단면
상세

그림 3
큰사랑채와 작은사랑채의
연결 동선 개념도

순각판

박공널

중보

눈썹지붕

대들보

서까래

창방

그림 2

작은사랑채

누다락

큰사랑채

그림 3

사진 1
대문에서 본 사랑채와
안채 사이의 중간마당.
안채와 사랑채 사이의
넓은 계단 위에 협문을
설치하고 눈썹지붕을
달아 담장을 덮었다. 그
양쪽으로는 담을 올려
지붕의 처마를 설치하고,
큰사랑채 앞에는 소박하게
쪽마루를 달았다.
대문을 들어서며 보이는
첫인상이다. 세련되면서도
부담감 없는 조형미가
돋보인다.

사진 2
일반 주택에서 보기 드문
큰 지붕과 높은 층고
덕분에 집 전체의 외관이
매우 웅장해 보인다.

사진 3
우리나라 살림집의
우물마루 중에서
2단으로 두는 경우는
드물게 있으나 3단으로
구성된 대청마루는
의성김씨종택이 유일하다.

사진 4
안채 안방 후면.
후면이지만 남향해 채광이
용이하다.

사진 5
안채 행랑 상부에 난간을
설치해 통풍과 채광을
배려하고 여름철에 집안
여성들이 휴식할 수 있는
공간을 마련했다.

사진 6
사당은 보기드물게
4칸이고 양식 또한 양서형
첨차 위에 연꽃을 조각한
후 하얀 단청으로 채색한
익공집이다. 사대부가의
위엄을 느낄 수 있다.

안동 오류헌

安東 五柳軒

소재지	경북 안동시 임하면 기르마제길 18-15
건축 시기	안채: 1700년대
	사랑채: 1920년경 보수
지정 사항	중요민속문화재 제184호
소유자	김원택
구조 형식	안채: 3량가, 맞배 기와지붕
	사랑채: 5량가, 팔작 기와지붕

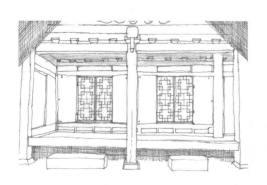

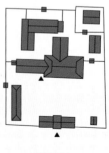

지붕 평면도

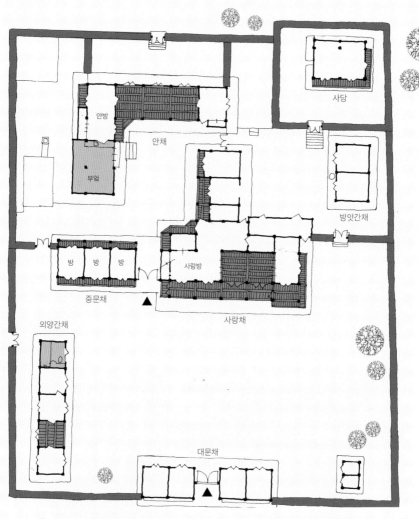

안방

안채

부엌

사당

방앗간채

방 방 방

사랑방

중문채

사랑채

외양간채

대문채

N

0 2.5 5m

배치 평면도

조선 숙종 때 대사성을 지낸 지촌 김방걸(芝村 金邦杰, 1623~1695)의 셋째아들 목와 김원중(木窩 金遠重, 1658~1724)이 천곡에 분가할 때 지은 집이다. 원래는 지례리 천곡에 있던 집으로 임하댐 건설 때문에 1990년에 지금의 자리로 옮겨 왔다. 안채는 1700년대에 지어진 것으로 추정되고, 사랑채는 1920년경 보수한 것으로 보인다

지금 위치로 옮겨온 후 잔디와 시멘트로 바닥 마감을 변경했다.

5칸 규모의 대문채는 3량 구조로 가운데에 솟을대문이 있다. 대문의 상인방에 활처럼 휜 부재를 사용한 것이 눈에 띈다. 상인방과 인방 두께의 창방 사이에는 첨차 모양의 화반이 있는데 상당히 장식적이다. 이 집의 격을 높이기 위한 수단이다.

대문채를 들어서면 넓은 마당이 나온다. 이 마당 앞에 팔작지붕, 겹집 평면인 사랑채가 있다. 전면에 툇마루를 두고 왼쪽부터 2칸 방, 2칸 대청, 1칸 방이 있다. 가장 오른쪽의 1칸 마루는 높이를 조금 높여 누마루로 꾸미고 계자난간을 둘렀다. 누마루와 툇마루 사이에는 판벽과 판문으로 공간을 구분했다. 사랑채에는 초각된 익

사진 1
솟을대문 상부에 휜 부재를 사용하고 첨차 모양의 화반으로 장식했다.

사진 2
사랑채 누마루에는 풍혈이 두 개인 독특한 난간을 둘렀다.

사진 3
사랑채 누마루

사진 4, 그림
사랑채 툇간 기둥 상부 맞춤 상세

사진 5
사랑채의 쪽마루와 툇마루를 통해 사랑방과 날개채의 모든 방이 연결되어 있다.

사진 6
중문에서 본 안채

사진 7
안대청

공은 없지만 익공 구조를 하고 있다. 중도리가 있는 툇마루 상부 기둥에 주두를 두고 주두 위에 툇보를 걸었다. 툇보 위에는 보아지 역할을 하는 판대공을 걸고 그 위에 종보를 건 특이한 구조이다. 동자대공에는 교두형 첨차가 교차되어 있고 벽에는 원형화반이 있다. 전체적으로 고급스러운 분위기이다. 사랑채에는 줄을 당겨서 승강기처럼 오르내리도록 한 감실이 있다.

안채는 'ㄱ'자 형, 3량 구조로 박공지붕과 눈썹지붕을 달았다.

사랑채 오른쪽 뒤에 2칸 규모의 사당이 있다.

의성김씨 서지재사

義城金氏 西枝齋舍

소재지	경북 안동시 와룡면 가수내길 8-12
건축 시기	17세기 중엽
지정 사항	중요민속문화재 제182호
소유자	김시인
구조 형식	3량가, 맞배 기와지붕

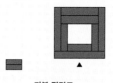

지붕 평면도

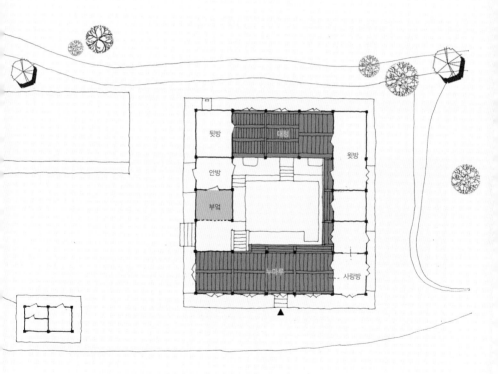

뒷방

대청

윗방

안방

부엌

누마루

사랑방

0 2.5 5m

배치 평면도

학봉 김성일의 묘제(墓祭)를 지내기 위한 재사로 정확한 건축 연대는 알 수 없다. 다만 재사 서쪽 약 50미터 지점에 있는 학봉의 묘역에 있는 묘방석(墓傍石, 1619)과 학봉 신도비(1634)의 건립 연도를 고려할 때 재사는 이보다 늦은 시기인 17세기 중엽에 건축된 것으로 추정될 뿐이다. 김성일은 류성룡과 더불어 퇴계학파를 내표하는 인물로서 그의 학통은 장흥효(張興孝, 1564~1633), 김흥락(金興洛, 1827~1899)으로 이어지면서 영남학파의 중추적 역할을 했다.

재사는 학봉의 묘소가 있는 산아래의 동쪽 기슭에 동남향으로 자리 잡고 있다. 재사의 앞쪽에는 밭이 넓게 분포되었으며 약 200미터 전방에는 도산서원으로 갈 수 있는 35번 국도(퇴계로)가 있다.

재사는 상시 거주용이 아닌 한시적으로 이용하는 건물이기 때문에 대부분 폐쇄적으로 지어진다. 서지재사 또한 누마루 하부 가

사진
마을 입구에서 바라본
재사 전경

운데에 대문을 둔 것을 제외하고 외부 전체에 벽체를 설치하고, 누마루 상부의 창호도 모두 판문으로 처리해 폐쇄적으로 구성했다. 폐쇄적인 외부와 반대로 내부는 안마당을 중심으로 개방적인 구조이다. 대청과 누마루에는 창호를 설치하지 않고 완전히 개방했다.

전면 5칸, 측면 5칸인 의성김씨 서지재사는 'ㅁ'자 형 배치로 지붕을 모두 연결해 한 채로 구성하고, 가운데에 3×3칸 규모의 안마당을 두었다. 심한 경사지여서 전면은 누각 형태로 하고, 측면에는 높이가 다른 기둥을 사용하고, 단차를 고려해 기단을 설치했다.

당초에는 건물의 왼쪽에 있는 부엌을 제외하고 측면의 각 실은 대청 또는 누마루를 통해서만 이동이 가능하도록 처리했던 것으로 판단되는데, 현재 대청 왼쪽 안방은 폭이 협소한 기단을 통해 출입하도록 처리했다. 경사지형을 고려해 기둥 최상단의 높이를 대청에서 누마루까지 세 단으로 구성해 몸채, 날개채, 누마루 부분의 처마선 높이를 제각각 다르게 처리함으로써 회첨골이 사용되지 않으면서 용마루는 모두 연결된 독특한 지붕 구성을 보인다. 기둥 높이의 차이에 의해 지붕의 모습은 합각을 형성하면서도 추녀는 사용하지 않는 독특한 구조를 취하고 있다. 대청 바닥을 누마루 바닥보다 높게 하고 대청 기둥의 높이를 다른 부분에 비해 높게 한 것은 폐쇄적인 중정과 대청에서의 시각적인 개방감을 확보하기 위한 공간 처리 방식으로 추정된다.

누마루 부분의 기둥은 하부에는 원형기둥을 사용하고, 상부는 각기둥을 사용했다. 누마루에 사용된 판문 상세와 자연스럽게 뒤틀린 목재를 사용한 난간 치마널은 눈여겨볼 만하다.

대청 종도리장여 하단에는 상량묵서가 기록되어 있다.

사진 1
개방적인 누각을 난간
없이 벽체와 판문으로
처리해 입면을 폐쇄적으로
구성했다.

사진 2
문지도리와 둔테 결구
부분을 두껍게 가공한
누마루 판문 상세

사진 3
하부는 원형기둥, 상부는
각기둥을 사용한 누마루
귓기둥

사진 4
휜 부재를 그대로 사용한
누마루 난간의 치마널

사진 5
까치발을 이용해 선반처럼
매단 동쪽 날개채 쪽마루

사진 6
누마루 출입 계단 귀틀에
남아 있는 장부 홈을 보면
난간이 설치되었던 것으로
추정된다.

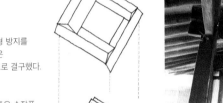

사진 7, 8
장귀틀의 변형 방지를
위해 동귀틀은
두겁주먹장으로 결구했다.

사진 9
대청의 장귀틀은 수장폭
부재를 사용했다.

사진 10
대문 사이로 보이는
안마당

사진 11
대청에서 바라본 누마루

사진 12
안동지방에서 흔히 볼 수
있는 3량 구조 맞배지붕
인 안대청 천장 가구 상세

사진 13
대청 왼쪽 날개채

그림
3단 구성을 한 기단, 기둥,
지붕 높이 구성도

안동권씨 소등재사

安東權氏 所等齋舍

소재지	경북 안동시 와룡면 서동골길 94-26
건축 시기	1775년
지정 사항	중요민속문화재 제204호
소유자	권영보
구조 형식	안채: 5량가, 팔작 기와지붕
	아래채: 3량가, 팔작 기와지붕

지붕 평면도

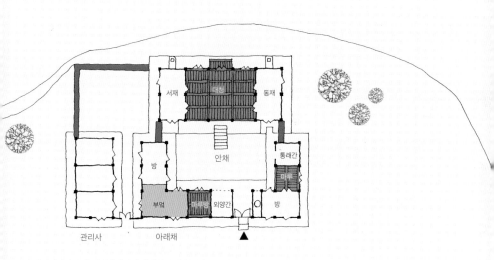

관리사 · 아래채

배치 평면도

사진 1
입구에서 본 소등재사.
진봉산 아래 정남향으로
자리한다.

　안동시 와룡면 소등촌 진봉산에 정남향으로 자리한 안동권씨 18대손 권곤(權琨, 1427~1502)의 묘 아래에 있는 소등재사는 권곤의 묘제를 지내기 위한 건물로 추원재라고도 한다. 소등재사라는 집 이름은 지명에서 따온 것이다.

　본채 대청의 대들보 하단 두 곳에 건물의 연혁을 알려 주는 중요한 묵서명이 있다. "道光拾年 庚寅三月二十六日 辰時立柱 二十九日 未時上樑 艮坐坤向"과 "乾隆肆拾年 乙未四月日 創立 道光拾年 庚寅三月 移建". 이 묵서명을 통해 1775년에 창건되었고, 1830년에 현재의 장소로 이건되었음을 알 수 있다.

　재실은 원래 묘제를 위한 공간이지만, 유생들이 공부를 하는 공간으로 사용되기도 했다. 소등재사에는 이러한 기능에 따른 공간적 특징이 잘 나타나고 있다. '一'자 형 안채는 높은 기단 위에 전면 5칸, 측면 2칸의 팔작지붕으로 가운데 6칸 대청을 두고 양 옆에 온돌방이 있다. 서편의 온돌방을 서재, 동편의 온돌방을 동재라 부르고 제향 시에 서재는 노년 유생들이, 동재는 청년 유생들이 사용한다. 가구는 굴도리에 장여를 사용한 5량 구조이다. 대청 부분은 자연스럽게 휜 통보를 사용하고, 방 부분은 충량의 결구를 위해 가운데 기둥을 이용한 맞보 형태로 구성했다. 맞보 하단은 통첨차를 사용해 구조를 보강했다. 제향을 지내는 중심 공간인 대청은 온돌방과 구분해 원형기둥에 익공으로 장식하고, 종대공에 받침첨차를 사용했다. 대청은 연등천장으로 처리하고, 온돌방은 고미반자로 구성했다. 대청과 면하는 온돌방의 출입문은 울거미를 연귀맞춤하고 하부에는 통머름을 설치했는데, 소란으로 구획해 장식했다.

'ㄷ'자 형의 아래채는 전면 7칸, 측면 3칸으로 안채의 전면 길이에 비해 크게 설정되어 있다. 안채와 사이에는 담장을 설치해 폐쇄된 내부 마당을 갖도록 했다. 내부 마당은 깊이가 짧고, 안채 기단이 매우 높고 좁기 때문에 안채의 계단은 매입 계단으로 구성했다. 그러나 현재는 내민 계단으로 변경되어 있어 좁은 공간이 더욱 좁아 보인다. 아래채는 3량 구조, 납도리를 사용한 민도리집이다. 아래채에는 독특하게도 대문이 좌·우에 각각 설치되어 있다. 왼쪽의 대문에 접해 부엌을 두고, 옆에 마루방과 외양간이 있다. 오른쪽 대문의 오른쪽은 한 칸을 반으로 나눠 대문 쪽은 부엌으로, 나머지는 방으로 해 좁은 공간을 효율적으로 사용하고 있다. 아래채는 모두 향사 때 유사가 출입하는 곳으로 제수를 장만하거나 준비하는 장소이며 준비된 제물은 대청에서 간품하고 묘소에 올리게 된다. 아래채 왼쪽에 별채로 관리사가 있다.

사진 2
관리사는 재사와 구분해 배치하고 관리사와 재사 사이에는 협문을 설치했다. 왼쪽이 관리사이고 오른쪽이 재사 아래채이다.

사진 3
측배면 전경. 재사를 가장 높게 배치하고, 아래채와 관리사는 낮게 배치하는 형식으로 건물의 위계를 드러냈다.

사진 1
대문 왼쪽에는 외양간
판문이, 오른쪽에는
살창이 있다.

사진 2
대문에서 본 안채와 서쪽
날개채

사진 3
안채에서 본 대문채

사진 4
마당에서 본 안대청

사진 5, 6
대청 보아지 정면(사진 5)
및 측면 상세(사진 6)

사진 7
안대청 전면에는
원형기둥을 사용하고
익공으로 장식해 위엄을
드러냈다.

사진 8
안대청 마루 귀틀의
앞부분에는 홈이 파여
있는데, 다른 곳에
사용했던 부재를 재사용한
흔적으로 보인다.

사진 9, 그림 1
맞보 5량 구조 상세.
대들보에는 휜 부재를
그대로 사용했다.

사진 10
대청 배면에는 판문을
달아 개방할 수 있게 했다.

사진 11
소등재사 현판과 추원재
현판이 대청 앞과 뒤에
각각 걸려 있다.

사진 12, 14
대청에서 본 동재(사진
12)와 서재(사진 14)

사진 13, 그림 2
동·서재의 맞보 부분 결구
상세

사진 15, 16
상량문은 대부분 도리나
장여에 기록하는데 이
집은 대들보에 기록되어
있다.건륭 연호(사진 15)와
도광 연호(사진 16)

그림 2

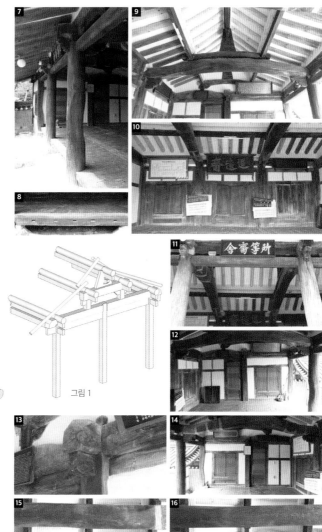

그림 1

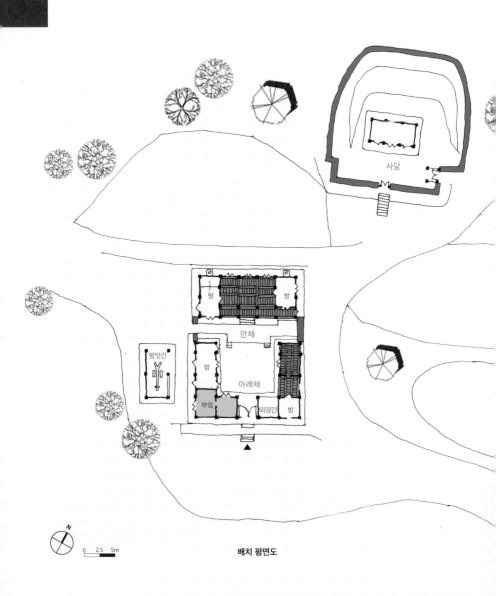

사당

방

방

안채

방앗간

방

아래채

부엌

외양간

방

N

0 2.5 5m

배치 평면도

안동 송소종택

安東 松巢宗宅

소재지	경북 안동시 와룡면 샘골길 43-40
건축 시기	1824년
지정 사항	중요민속문화재 제203호
소유자	권응룡
구조 형식	안채: 3평주 5량가, 팔작 기와지붕
	사당: 3량가, 맞배 기와지붕

지붕 평면도

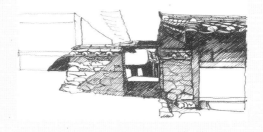

송소종택은 조선 중기의 문신인 송소 권우(松巢 權宇, 1552~1590)의 집으로 전해 왔지만 안대청 대들보에서 발견된 "崇禎紀元後四甲申新二月二十二日開基三月初七日立柱同日上樑造成"라는 묵서명 기록을 통해 1824년에 건립되었음을 알 수 있다.

송소종택은 '一'자 형 안채와 'ㄷ'자 형 아래채가 있고 담장으로 안채와 아래채를 연결했다. 때문에 안마당은 폐쇄적이 되었다.

전면 5칸, 측면 4칸인 아래채는 가운데의 대문을 중심으로 왼쪽에 부엌이, 오른쪽에 외양간과 온돌방이 있다. 지붕 구성이 매우 독특한데 모서리 부분에는 추녀를 설치하지 않고 전면은 부섭지붕처럼 되어 있다. 전면과 양 날개채의 기둥 높이를 다르게 사용했기 때문이다. 외양간과 부엌은, 중방을 기준으로 하부에는 판벽을 설치하고 상부는 회벽으로 처리했다. 회벽 부분에는 봉창을 달았다. 아래채 왼쪽에는 연자방앗간과 측간이 있다.

사진
동쪽에서 바라본 송소종택. 부엌과 외양간 부분의 중방 아래는 판벽으로, 상부는 회벽으로 처리하고, 회벽 부분에 봉창을 달았다.

높은 기단 위에 배치한 안채는 전면 5칸, 측면 2칸이다. 가운데에 6칸 대청을 두고 양쪽에 온돌방을 두었다. 안대청은 전면에 툇간을 둔 5량 구조이다. 대개 툇간 기둥으로 고주를 사용하는데 송소종택에서는 평주를 사용했다. 기둥 상부는 대들보와 툇보를 맞보 형태로 처리하고 소로를 이용해 종보를 지지했다. 엉성한 짜임이기 때문에 구조적인 보강책으로 툇간 기둥 상부 도리 방향으로 수장폭의 창방을 설치하고 상부의 장여와 도리 사이에는 소로를 받쳤다. 대청 전면 기둥은 각기둥의 모서리를 크게 모접기해 기둥 단면을 팔각으로 처리했다. 전면에 각형서까래를 사용한 것이 매우 독특하다. 상주 양진당에서도 유사한 모습을 볼 수 있다. 대청과 온돌방이 면하는 곳은 2고주 5량가로 했다. 대청을 기준으로 왼쪽은 2칸 모두를 온돌방으로 처리한 데 반해 오른쪽은 전면에 툇마루를 두고 1칸 반을 온돌방으로 했다. 팔작지붕으로 한 안채 지붕에서 각형서까래는 평연에만 사용하고, 말굽서까래 부분에는 원형 부재를 사용했다. 안채 오른쪽면의 창호는 창건 당시의 모습으로 창살의 모양이 화살촉 모양이다. 대청을 크게 두고 안채를 독립채로 구성하는 방식은 안동권씨 소등재사와 동일한 배치형식으로, 송소종택 역시 재사건물의 특성을 지니고 있음을 알 수 있다.

사당은 전면 3칸, 측면 1칸 규모로 맞배지붕이다. 사당은 동쪽 측면에 있는 사주문을 통해서 출입한다. 종택에 《이계재사도록(伊溪齋舍都錄)》이 전해 내려오는 것으로 보아 원래 집 이름이 '이계재사'였던 것으로 추정되는데, 후대에 종택으로 사용하면서 본채 후면에 사당을 건립한 것으로 보인다.

 사진 1
안대청이 매우 넓고
강조되어 있다.

사진 2
안대청에서 본 안마당

사진 3
안채와 문간채를 연결하는
담장의 좌·우에는 모두
개구부가 있다. 왼쪽은
사당으로, 오른쪽은
측간으로 드나들기 위해
설치한 것이다.

사진 4
휜 부재를 기둥으로
사용하면서 직재로 다듬을
때 생긴 쐐기 모양의 톱질
흔적이 보인다.

사진 5
모서리를 접어 팔각으로
가공한 안대청 기둥

사진 6, 그림
안대청의 전면은 3평주
5량, 후면은 2고주 5량
구조이다. 대들보와
종보에는 직재를,
종대공에는 뜬창방으로
보강한 파련대공을
사용했다.

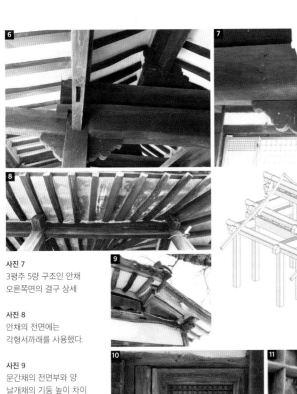

사진 7
3평주 5량 구조인 안채
오른쪽면의 결구 상세

사진 8
안채의 전면에는
각형서까래를 사용했다.

사진 9
문간채의 전면부와 양
날개채의 기둥 높이 차이
때문에 모서리에 추녀를
설치하지 않고 전면부를
부섭지붕으로 처리했다.

사진 10, 11
안채 오른쪽면에는
화살촉 모양의 창살을
사용했는데, 1800년대의
원형 그대로이다.

사진 12, 13, 14, 15, 16
사당 창호와 사용된
철물들

의성김씨 율리종택

義城金氏 栗里宗宅

소재지	경상북도 안동시 풍산읍 밤가골길 13-5
건축 시기	1630년
지정 사항	중요민속문화재 제181호
소유자	김성수
구조 형식	안채: 1고주 5량가, 맞배 기와지붕
	사랑채: 3량가, 맞배 기와지붕

지붕 평면도

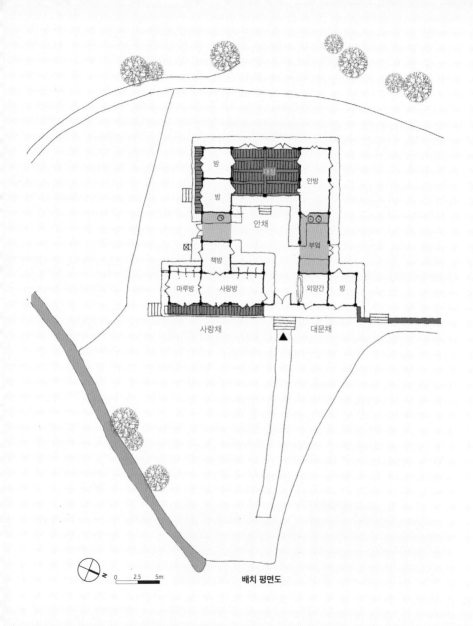

방
방
방
대청
안방
안채
책방
부엌
마루방
사랑방
외양간
방
사랑채
대문채

0 2.5 5m

배치 평면도

의성김씨 23대손인 김후(金㷞, 1613~1695)의 집으로, 그의 장인이 1630년에 지었다. 율리종택이라는 택호는 옛 지명에서 가져왔다.

율리종택은 앞이 훤히 열려 있고, 숲이 우거진 낮은 뒷동산을 배경으로 동향하고 있다. 전면에 축대를 쌓아서 사랑채는 솟아 보이나 뒤로 갈수록 지대가 약간 높아진다. 'ㄷ'자 형 안채와 'ㅡ'자 형 사랑채가 결합되어 있는데, 사랑채가 더 길어 전체적으로 'ㅁ'자 형에 날개가 붙어 있는 모습이다.

대문 왼쪽에는 사랑채가, 오른쪽에는 대문채가 있다. 대문채에는 외양간과 방이 있고, 사랑채에는 사랑방과 마루방이 있다. 사랑방과 마루방 앞에는 쪽마루를 가설하고 낮은 난간을 둘렀다. 사랑방에는 '도암정사(陶庵精舍)'라는 현판이 달려 있다. 마루방에는 문이 설치되어 있다. 대문채의 외양간은 안채의 부엌과 연결되며, 사랑방은 안채 책방과 연결되는데 지붕 구성을 눈여겨볼 만하다. 사랑채 지붕은 맞배지붕으로 되어 있으나 연결부에서 합각을 구성하고 이 합각의 용마루가 다시 안채 합각마루로 사용되었다.

안채는 2칸 대청을 중심으로 북쪽에 2칸 안방이 동향하고 있으며 그 아래에 2칸 부엌이 있다. 대청 남쪽에는 1칸 방이 두 개 있고 아래로 안채대문이 있고 그 아래에 책방이 있다. 안채의 축대도 비교적 높게 설치되어 대청 가운데에는 세 단짜리 돌계단이 있

사진 1
사랑채와 안채의 연결 부분과 안채에 합각을 설치해 시각적인 연속성을 준다.

사진 2
안채의 합각

사진 3
사랑채 지붕은 박공으로 되어 있는데 도리를 길게 뽑아 깊숙한 느낌을 준다. 이 도리를 받칠 수 있는 가새를 기둥과 연결해 덧댔다.

사진 4
대문채에서 본 안채

사진 5
사랑채 왼쪽면

사진 6
안채 왼쪽 날개채의 책방과 부엌

그림
목기연을 생략하고 박공과 연함을 휜 부재로 만든 사랑채 합각부분 상세도

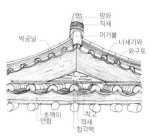

다. 안채의 기둥은 모접기를 많이 해 팔각기둥처럼 보인다.

안채 남쪽에는 작은 마당이 있는데, 이 마당은 사랑채 남쪽에 있는 협문에서도 출입이 가능하다. 이러한 시각적인 연속성은 사랑채 축대 구성과 안채의 축대 구성에서도 볼 수 있다. 측면에서 가옥을 바라보면 뒤로 갈수록 약간 높아지는 대지에 사랑채부터 축대를 높게 쌓고, 안채 축대는 점점 낮아지게 구성되어 있는 것을 볼 수 있다.

안동 향산고택

安東 響山故宅

소재지	경북 안동시 퇴계로 297-6
건축 시기	19세기 초 · 중엽
지정 사항	종택: 중요민속문화재 제280호
소유자	이부
구조 형식	안채: 평4량가, 맞배 기와지붕
	사랑채: 3량가, 맞배 기와지붕

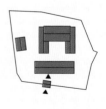

지붕 평면도

안방

고방

부엌

동상방

서상방

안채

문간방

사랑방

대청

사랑채

N

0   2.5   5m

배치 평면도

향산고택은 순국의사 향산 이만도(響山 李晩燾, 1842~1910)의 집이다. 향산은 명성황후 시해 사건 때 의병을 일으켜 항일 의병 운동을 했고, 1910년 나라가 일제에 의해 합병되자 유서를 써 놓고 24일간 단식하다가 순국한 인물이다.

원래 안동시 도산면 토계리에 있었지만 안동댐 건설로 수몰돼 1976년 현재의 위치로 옮겨 지었다. 정면 5칸, 측면 1칸 규모의 '一'자 형 사랑채와 정면 5칸, 측면 3칸 반 규모의 'ㄷ'자 형 안채가 튼 'ㅁ'자 형을 이룬다. 앞쪽에 사랑채와 중문이 있고, 뒤에 안채가 남서향으로 자리한다.

사랑채는 왼쪽부터 문간방, 중문, 2칸 사랑방, 1칸 사랑대청으로 구성되어 있다. 사랑방과 사랑대청 앞에는 쪽마루가 있으며 사랑방 뒷벽에는 벽장이 있다. 사랑대청 전면에는 궁판을 높게 설치한 두 짝 세살문을 달고, 문짝의 양 옆에는 특이하게 머름을 덧댔다. 중문의 문지방은 하인방 높이를 낮추고 출입을 편하게 하기 위해 아래쪽으로 휜 부재인 월방을 사용하고, 문지도리는 문선과 통부재를 가공해 만들었다. 사랑채의 지붕은 좌·우 모두 맞배지붕으로 하고 풍판을 설치했다. 왼쪽 벽에는 세살문을, 오른쪽 벽에는 널판문을 달아 빗물의 피해를 줄이기 위해 풍판을 설치한 것으로 판단된다.

2칸 안방과 1칸 안대청으로 구성된 안채는 전면에 툇마루를 설치한 평4량가이다. 서까래는 장연만 설치했다. 왼쪽 날개채에는 2칸 부엌과 1칸 서상방이 있고, 오른쪽 날개채에는 1칸 고방과 2칸 동상방이 있다. 안방과 고방 위는 안대청에서 이용할 수 있는 수장 공간인 더그매로 꾸며져 있다. 안방의 왼쪽 칸 뒷벽에는 벽장을 설치했다. 양 날개채의 측벽에는 창호를 설치하고, 도리 뺄목 부

사진
진입로에서 본 향산고택

분을 덧달아 기둥을 세우고 마루를 설치했다. 기둥에 남아 있는 중깃 홈의 흔적을 볼 때 당초에는 벽체를 설치해 수장 공간으로 사용했던 것으로 추정된다. 안채의 툇간 처리 방식이 독특하다. 내부 기둥을 전·후면 평주와 동일한 높이로 해 도리와 장여가 서까래를 직접 지지하지 못한다. 그래서 툇간 상부를 벽체로 마감했다. 몸채 기둥은 높게 사용하고, 양 날개채의 기둥은 낮게 해 안마당 쪽에 회첨이 없게 했다. 몸채 양 옆에 합각을 두었지만 추녀는 사용하지 않았다.

향산고택은 조선 후기에 지어진 비교적 규모가 작은 가옥이다. 사랑채 및 중문채와 안채 모두 수장재는 기둥을 관통해 사용하는 19세기의 특성을 보인다. 또한 19세기 이후에 나타나는 툇간 및 쪽마루와 수장 공간의 발달 과정을 엿볼 수 있는 귀중한 문화유산이다.

사진 1
사랑채 전경

사진 2
대문에서 바라본 중문. 출입을 고려해 아래 쪽으로 휜 부재인 월방을 사용했다.

사진 3
중문간 가구 상세

사진 4
판문의 비 피해를 줄이기 위해 풍판을 사용한 사랑채 측면

사진 5
문선과 통부재로 만든 문지도리

사진 6
사랑채 전면 쪽마루 귀틀맞춤 상세

사진 7
사랑채 쪽마루 동귀틀의 아랫부분에 둥근 목재를 사용한 것을 볼 수 있다.

사진 8
궁판을 높게 하고 머름을
댄 사랑대청 출입문

사진 9
안채 전경

사진 10, 그림
안채 양 날개채 전면에는
도리뺄목에 기둥을
받치면서 하부에 쪽마루를
설치했는데 다른 집에서는
볼 수 없는 매우 독특한
공간이다.

사진 11
오른쪽 날개채 측면
기둥에는 벽체를 설치하고
수장 공간으로 사용한
중깃 홈이 남아 있다.

사진 12
안채 지붕 가구 상세

사진 13
안채 전면의 툇간 구조
상세. 내부 기둥을 앞뒤의
평주와 같은 높이로 해
도리와 장여가 서까래를
직접 지지하지 못하기
때문에 툇간 상부는
벽체로 마감했다.

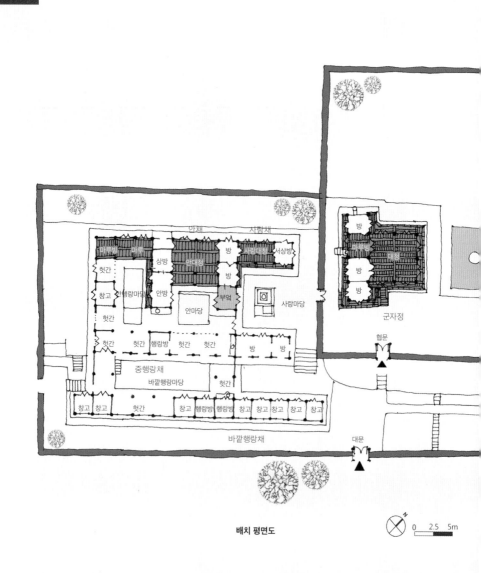

배치 평면도

안채
사랑채

마루방 | 마루
상방
헛간
창고 | 안행랑마당 | 안방
헛간
헛간
방 | 방
헛간 | 헛간 | 행랑방 | 헛간 | 헛간
안대청
안방
부엌
안마당
사랑대청 | 서상방
사랑마당

중행랑채
바깥행랑마당
헛간

창고 | 창고 | 헛간 | 창고 | 행랑방 | 행랑방 | 창고 | 창고 | 창고 | 창고 | 창고

바깥행랑채

군자정
방
마루방 | 대청
방
방

협문

대문

0 2.5 5m

안동 임청각

安東 臨淸閣

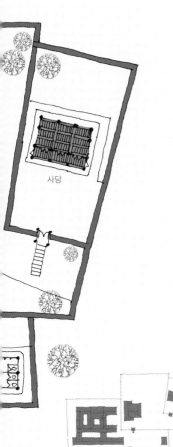

소재지	경상북도 안동시 풍산읍 밤가골길 13-5
건축 시기	1630년
지정 사항	중요민속문화재 제181호
소유자	김성수
구조 형식	안채: 1고주 5량가, 맞배 기와지붕
	사랑채: 3량가, 맞배 기와지붕

지붕 평면도

임청각은 고성이씨의 안동입향조인 이증(李增, 1419~1480)의 셋째 아들이며, 형조좌랑을 지낸 이명(李洺)이 1519년에 지었고 1600년과 1769년에 중수가 있었던 것으로 전한다. 원래 99칸이었으나 중앙선 철도 부설 때에 50여 칸의 행랑채와 부속채 그리고 중층 문루가 철거되어 현재의 규모로 줄어들었다. 전면의 담장과 대문은 1970년대에 조성된 것이다.

영남산 기슭에 남동향으로 낙동강을 바라보며 배산임수한 임청각은 정침과 행랑채, 별채인 군자정, 그리고 사당의 세 영역으로 이루어져 있으며, 각 영역은 경사진 지형을 따라 위계에 맞춰 자리 잡고 있다. 집의 동측 가장 높은 곳에 담장과 사주문으로 별도의 영역을 구획한 사당이 있고, 그보다 낮은 서쪽에 별채인 군자정과 연지, 그리고 그 서쪽에 안채와 사랑채가 있는 정침이 자리 잡고 있으며, 안채 아래로 중행랑채와 바깥행랑채가 병렬로 배치되어 있다.

사랑채와 안채, 중행랑채는 세 개의 날개채로 연결되어 '月'자 형을 이룬다. 날개채 중 양쪽의 것은 중행랑채를 지나 바깥행랑채까지 이어져 전체 평면은 '用'자를 이루게 했다.

사랑채는 2칸 대청을 중심으로 양 옆에 온돌방을 들였으며, 서쪽 날개채와 전면의 중행랑채로 삼면이 둘러싸인 사랑마당을 가지고 있다. 사랑마당의 개방된 동쪽에는 담장과 협문을 경계로 군자정이 있다. 사랑채 동편에 별당인 군자정이 있기는 하나, 전체의 규모에 비해 사랑채의 면적이 매우 작은 것이 특징이다.

안채는 사랑채의 날개채 끝에 난 중문을 들어서면 보이는데, 정면 2칸, 측면 2칸이다. 대청 왼쪽에서 1칸 반 안방과 상방이 날개채를 이루고 있다. 날개채 끝에 난 통로를 들어서면 폭이 좁고 긴

마당과 함께 안행랑채가 있다. 안행랑채는 여자 노비들의 공간으로, 대청 없이 헛간과 방으로만 구성되어 있다.

정면 2칸, 측면 2칸인 군자정은 대청 서쪽에 마루방과 온돌방 4칸을 두었는데, 양 끝의 온돌방은 대청보다 돌출되게 배치해 '丁'자 형을 이루게 했다. 건물 사면에는 모두 쪽마루를 두르고 전면과 대청 부분에는 계자난간, 방 부분에는 평난간을 설치해 변화를 주면서도 공간의 위계를 구분했다. 군자정과 같은 별채의 대청 창호는 전체를 문으로 설치하거나 일부 판벽인 경우가 대부분인데, 군자정은 대청 주위에 회벽을 치고 부분적으로 창호를 설치한 것이 다르다. 대청에는 정면 출입문만 궁판세살문을 달고 나머지의 창호는 모두 골판문을 달았다. 대청과 방 사이에는 삼분합문을 달아 필요시에는 문을 들어 대청과 방이 통간이 되도록 했다. 기둥은 대청 부분에만 원형기둥을 사용하고 이익공으로 장식했는데, 익공은 쇠서를 내밀지 않고 간소하게 초각했다. 중도리 대공은 접시받침과 첨차 및 초각을 갖춘 동자주형이며, 종도리는 윗부분에 첨차를 끼운 제형판대공을 사용했다.

사진 1
13칸으로 긴 외벽을 가진
바깥행랑채에는 같은
크기의 광창을 나란히
배치하고 광창을 기준으로
하방과 중방의 위치를
조절했다. 동측 끝에는
판벽을 설치해 긴 외벽을
단조롭지 않게 구성했다.

사진 2
사랑채, 날개채,
중행랑채로 둘러싸여 있는
사랑마당. 날개채 끝에
안채로 가는 중문이 있다.

사진 3
바깥행랑마당

사진 4, 5
안채(사진 4)와
안행랑채(사진 5)

사진 6
군자정. 대청은 원형기둥
위에 이익공으로 장식한
5량인데 비해 날개채는
굴도리 3량 구조로 구성해
공간의 위계를 드러냈다.
출입문은 장대석 계단과
소매석 위에 높게 있다.

사진 7
사랑채에서 본 군자정.
각 방의 창호를 달리해
입면에 변화를 주었다.

사진 8
군자정의 전면과 대청
부분에는 계자난간을, 방
부분에는 평난간을 둘러
공간의 위계를 구분했다.

사진 9
대청의 영쌍창

사진 10, 11
군자정의 중도리 대공은
접시받침과 첨차가 있는
동자주형으로 하고 위에는
첨차를 끼운 제형판대공을
사용했다. 외기 부분에는
우물반자를 설치했다.

사진 12
군자정 날개채의 보머리
삼분두와 장여 상세

사진 13, 14
군자정의 귀포(사진 7)와
공포(사진 8). 쇠서를 내지
않은 이익공이다.

사진 15
군자정의 화반 상세

사진 16
사당은 전면 3칸, 측면
3칸, 5량 구조이다.

사진 17
사당 전면에 툇마루를
두고 양 측면에 판문을 단
것은 보기 드문 예이다.

법흥동 고성이씨
탑동파종택

法興洞 固城李氏 塔洞派宗宅

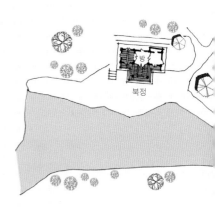

소재지	경북 안동시 임청각길 103
건축 시기	18세기 초
지정 사항	중요민속문화재 제185호
소유자	이찬형
구조 형식	안채: 5량가, 맞배 기와지붕
	사랑채: 5량가, 팔작 기와지붕
	사당: 3량가, 맞배 기와지붕
	영모당: 5량가, 팔작 기와지붕
	북정: 3량가, 팔작 기와지붕

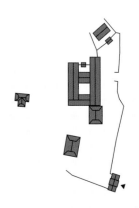

지붕 평면도

사당

방　방

방

방　방　부엌

대청　안채　창고

방　창고　식당

대청

사랑채

방

대청

영모당

N

0　2.5　5m

배치 평면도

사진 1
대지 왼쪽에서 본
탑동파종택

조선 숙종 때 이후식(李後植, 1653~1714)이 안채를 짓고, 손자 이원미(李元美)가 사랑채와 영모당을 완성했다. 따로 떨어져 있는 북정은 1775년에 지어졌다. 현재 철길로 인해 풍경이 퇴색되었지만 평면 형태나 배치가 아주 독특한 집으로 남서향하고 있다. 낙동강 지류를 동남측에 두고 자리 잡아 지리적 입지가 좋았으나 지금은 철길에 전면이 가로막혀 풍경이 좋지 않게 되었다.

삼문으로 된 대문을 들어서면 우측으로 영모당과 연지가 보이고 그 뒤에 안채와 사랑채가 있으며 가장 뒤에 사당이 있다.

별당인 영모당은 보칸 2칸, 도리칸 3칸의 팔작지붕으로 오른쪽에 방이 있고 그 옆에 대청이 있다. 대청은 벽으로 막혀 있다. 흥미로운 것은 대청을 구성하고 있는 우물마루의 귀틀 방향이다. 귀틀은 통상 들어가는 방향으로 볼 때 직각 방향으로 설치되는 것이 일반적이다. 그런데 이 집은 평행하게 설치되어 있다. 그러다보니 들어가는 방향에서 귀틀 마구리가 보이게 된다. 또한 장귀틀을 중심으로 동귀틀이 직각으로 설치되어 규칙성을 갖는 것이 일반적인데 이 집은 마치 격자판이 서로 엇갈려 설치되어 있는 것처럼 되어 있어 특별하다. 이 지역 특징 중 하나이다. 창호는 문얼굴 가운데에 문설주가 있는 영쌍창 형식으로 연귀맞춤과 함께 고식임을 보여 준다.

'ㅂ'자 형인 안채는 흔히 볼 수 없는 평면 형식으로 두 공간으로 구분된다. 하나는 안채 주 공간이고 다른 하나는 사당 쪽과 연결된 공간이다. 안채 주 공간은 'ㅁ'자 형의 폐쇄된 공간이고 사당과 연결된 공간은 'ㄷ'자 형이다. 이 두 공간이 합쳐져 'ㅂ'자 형을 이룬다. 동남쪽에 있는 대문을 통해 양쪽 공간으로 진입하게 되어 있고 각각 독립적인 공간을 구성하고 있다. 대청의 귀틀도 영모당 대청의 귀틀처럼 되어 있다. 외부에서 안채를 보면 남서측 용마루 위로 합각이 두 개 보인다. 한 쪽은 합각이 막혀 있고 다른 한 쪽은 개방되어 있다. 개방된 쪽은 부엌 쪽이다. 부엌에서 나오는 연기를 배출하기 위해서 막지 않고 개방한 일종의 까치구멍이다. 안채 남서측과 남동측 일부는 두 개 층으로 구성했는데 지형 특성을 이용한 구성이다.

안채 모서리에 있는 사랑채는 보칸과 도리칸 모두 2칸으로 팔작지붕이다. 안채 쪽에 방이 있고 그 아래에 마루가 있다. 규모만 다를 뿐 평면 구성은 영모당과 동일하다.

사진 2
조금 떨어진 숲속에 있는
북정

사진 3
북정의 누마루와 난간

사진 1
영모당에서는
우리나라에서 가장 크고
오래된 통일신라시대의
7층 전탑이 보인다.

사진 2
영모당

사진 3
사랑채

사진 4
안채에 있는 두 개의 합각
중 부엌이 있는 오른쪽
합각은 까치구멍이 뚫려
있고 다른 쪽 합각은 막혀
있다.

사진 5
대문에서 바라본 안채

사진 6
안대청 가구 상세. 종도리
밑에 구조 보강을 위해
충량을 걸었다.

사진 7
안채 부엌 상부 가구 상세

사진 8
흔히 볼 수 없는 'ㅂ'자 형
평면 때문에 생긴 안채
동측의 내정

사진 9
대지의 고저차를 이용해
안채의 끝 부분은 2층으로
구성했다.

안동권씨 능동재사

安東權氏 陵洞齋舍

소재지	경북 안동시 서후면 권태사길 87
건축 시기	1653년
지정 사항	중요민속문화재 제183호
소유자	권재영
구조 형식	큰채: 1고주 5량가, 팔작 기와지붕
	부속채: 3량가, 팔작 기와지붕
	추원루: 5량가, 팔작 기와지붕
	보판각: 5량가, 팔작 기와지붕

지붕 평면도

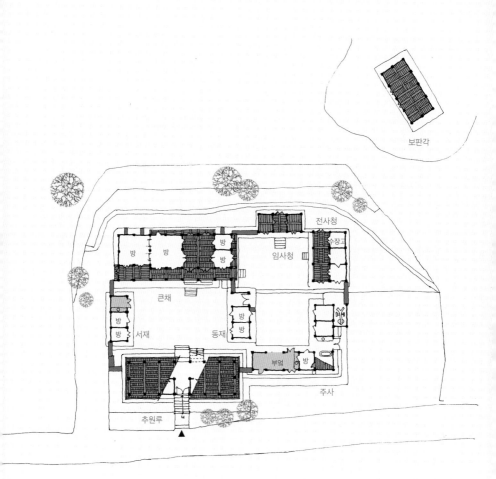

보판각

전사청

임사청

수장고

방 방 방 방

큰채

방 방

서재

방 방

동재

부엌 방

주사

추원루

0 2.5 5m

배치 평면도

고려 삼태사(三太師) 중 한 사람이자 안동권씨의 시조인 권행(權幸)을 제사하기 위해 지은 재사이다. 삼태사는 고려 태조 왕건을 도와 고려를 개국하고 왕건으로부터 성을 받아 안동을 본관으로 하는 안동권씨, 안동장씨, 안동김씨의 조상을 말한다.

1653년에 마루, 방, 곳간 등 16칸을 처음 건축했고, 1683년에 누각 7칸을 더해 지었다. 그러나 1743년에 화재로 건물이 모두 훼손되어 다시 지었는데 1896년에 임사청, 전사청 등 몇 칸만 남고 모두 불에 타서 또 다시 지었다.

능동재사는 봉정사가 있는 천등산 계곡을 따라 올라가는 길 서쪽에 자리하는데 맞은편 산에 권행의 묘소가 있다. 재사는 묘소를 바라보고 건립되었음을 알 수 있다.

전면의 높은 축대 위에 문루인 추원루가 있다. 하지만 전체 대지가 뒤로 갈수록 높아져 축대는 상대적으로 낮아 보인다. 여덟 단의 계단을 올라서면 마주하게 되는 대문의 양 옆에는 3칸 규모의 나무 벽으로 된 창고가 있다. 이 문은 행사가 있을 때만 사용한다. 추원루 하부에 있는 문을 지나 안으로 들어가면 바로 왼쪽에 2층으로 올라가는 2단짜리 돌계단과 3단짜리 나무계단이 보인다. 추원루는 1층에는 각기둥을, 2층에는 원형기둥을 사용하고 계자난간을 둘렀는데 그 위용이 대단하다. 이익공 구조이며, 기둥과 기둥 사이에는 화반을 설치했다.

안쪽 정면에는 역시 높은 축대 위에 자리한 실질적인 재사인 큰채가 있다. 가장 북쪽의 방 앞에는 난간을 두른 마루를 두고, 아래에는 아궁이를 설치했다. 큰채는 4칸 대청과 방들로 구성되어 있으며 전면에 반 칸 퇴를 내어 툇마루를 두었다.

큰채와 추원루 사이 남·북 양쪽에는 3×1칸 규모의 건물이 각각 남쪽과 북쪽 방향으로 자리하는데, 남쪽 건물은 동재, 북쪽 건물은 서재이다. 동재에는 추원루 쪽으로 방 2칸, 큰채 쪽으로는 헛간이 있다. 서재인 북쪽 건물 역시 추원루 쪽으로는 방 2칸이 있고, 큰채 쪽에는 문을 달고 옆 건물과 연결되도록 했다.

주 재사 건물과 연이어 남쪽으로 높은 축대 위에 별당인 임사청과 곳간채인 전사청, 안채인 주사가 작은 마당을 중심으로 '日'자형으로 자리한다. 이러한 현상은 당초 'ㅁ'자 형 하나로 구성된 건축군에 제례에 참여하는 사람들의 숫자가 많아지면서 'ㅁ'자 건물을 하나 더 덧붙였기 때문으로 추정된다.

구조적인 면에서 큰 특징은 없지만, 재사건물로는 큰 규모이다. 안동권씨 제사의 규모와 당시에 행해진 제례 행사의 성대함을 짐작할 수 있다. 북서쪽에는 족보 목판을 보관하던 보관각이 있지만, 현재는 목판을 보관하던 서가만 그대로이다.

사진 1
추원루. 재사건축은 조선
후기부터 발달했다.
능동재사는 서원의 배치
형식을 따랐는데 동재와
서재, 2층 누각은 서원의
전교당과 루를 연상케
한다. 높은 루를 지나
진입하게 한 것은 사찰의
누하진입과 유사하다.

사진 2
행사가 있을 때만
개방하는 추원루 하부
진입문

사진 3
추원루 상부 가구 상세

사진 4
추원루 왼쪽면

사진 5
추원루에서 본 재사(큰채)

사진 6
서재에서 본 재사(큰채)

사진 7
방앗간 옆 문에서 본
주사와 동재

사진 8
홍예보를 이용해 대공
없이 3량가를 구성한
서재 박공 부분. 이러한
구성을 한국 건축 미학의
진수라고 할 수 있다.

사진 9
족보 목판을 보관하던
보판각

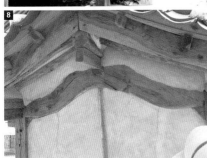

안동 후조당

安東 後彫堂

소재지	경북 안동시 와룡면 군자리길 21
건축 시기	16세기 중반
지정 사항	중요민속문화재 제227호
소유자	김준식
구조 형식	후조당: 5량가+3량가, 팔작 기와지붕
	사당: 3량가, 맞배 기와지붕

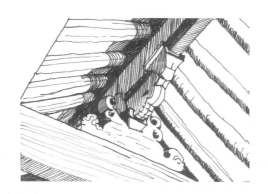

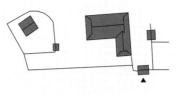

지붕 평면도

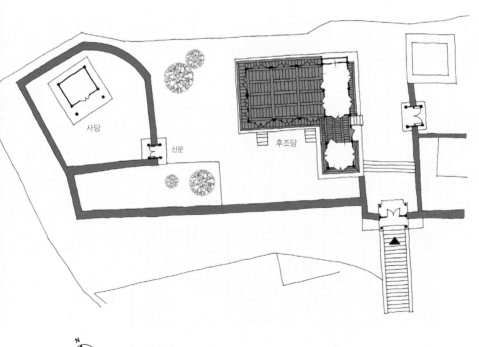

사당

신문

후조당

N

0   2.5   5m

배치 평면도

광산김씨 예안파종택의 별당인 후조당은 안동에서 도산서원으로 가는 길목의 군자마을에 있다. '후조당'이라는 당호는 이 집을 지은 김부필(金富弼, 1516~1577)의 호이다. 김부필은 조선 중기 사람으로 생원 급제에도 불구하고 벼슬에 뜻을 두지 않고 학문과 수양을 쌓는 것으로 평생을 보냈다. 후조당은 원래 예안면에 있었지만 안동댐 건설로 1972년 현재 자리로 옮겨 왔다.

후조당은 군자마을의 왼쪽 산중턱에 동서로 길게 터를 닦아 놓은 곳에 자리하는데 아래에는 광산김씨의 재사가, 왼쪽에는 사당이 있고, 오른쪽에 후조당이 있다.

후조당은 주칸이 약 9자로 12.3평의 넓은 6칸 대청을 가지고 있다. 대청이 이렇게 넓은 것은 제사와 같은 행사가 있을 때 다같이 모일 수 있는 공간이 필요하기 때문이다. 오른쪽에는 2칸 규모의 방이 있고, 'ㄱ'자로 꺾어 아래로 사랑채와 통하는 마루 1칸과 온돌방 1칸이 있다.

허튼층으로 쌓아올린 기단 위에 조성된 후조당은 평평한 자연석을 골라 초석으로 놓고 기둥을 올렸다. 기둥은 모두 방형으로 민흘림기둥이며, 기둥 상부에는 연화문이 초각된 익공이 보머리를 받치고 있다. 대청의 가구는 대들보 위에 사다리꼴 모양의 동자주

사진 1
진입계단에서 본 후조당

사진 2
후조당에는 전면에
쪽마루를 설치해 외부로
드나들기 편하게 했다.
쪽마루는 툇간이 없는
부분에서 툇마루 역할을
할 수 있도록 평주 밖으로
덧달아 낸 마루로 건물과
건물 사이의 동선을 이을
때 주로 사용된다. 후조당
처럼 단일 건물 전체에
쪽마루가 설치된 경우는
보기 힘들다.

사진 3
후조당 측면

사진 4
동쪽 통로의 문과 창

사진 5
후조당에 설치된
쌍여닫이문의 가운데에는
중간 문설주가 있다. 중간
문설주는 '영(楹)'으로도
불리는데 조선 전기에
주로 사용되었던 오래된
기법이다.

사진 6
대청

를 세우고 종보를 설치한 후 중앙에 화려하게 조식된 대공으로 종
도리를 받친 5량가이다. 우측으로 꺾인 마루와 방 1칸은 주심도리
와 종도리로 구성된 3량가인데 전면으로 돌출된 방은 한 단 높게
조성해 마치 겨울에 사용되는 누마루와 같아 보인다. 아래 아궁이
부의 입면을 높게 하고, 상부 온돌방 입면을 낮춘 후 쪽마루를 가
설해 중층으로 보이도록 의도한 것으로 생각된다. 후조당의 입면
에는 벽체만 설치된 곳이 없다. 모두 세살문이나 판문을 달아 매
우 개방적인데, 특히 대청 전면에 설치된 창호는 사분합 세살들창
으로 모두 걸쇠에 걸어올리도록 했다. 이는 후조당 앞의 수려한
경관을 안으로 끌어오는 차경 효과를 극대화하기 위한 장치로 볼
수 있다. 사분합 세살들창은 궁판이 있는데 궁판 높이가 다른 건
물의 것보다 높은 것은 특이하다.

안동 광산김씨
탁청정공파종택

安東 光山金氏 濯淸亭公派宗宅

소재지	경북 안동시 와룡면 군자리길 33-6
건축 시기	1541년 추정
지정 사항	중요민속문화재 제272호
소유자	광산김씨 예안파종중
구조 형식	안채: 3량가, 맞배 기와지붕
	탁청정: 5량가, 팔작 기와지붕

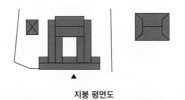

지붕 평면도

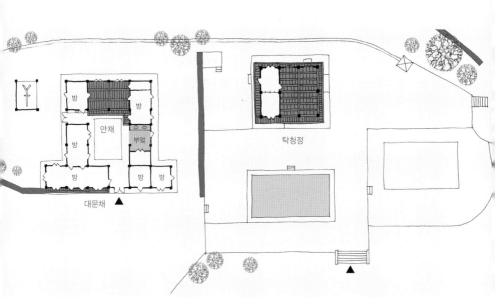

방

방

안채

방

부엌

방

방 방

대문채 ▲

탁청정

0 2.5 5m

배치 평면도

1541년에 지어진 것으로 추정되는 탁청정공파종택은 1974년 안동댐 건설로 기존 위치에서 약 2킬로미터 떨어진 현재 자리로로 옮겨 지었다.

'一'자 형 대문채와 'ㄷ'자 형 안채가 'ㅁ'자 형을 이룬다. 대문채는 좌·우로 1칸씩 돌출되어 있으며 3량 구조이다.

안채는 가운데에 2칸 대청이 있고 양 옆에 1칸 방이 있다. 왼쪽 날개채에는 2칸 방이, 오른쪽 날개채에는 부엌이 있다. 안채마당은 비교적 좁은데 아늑해 보인다. 안채 지붕의 용마루 위로 양 날개채의 합각이 각각 솟아 있다.

안채 오른쪽에는 정면 3칸, 측면 2칸 규모의 정자인 탁청정이 있다. 왼쪽에 방이 있고 나머지는 모두 누마루이다. 출목이 있는 이익공집인데, 왼쪽면을 뺀 나머지 삼면에만 출목이 있다. 기둥 상부에는 익공을 사용했다. 초익공은 익공형이고 이익공은 운공형이다. 포동자주를 사용하고 세련된 초각을 한 화반을 사용해 매우 고급스럽다. 탁청정은 5량 구조이다.

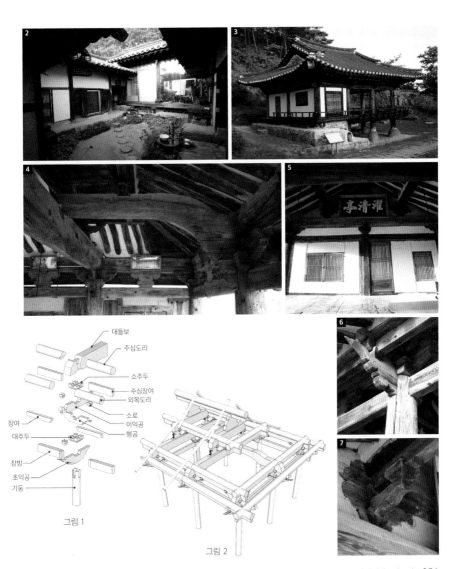

대들보

주심도리

소주두

주심장여

외목도리

소로

이익공

행공

장여

대주두

창방

초익공

기둥

그림 1

그림 2

안동 번남댁

安東 樊南宅

소재지	경북 안동시 도산면 의촌길 76-5
건축 시기	19세기 초
지정 사항	중요민속문화재 제268호
소유자	진성이씨 의인파 번남문중
구조 형식	안채: 5량가, 맞배 기와지붕
	사랑채: 5량가, 팔작 기와지붕

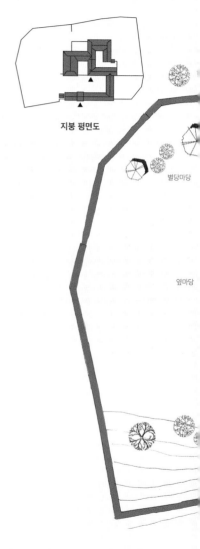

지붕 평면도

별당마당

옆마당

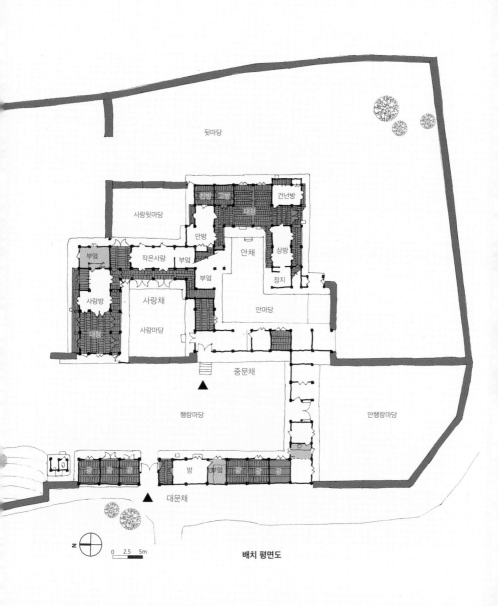

뒷마당

사랑뒷마당

부엌　　작은사랑　부엌

사랑방

대청

사랑채

사랑마당

찬방　고방　　건넌방

대청

안방

안채　　상방

정지

부엌

안마당

중문채

안행랑마당

행랑마당

광　광　광　　방　부엌　광　광　광

대문채

N

0　2.5　5m

배치 평면도

번남댁은 낙동강 상류, 도산서원을 마주보는 곳에 자리한다. 현재 번남댁 주변은 마을이라고 하기에는 휑한 느낌이다. 원래는 동서로 난 길 주변으로 마을들이 있었는데 안동댐을 건설하면서 안동댐 만수 시 침수 우려가 있는 곳은 농경지로 정비되었기 때문이다. 번남댁은 종중 행사 때만 사용되고 평소에는 비어 있다.

안채는 19세기 초에 지어지고, 사랑채는 19세기 중반에 증축되었다. 19세기 말 이만윤(李晩胤, 1834~?)이 창덕궁의 궁집 배치를 참고로 해 현재 모습으로 완성했다고 한다. 'ㄷ'자 형 안채와 'ㅡ'자 형 중문채가 튼 'ㅁ'자 형을 이루고, 왼쪽에 'ㄱ'자 형 사랑채가, 중문채 아래로 'ㄴ'자 형 대문채가 붙어 있다.

서향하고 있는 안채는 정면 5칸, 측면 2칸의 몸채와 2칸의 왼쪽 날개채, 3칸의 오른쪽 날개채로 구성되어 있다. 가운데에 있는 2칸 대청의 왼쪽에는 안방이, 오른쪽에는 건넌방과 상방이 있다. 건넌방은 자녀들이 사용하거나 출산 때 사용해 산방이라고도 한다. 안방 위에는 안주인의 주요 살림을 보관하는 찬방과 대청에서 바로

사진
진입로에서 본 번남댁.
12칸 규모의 대문채가
집의 규모를 짐작하게
한다.

출입할 수 있는 고방이 있다. 고방은 제사와 같은 행사 관련 물품을 보관하는 곳이다. 찬방과 고방은 모두 마루방으로 된 창고이다. 안방 아래에는 부엌이 있는데 작은사랑의 부엌과 맞닿아 있는 생활 동선의 중심공간으로 두 부엌 사이에는 벽이 설치되어 있지 않다. 이런 구성은 다른 가옥에서 보기 힘든 모습이다. 안방과 작은사랑에 동시에 불을 지필 수 있도록 아궁이가 두 개이다. 특히 안방 아궁이 상부에는 벽감을 있는데 벽감을 지지하는 까치발은 벽감과 한 부재로 해 기둥 하부 초석에 지탱시킨 튼실한 구조미를 엿볼 수 있다.

남향하고 있는 사랑채는 정면 5칸이고 앞·뒤에 반 칸 규모의 툇간을 두어 측면 3칸이다. 왼쪽에 2칸 대청이 있고, 옆에 2칸 사랑방과 1칸 부엌이 있다. 부엌 옆에는 안채 방향으로 꺾어 1칸 마루와 2칸 작은사랑이 있다.

정면 12칸 규모의 대문채는 안채로 꺾여 6칸이 있으며, 측면은 1칸이다. 대문 왼쪽에는 3칸 광이 있고, 오른쪽에는 2칸 방과 1칸 부엌, 3칸 광이 더 있다. 안채로 꺾인 곳에는 외양간이 있다.

번남댁을 들어서면 제일 먼저 보이는 것이 사랑채 앞 담장이다. 사랑채는 외빈 접대의 중심공간으로 개방성을 강조하는 것이 보통이지만 번남댁의 사랑채는 정면에 담장을 설치해 폐쇄적이다. 원래는 담장 왼쪽에 협문이 있었지만 현재는 없고 중문으로 진입하도록 변형되어 있다.

번남댁의 가장 큰 특징은 담장을 사용한 마당 영역 구분이다. 안마당, 사랑마당, 행랑마당, 옆마당, 안행랑마당, 뒷마당, 사랑뒷마당, 지금은 없는 별당의 별당마당까지 여덟 개의 마당을 지닌 화택(花宅)이다. 자연석 담장과 판축담장을 병용해 사용했다.

사진 1
사랑마당에서 본 사랑채

사진 2
사랑채에는 반 칸 규모의
툇마루가 있다.

사진 3
대부분 주택의 사랑채는
개방성을 강조하는데
번남댁은 사랑채 앞에
담장을 설치해 폐쇄적으로
구성했다.

사진 4
사랑대청 가구 상세

사진 5
사랑채는 여러 모양의
창호가 조화를 이룬다.

사진 6
사랑대청 판대공

사진 7, 8, 9
안채와 작은사랑 사이의
부엌에는 벽은 없고 두
개의 아궁이가 설치되어
있다. 안방 아궁이 상부의
벽감 지지대의 튼실한
구조미가 인상적이다.

사진 10
안채

사진 11
안대청에서 본 안마당

사진 12
안채 왼쪽 날개채

사진 13, 그림
3평주 5량가인 안대청
가구 상세

사진 14, 15
담장으로 여덟 개의 마당
영역을 설정한 번남댁은
자연석 담장과 판축담장을
병용해 사용했다.

영양 서석지

英陽 瑞石池

소재지	경북 영양군 입암면 서석지1길 10
건축 시기	1613년
지정 사항	중요민속문화재 제108호
소유자	정경정
구조 형식	경정: 5량가, 팔작 기와지붕
	주일재: 3량가, 맞배 기와지붕

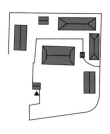

지붕 평면도

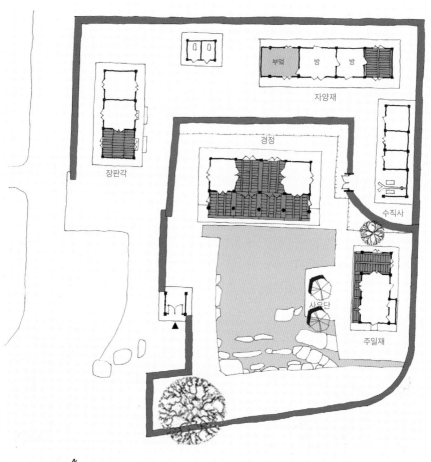

부엌 방 방

자양재

경정

장판각

수직사

우물

사우단

주일재

0 2.5 5m

배치 평면도

1613년에 정영방(鄭榮邦, 1577~1650)이 조성한 별원이다. 정영방은 진사시에 합격했으나 광해군 즉위년 출세의 길을 접고 입암으로 내려가 서석지를 조원하고 후학을 양성했다. 서석지가 있는 연당리는 각종 고지도에도 그려져 있다. 특히 입암(선바위)이라 불리우는 절벽이 있는 곳은 경관이 뛰어난 곳으로 알려져 있다.

서석지에 들어서면 400여 년의 수령을 지닌 은행나무가 먼저 눈에 들어온다. 사주문을 지나면 서석지가 보이고 서북쪽에 경정(警正)이, 동북쪽에 주일재(主一齋)가 있다. 경정 뒤의 담 밖으로 자양재와 수직사가 있다.

가로 약 13미터, 세로 약 12미터 크기의 방형 연지는 동쪽에 입수구가 있고 서쪽에 출수구가 있다. 연지의 오른쪽에는 매, 난, 국, 죽의 사군자를 심은 사우단(四友壇)이 조성되어 있다.

정면 4칸, 측면 2칸 규모의 경정은 서석지를 감상하기 위한 정자이다. 가운데에 2칸 대청이 있고 양 옆에 방이 있는데 정자에 온돌방을 둔 것은 사계절 내내 서석지를 감상하기 위한 것이다. 경정은 초익공집으로 화반에 만개한 연꽃을 새겼다. 연꽃을 새긴 것

은 중국 송의 유학자 주돈이가 연꽃을 군자에 빗대어 노래한 〈애련설(愛蓮說)〉에서 유래했다고 한다.

서석지 오른쪽에 있는 주일재는 정면 3칸, 측면 1칸으로 왼쪽 1칸을 마루로 하고, 오른쪽 2칸은 방으로 했다.

서석은 상서로운 돌로 복을 바라는 기복의 의미를 담고 있다. 서석들을 모아 연지에 담아 놓고, 수시로 바라보며 자손대대에 걸쳐 가문이 번성하기를 바라는 마음이 가득 담겨 있는 것이다. 서석지에는 자연석인지 인위적으로 설치한 돌인지 구분되지 않은 돌이 대략 60여 개 있다. 정영방은 각 돌에 이름을 붙이고 의미를 부여했는데 경정 아래 기단에 열을 지어 놓고 옥성대(玉成臺)라 했으며, 그 앞의 서석을 상경석, 낙성석, 조천촉이라 했다. 특히 서석들은 영귀제(詠歸堤)라 불리우는 연못 동편에 집중되어 있는데, 이들도 수륜석, 어상석, 관란석, 화예석, 상운석, 봉운석, 난가암, 통진교, 분수석, 와룡석, 탁영석, 기평석, 선유석, 쇄설강, 희접암 등 고유의 이름을 부여해 서석지에서 바라본 차경뿐 아니라 별원 안을 또 하나의 세상으로 구획했다.

사진 2
서석지를 감상하기 위한
성사인 경정

영양 서석지 261

사진 1
5량 구조인 경정의 대청
가구 상세

사진 2
경정 전면의 우물마루와
계자난간

사진 3
경정의 귀포

사진 4
활짝 핀 연꽃을 새긴
경정의 화반

사진 5
경정에서 바라본 서석지

사진 6
서석지에서 바라본 주일재

사진 7
주일재 대청

사진 8
장판각

사진 9
자양재와 수직사

사진 10
서석과 사우단

사진 11
서석지의 출수구

영덕 충효당

盈德 忠孝堂

소재지	경북 영양군 창수면 인량6길 48
건축 시기	성종 연간
지정 사항	중요민속문화재 제168호
소유자	이용태
구조 형식	안채: 3량가, 맞배 기와지붕
	사랑채: 3량가, 팔작+맞배 기와지붕
	충효당: 5량가, 팔작 기와지붕

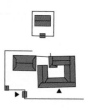

지붕 평면도

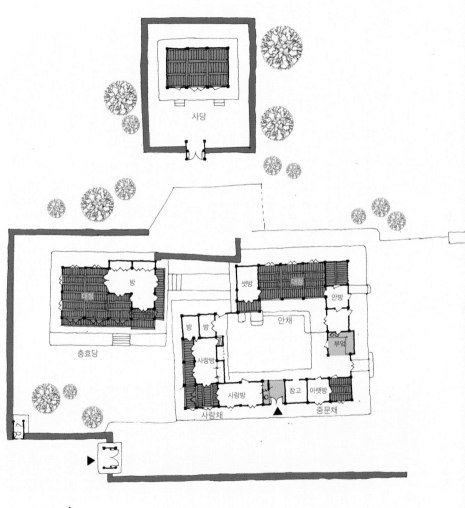

사당

충효당

방

대청

방 방

사랑방

사랑채

샛방 대청

안방

안채

부엌

사랑방 창고 아랫방

중문채

N

0 2.5 5m

배치 평면도

영덕 충효당은 재령이씨의 입향 시조인 이애(李曖, 1480~1561)가 조선 성종 연간에 창건했다. 퇴계 이황의 성리학을 계승·발전시켜 영남 유학을 중흥시킨 이현일(李玄逸, 1627~1704)이 태어난 곳이다. 현재 모습은 뒤쪽의 한 단 높은 자리로 옮겨 지은 것이다. 사랑 공간 겸 서당인 충효당은 선조 연간에 지어졌다.

사주문으로 된 대문이 측면에 있어 가까이 다가가기 전까지는 입구를 인지하기 어렵다. 다만 멀리서도 출입구의 위치를 추정할 수 있게 해 주는 것은 충효당과 사랑의 지붕 형태이다. 사랑채는 추녀마루가 있는 팔작으로, 사랑채 오른쪽에 있는 중문채의 지붕은 박공으로 해 사랑채의 위계를 높이면서 두 공간 사이에 출입구가 있음을 암시한다. 사주문을 지나 집 안으로 들어가면 툇마루가 있는 충효당과 안채로 들어갈 수 있는 중문채가 보인다. 중문채가 있는 'ㄴ'자 형 사랑채는 'ㄱ'자 형 안채와 만나서 튼 'ㅁ'자 형을 이룬다. 그러나 평면을 자세히 보면 완전한 'ㅁ'자 형이었는데 후대의 어느 시점에 사랑채를 이동·확장하면서 튼 'ㅁ'자 형으로 변화되었음을 알 수 있다. 사랑대청 옆의 한 단 낮게 만들어진 툇마루와 부섭지붕 그리고 기둥의 장부구멍 등에서 사랑채의 이동과

사진 1
진입로에서 바라본 충효당

확장 흔적을 확인할 수 있다. 이처럼 사랑 공간을 확장하는 것은 조선 중기 이후에 주로 나타나는 현상인데 대부분 'ㅁ'자 형의 기본 틀을 유지하면서 퇴를 덧달고 지붕을 팔작으로 변경하는 방법을 사용했다.

충효당은 정면 4칸, 측면 2칸의 팔작집이다. 집 안에서 규모가 가장 크고, 높은 기단 위에 우뚝 세워져 있어 누가 보아도 이 집의 중심 건물임을 알 수 있다. 오른쪽 모서리에 'ㄱ'자 형으로 2칸 반 규모의 온돌방이 있고 나머지 부

사진 2
사랑채는 충효당 쪽을 정면으로 하고 있어 대청과 퇴가 충효당 쪽으로 열려 있다.

사진 3
중문채 동쪽면

분은 모두 마루이다. 대청 쪽에 면한 방에는 사분합들문, 쌍여닫이문을 달아 문을 모두 열면 마루와 함께 넓게 사용할 수 있다. 'ㄱ'자 형의 방 전면 오른쪽에는 한 단 높은 툇마루를 설치해 평소 책 읽는 공간으로 만들었다. 대청의 전면에는 분합문을 달아 폐쇄적인 느낌이 강한데 전면을 개방하고 '卍'자 형 난간을 돌린 툇마루가 이런 폐쇄적인 느낌을 감소시켜 준다. 〈충효당기(忠孝堂記)〉에는 동쪽 방에 따로 소루(小累) 2칸이 있었다고 나오는데 지금은 없어졌다.

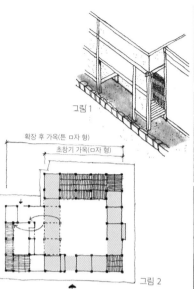

그림 1

확장 후 가옥(튼 ㅁ자 형)

초창기 가옥(ㅁ자 형)

그림 2

사진 1, 그림 1
사랑방 후면의 내외벽.
사랑방은 전면에 툇마루를
두고 후면에는 반침을
설치했다. 사랑방 2칸 중
한 칸은 반침으로 쓰고
나머지 칸의 2/3에는
벽장을 설치하고 아래에
아궁이를 두었다. 1/3은
외여닫이문을 달아
사랑방에서 안채로 출입할
수 있도록 하면서도
자연스럽게 내외벽의
역할을 하게 했다.

사진 2
안대청 가구 상세

사진 3
중문에서 바라본 안채.
가운데 넓은 대청에서
당당함을 볼 수 있다.
샛방에 지붕을 별도로
달아 낸 것이 특징이다.

사진 4
충효당은 대부분 대청으로
구성되어 있으며 본채와
별동으로 배치했다. 조선
전기 사랑의 기능과
서당의 기능을 함께 했던
시대적 특징이 담긴
건물이다.

사진 5, 6
충효당 대청 가구 상세

사진 7
충효당의 방 앞에 있는
툇마루는 분합문을 달지
않고 '卍'자 형 난간만 둘러
폐쇄적인 느낌을 감소시켜
준다.

그림 2
충효당 안채의 간잡이
변화

그림 3
충효당 툇마루 난간의
연귀촉맞춤 상세.
연귀촉맞춤은 강도가 높은
우리 전통의 맞춤법이다.

그림 3

영덕 화수루 일곽

盈德 花樹樓 一廓

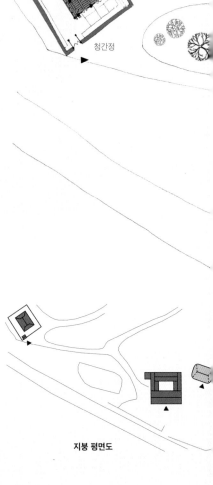

소재지	경북 영덕군 창수면 장육사길 363
건축 시기	화수루: 18세기 초 · 중엽 추정
	청간정: 1808년
	까치구멍집: 17세기
지정 사항	중요민속문화재 제260호
소유자	권장호
구조 형식	화수루: 5량가, 맞배 기와지붕
	청간정: 5량가, 팔작 기와지붕
	까치구멍집: 3량가, 우진각 초가지붕

지붕 평면도

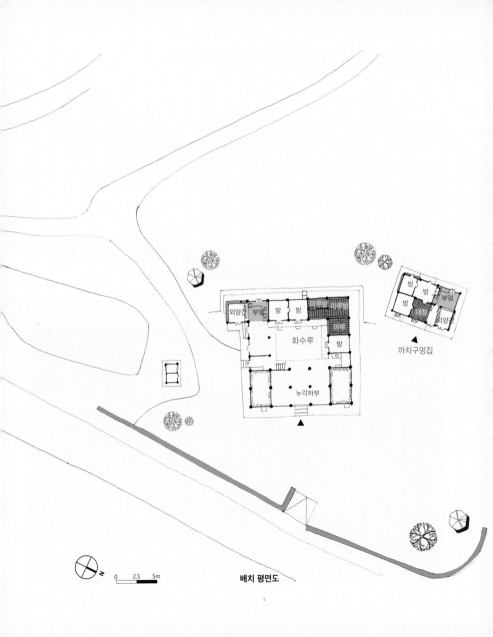

외양간 부엌 마루방 마루방

방 방 마루

화수루 방

누각하부

방 방 부엌

방 대청 외양간

까치구멍집

배치 평면도

0 2.5 5m

화수루는 운서산 줄기가 동쪽으로 뻗어내려 울령천을 만나는 지점의 낮은 언덕에 동향으로 자리 잡고 있다. 이 언덕은 울령천이 휘감아 돌아가는 빼어난 경관을 지닌 곳이었으나 현재는 화수루와 울령천 사이에 도로가 지나가면서 경관이 다소 반감되었다.

　영덕 화수루 일곽은 권희언(權希彦)의 묘제를 지내기 위한 옥천재사와 이에 딸린 정자인 청간정 그리고 일곽의 관리 및 묘제의 보조 역할을 하는 주사(廚舍: 까치구멍집)가 포함된다. 묘소는 뒷산 너머에 자리 잡고 있다.

　화수루는 옥천재사 전면의 2층 누각을 말하며, 17세기 경에 건립되었다고 하나 확인이 어렵고, 관련 기록과 건물의 양식으로 보아 18세기 초·중반에 건립된 것으로 추정된다. 청간정은 1808년년에 지어졌고, 주사인 까치구멍집은 17세기경에 지어진 것으로

사진
청간정에서 본 화수루와
까치구멍집

전한다.

2층 누각인 화수루의 아래층에는 출입문이 있고 2층의 온돌방 난방을 위한 구들이 있다. 2층은 묘제 전날 제례에 참가하는 문중 사람들이 업무를 나누고 문중회의를 하는 공간이다. 혹시 제사 당일 비가 와서 묘제를 치루지 못할 경우 제례를 치루는 3칸 대청이 있다. 양쪽 온돌방은 종손과 문중 어른들이 사용한다. 전사청 역할을 하는 화수루의 배면은 'ㄷ'자 형으로 이루어져 있다. 제관실이 있는 몸채와 부엌, 방, 마루 등이 있는 양 날개채로 구성된다.

일곽의 건물 중 가장 높은 곳에서 울령천의 기암을 바라보며 자리 잡고 있는 청간정 일대는 경관이 일품이다. 3×2칸 규모로 전면은 누각 형식이고 배면은 단층이다. 배면 왼쪽에 방 2칸이 있고, 출입은 배면 오른쪽 판문으로 하도록 되어 있다. 상부 가구와 벽체의 흔적 그리고 배면의 판문으로 출입하는 것 등을 고려해 볼 때, 원래는 배면 가운데만 방이고, 출입도 지금과는 다른 형식이었을 것으로 추정된다.

까치구멍집은 방이 앞·뒤 두 줄로 배치되면서 가운데에 마루를 두는 영동지역 양통집의 형태를 잘 간직한 집이다. 양통집에서만 나타나는 시설인 실내의 배연과 채광을 위한 지붕 합각부의 까치구멍도 잘 남아 있다. 대문을 들어서면 봉당을 사이에 두고 마루와 외양간이 마주보고 안쪽에 정지가 있는데, 부엌 앞의 작업공간인 봉당을 할애해 외양간을 들인 것은 보기 드문 평면 구조이다. 부뚜막과 봉당 사이 간벽에는 조명을 위해 두둥불을 두는 화창이 잘 남아 있다.

화수루 일곽은 이 지역의 대표적 누각형 재실 건축이며, 주사와 정자 등이 일곽을 이루고 있어 가치가 높다.

사진 1
2층 누각인 화수루는
나지막한 언덕을 배경으로
자리한다.

사진 2
2층에 있는 방의 난방을
위해 아래층에는 구들을
들이고 전면으로 굴뚝을
뺐다. 가운데 문설주가
있는 영쌍창 형식의 창이
있는 것을 통해 고식
건물임을 알 수 있다.

사진 3
화수루 누각 하부 진입로

사진 4
누하에 있는 아궁이

사진 5
화수루 누각에 오르는
계단

사진 6
3칸 모두 크기와 형태가
다른 문이 설치되어 있는
왼쪽 날개채

사진 7
외부에는 말이 들어가는
문을 두었다. 판벽보다
단열 효과가 좋은
토석벽으로 마감한 것은
산간지역의 특징이다.

사진 8
마당에서 본 몸채

사진 9
종손실 내부 보의 문양

사진 10
넓은 대청을 중심으로
양쪽에 방이 있다.
영쌍창을 달고 창살
간격이 넓은 것을 통해
고식 기법임을 알 수 있다.

사진 1
화수루 오른쪽면과 배면.
본채와 날개채는 지붕의
높이를 달리해 위계를
구분했다.

사진 2
누각 형식으로 구성한
청간정 정면

사진 3
중도리와 방 사이의
천장은 정자에서 잘
사용하지 않는 빗천장으로
했다.

사진 4
2칸 규모인 청간정의 방은
인방 흔적과 가구 구조를
봤을 때, 가운데 칸만
방이고 나머지는 마루였을
것으로 보인다.

사진 5
경북지역 양통집의 특성을
잘 보여 주는 까치구멍집

사진 6
초가 합각부에 까치구멍이
있다.

사진 7
충량 위에 대공을 걸고
그 위에 도리를 '十'자로
걸어 합각을 구성했다.
까치구멍집에서 보기드문
방식이다.

사진 8
봉당을 중심으로 마루,
외양간, 부엌이 있고
그 중심인 부뚜막 옆에
화창을 뚫어 두둥불을
놓아 주변 공간을 밝혔다.

영덕 영양남씨
난고종택

盈德 英陽南氏 蘭皐宗宅

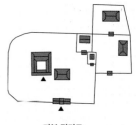

지붕 평면도

소재지	경북 영덕군 영해면 원구1길 13-11
건축 시기	1624년
지정 사항	중요민속문화재 제271호
소유자	남석규
구조 형식	안채: 5량가+3량가, 팔작+맞배 기와지붕
	만취헌: 5량가, 팔작 기와지붕
	난고정: 5량가, 팔작 기와지붕

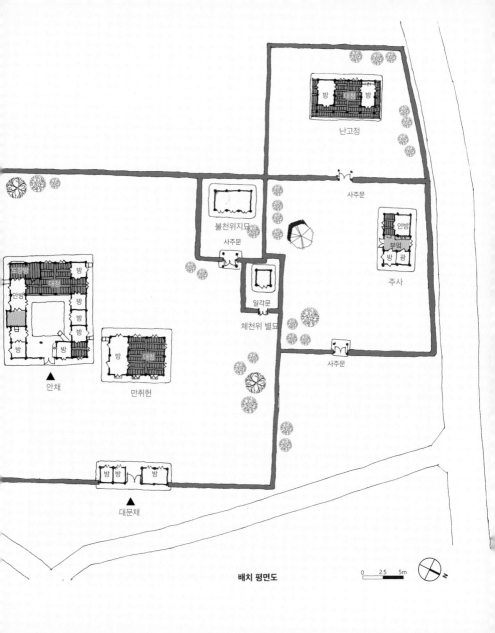

난고정

사주문

불천위지묘

사주문

일각문

체천위 별도

안방

부엌

방 광

주사

사주문

툇간방

대청

방

안방

방

방

방

방

안채 ▲

방

대청

만취헌

방 방   방

대문채 ▲

배치 평면도

0   2.5   5m

영덕 영양남씨 난고종택의 이름인 '난고(蘭皐)'는 임진왜란 때 의병장을 지낸 남경훈(南慶薰, 1572~1612)의 호이다.

주사를 제외한 전체 건물이 동향하고 있다. 대문을 들어서면 사랑채인 만취헌이 보이고, 왼쪽에 'ㅁ'자 형 안채가 있다. 만취헌 오른쪽 뒤편에 별묘와 불천위사당이 위계를 달리해 자리 잡고 있으며, 오른쪽에 최근 이축된 난고정과 주사가 일곽을 이루고 있다.

안채는 'ㅁ'자 형으로 호화롭지 않은 사대부의 생활공간을 충실히 따르고 있다. 2칸 겹으로 된 안대청을 중심으로 왼쪽에 고방이 있고, 오른쪽에 온돌방이 있으며 툇간이 있다. 온돌방 상부에는 더그매가 있는 것을 비롯해 상부 가구법에서 조선 중기의 경북 북부지역의 특징이 잘 드러난다.

집안 남성들의 모임 장소로 사용된 만취헌(晚翠軒)은 안동 양진당의 사랑채와 평면이 유사하다. 팔작지붕으로 합각이 안쪽으로 깊이 구성되어 용마루 길이가 짧은 반면 귀마루가 길어 안채의 맞

사진 1
대문간에서 본 난고종택

배지붕과 잘 조화되고 있다.

사당 영역은 불천위 사당과 체천위 별묘가 별도로 구획되어 있는데, 불천위 사당은 뒤쪽 넓은 영역에 3칸 규모의 건물과 사주문을 가지고 있는 반면 체천위 별묘는 좁은 영역에 1칸 건물과 일각문만 설치해 사당과 별묘의 위계를 확실히 구분했다. 3칸 규모인 사당은 내부 왼쪽 1칸에 불천위를 모시고, 가운데 칸과 오른쪽 협간에 4대 신위를 모셨다. 가운데에 칸막이를 설치해 공간을 구분했다.

난고정과 주사는 담장과 문으로 구획된 별도의 영역을 가지고 있다. 난고정은 민가에서 보기 드문 누각 형식의 정자로 화려하지 않지만 건실해 보인다. 사주문을 들어서면 오른쪽에 있는 계단을 이용해서 드나들 수 있게 되어 있는데, 계단을 올라서 목재살을 따라 들어가게 했다.

사진 2
대문 너머로 만취헌이 보인다.

주사는 난고정의 관리사로 평면과 배치 구성에서 경북 북부지역의 까치구멍집과 부분적으로 유사한 면을 보인다. 쌍여닫이 판문을 열고 들어서면 가운데에 2칸 부엌이, 부엌 왼쪽에 2칸 마루, 2칸 안방이 있고, 오른쪽에는 1칸 방, 1칸 광이 있다. 평면 구조가 독특하다.

사진 1
만취헌

사진 2
만취헌 대청

사진 3
만취헌의 상부 가구 상세

사진 4
만취헌 대청의 방

사진 5
안채 중문

사진 6
중문에서 본 안채

사진 7
안채는 우물마루로 된 6칸 대청을 중심으로 양 옆에 종부가 기거하는 2칸 안방과 며느리가 기거하는 1칸 상방이 있다.

사진 8
바닥에 우물마루를 깔고
쌀, 반찬, 술독 등의
물품을 보관하는 안방 뒤
도장방. 도장방 오른쪽
대청 쪽으로 돌출된 1칸은
윗고방이다. 윗고방에는
장마루를 깔고 제기와
제수를 보관한다.

사진 9
난고정의 양쪽 협간
아래에는 각각 아궁이와
굴뚝을 시설했다. 굴뚝을
두 개씩 둔 것이 특이하다.

사진 10
난고정 난간 상세

사진 11
난고정 대청 상부 가구
상세

사진 12, 13, 14
사당은 내부 후면 벽
상부에 벽감을 두고
신위를 모셨고 그
아래에 제상을 설치했다.
벽감 바로 아래 경첩을
이용해 제상을 달아 놓고
평소에는 올려 놓았다가
제사가 있을 때는 막대를
받쳐 제상을 펼치는
독특한 구조이다. 사진
13은 제상을 펼치기 전
모습이고 사진 14는
제상을 펼친 모습이다.

상주 양진당

尙州 養眞堂

소재지	경북 상주시 낙동면 양진당길 27-4
건축 시기	1628년
지정 사항	보물 제1568호
소유자	풍양조씨장천파종중
구조 형식	양진당: 5량가, 맞배 기와지붕

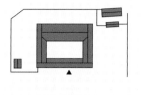

지붕 평면도

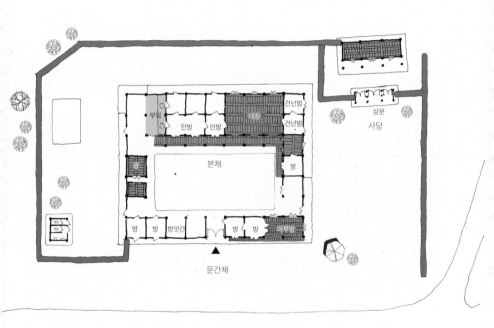

부엌 안방 안방 대청 건넌방

광 건넌방

본채 방

광

방 방 방앗간 방 방 마루방

삼문

사당

문간채

0 2.5 5m

배치 평면도

상주 양진당은 1626년 풍양조씨의 선조인 검간 조정(黔澗 趙靖, 1555~1636)이 안동군 임하면 천천동에 있던 건물을 해체한 후 뗏목을 띄워 낙동강을 건너 옮겨 지은 것으로 1628년에 완공했다. 초창 때에는 99칸의 종택으로 창건되었다고 전하며, 1980년 해체 시 "天啓六年丙寅十二月二十八日丙辰上監董趙基遠"이라는 상량묵서명이 발견되어 창건 연대를 확인할 수 있다. 또한 종도리에서 발견된 "崇禎後一百八十年丁卯十一月十八日乙酉上宅主趙述謙"이라는 기록을 통해서 1807년에 중수한 사실을 확인할 수 있으며, 더 이상의 기록이 확인되지 않는 것으로 보아 지금까지 원형을 잘 유지하고 있는 것으로 볼 수 있다.

사진
상주 양진당 전경

1980년까지 정침과 오른쪽 날개채 그리고 반 정도 유실된 상태의 왼쪽 날개채가 있는 'ㄷ'자 형으로 유지되어 오다가 1981년에 왼쪽 날개채를 복원하고, 사주문과 담장 등을 신설했다. 이후 2004년 발굴 조사를 통해 상주 양진당의 전면에 문간채가 있고 동쪽에 사당과 사랑채가 있었음을 확인하고 문간채와 사당 영역은 복원했으나 사랑채는 복원하지 않았다. 이때 담장, 화장실, 배수로 등도 정비·신설해 현재에 이른다. 현재는 정침, 양 날개채, 문간채가 'ㅁ'자 형을 이루고 있다.

　　정침의 몸채에는 3칸 온돌방을 겹으로 두어 6칸을 만들고, 3칸 통 대청을 두어 50명 이상이 제사를 지내거나 모임을 가질 수 있도록 했다. 이런 구성은 보기 드문 대 공간이다. 또한 온돌방을 겹으로 둔 것도 특이한 구성이다. 서쪽 끝부분에는 2칸 정지를 두어 중심 공간을 보조하고, 동쪽 끝부분에는 2칸 온돌방을 두었다. 안마당 쪽에 면한 창호 세 곳에는 모두 하부에 머름이 있는 영쌍창을 달아 툇마루에서 직접 방으로 출입할 수 없도록 하고, 방으로 들어가는 모든 출입은 대청 쪽에 설치된 문을 통해 들어갈 수 있도록 했다. 또한 후면에 있는 방은 모두 전면의 방을 거쳐 드나들 수 있는 특이한 구조이다.

　　겹집은 전퇴가 없는 경우가 많은데, 상주 양진당에는 전퇴가 있다. 이것은 집의 연혁과 퇴의 구조를 볼 때, 초창 때부터 설치한 것이 아니라 1808년 중창 시에 첨가된 것으로 추정된다. 툇간이 설치되기 전에는 겹집 형태가 아니었을 가능성도 배제하기 어렵다.

　　동쪽 날개채에는 마루방, 온돌방과 누다락으로 구성된 2칸 마루방을 배열했고, 서쪽 날개채에는 4칸 마루방을 두었다. 'ㅡ'자 형의 대문채에는 대문, 마루방, 온돌방, 창고가 있다.

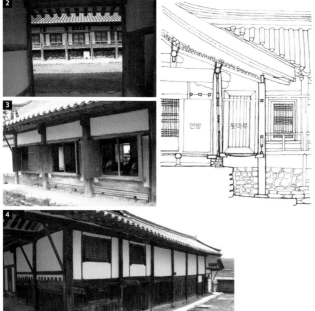

사진 1, 그림
일반적으로 경사지에 자리한 건물의 기단은 전면과 후면의 높이를 같게 해 기단에서 바로 대청으로 올라갈 수 있도록 구성하는데, 양진당은 경사진 지형임에도 불구하고 전면과 후면에 동일하게 외벌대 기단을 설치하고, 전면은 지형 차를 이용해 바닥에서 띄워 전퇴를 두고 양 측면의 계단으로 드나들게 한 특색 있는 구조이다.

사진 2
대문에서 본 정침

사진 3
대청 배면 판문. 고식 기법인 영쌍창 판문을 달았고 하부에는 통기구가 있다.

사진 4
양진당 서쪽 후면

사진 5
정침 상부 가구 상세. 5량 구조로 보아지에 초각만 한 간단한 구조이다.

사진 6
초각한 보아지

안방   뒷마루

사진 7
양진당의 전면 툇간은
본채와 연결되지 않고
별도의 기둥으로
구성했다. 일반적으로
툇간은 툇보를 걸어
연결하는데, 양진당
정침의 툇간은 마루귀틀과
부연에서 고정하고
그외에는 결구한 곳
없이 마무리한 점이
특이하다. 정침 정면의
장연의 주심도리 밖은
각형, 내부는 원으로
치목해 둔탁해지기 쉬운
툇간을 가볍게 처리했다.
이처럼 각형의 장연은
안동 송소고택에서도
부분적으로 나타난다.

사진 8
양진당의 특색 중 하나는
양 날개채의 내·외부
곳곳에서 인방뺄목이
보인다는 점이다. 한
자에서 두 자 이상을
내밀고 두 개가 있는 것도
있다. 이 뺄목은 상층
마루귀틀이 기둥을 뚫고
내민 구조이다. 신영훈은
"다락집에서 아래층으로
떨어지지 않도록 선반처럼
마루를 내고 끝에 난간을
만들되 난간에는 청판을
끼워 안정성을 높였다."고
용도를 설명했다.

사진 9
툇간기둥과 마루귀틀

사진 10
서쪽 날개채 계단 하부

의성 소우당

義城 素宇堂

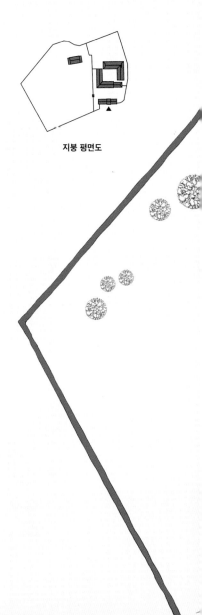

지붕 평면도

소재지	경북 의성군 금성면 산운마을길 55
건축 시기	1801년
지정 사항	중요민속문화재 제237호
소유자	이견
구조 형식	안채: 5량가, 팔작+맞배 기와지붕
	사랑채: 3량가, 팔작+우진각 기와지붕
	별당: 1고주 5량가, 맞배 기와지붕

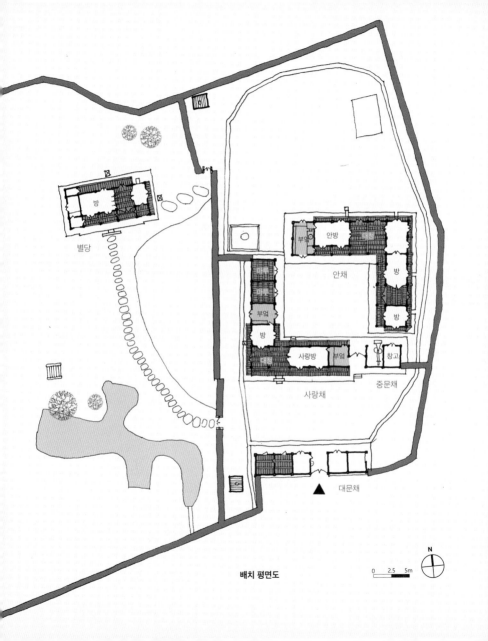

별당

방

방

부엌 안방 대청

마루

마루 안채 방

부엌

방 방

대청 사랑방 부엌 창고

사랑채 중문채

▲ 대문채

배치 평면도

0 2.5 5m

N

소우당은 영천이씨의 집성촌인 산운마을 가운데 북쪽 산밑에서 남향으로 자리하고 있다. 산운마을의 입향조는 학동 이광준(鶴洞 李光俊, 1531~1609)으로, 이 지역에서 명종 때부터 거주했다. 소우당은 소우 이가발(素宇 李家發, 1776~1861)이 1801년 초에 지었고, 안채는 1881년 지었다. 근래에 수리하면서 철거된 방앗간에 보관된 안채 상량대의 "光緖七年辛巳四月初九日申時立柱上樑"이라는 기록을 통해 알 수 있다.

'ㄱ'자 형 안채와 'ㄴ'자 형 사랑채가 'ㅁ'자 형을 이루고 있고 남쪽에 'ㅡ'자 형 대문채가 있어 전체적으로 '므'자 형 배치이다. 내담을 남북으로 두른 서쪽에는 넓은 별원이 있다. 별원의 일각문을 지나면 북쪽에서 남향으로 자리하고 있는 작은 별당을 볼 수 있다. 별원은 본채의 두 배 규모이다.

솟을대문을 들어서면 'ㄴ'자 형으로 정면 5칸, 측면 1칸 규모의 사랑채가 보인다. 대개 사랑채는 5량가로 하는데 소우당의 사랑채는 3량가이다. 이러한 공간의 협소함과 왜소함을 보완하기 위해 앞·뒤에 쪽마루를 달고 전면 쪽마루에 난간을 달아 장중해 보이도록 했다. 서쪽에 있는 별당에서 손님 접대와 같은 사랑채 역할을 했기 때문에 사랑채를 작게 구성한 것으로 추정된다. 사랑채의 구성은 서쪽부터 2칸 대청, 온돌 2칸, 부엌 1칸이 이어진다. 대청 북쪽에 있는 날개채에는 방 1칸, 부엌 1칸, 마루 2칸이 있다. 사랑채에 부뚜막이 있는 독립된 부엌을 둔 것이 특이하다. 사랑방의 북쪽에는 문이 없음에도 쪽마루가 달린 것을 볼 수 있는데 후대에 사용하면서 변형된 것으로 추정된다.

사랑채 동쪽에는 3칸의 중문채가 있다. 중문채에는 중문, 방앗간, 창고가 있다. 중문을 들어서 안마당의 대각선 방향에서 안채로

진입할 수 있다. 더러는 안채의 정중앙에서 진입하는 방식도 있으나 이에 비해 대각선 진입 방식은 좀 더 역동적이고 자유스러우며 사생활 보호에 효과적이다. 안채는 본채와 날개채 모두 전퇴가 있는 5량 구조이다. 대부분 날개채는 본채보다 규모를 줄여 3량 구조로 하는데 5량 구조로 한 것이 특이하다. 대개 날개채에는 창고나 다락을 두는데 이 집에는 마루와 방을 두고 거주용으로 사용하기 때문에 5량 구조로 한 것으로 추정된다. 거주 공간이 강조된 것이다. 소우당은 별원을 크게 조성해 안채와 사랑채의 공간 구성을 달리 한 것이 가장 큰 특징이다. 별원에는 지형을 이용해 곡선으로 구부러진 연못을 조성하고 연못가에는 가산(假山)을 두었다. 연못 옆에는 최근에 조성한 정자가 있는데 원래부터 있었는지 알 수 없다.

풍수에서 산은 양이요 물은 음이기 때문에 음양의 조화를 위해 산과 물을 같이 놓는다. 대개 뒷산이 양이기 때문에 집 앞에 음인 연못을 두게 마련인데 소우당에서는 가산으로 뒷산을 대신했다. 연못의 입수구는 북쪽에 있다. 연못의 수원은 별당이 있는 후원과 안채의 뒷마당에서 들어오는 암거를 통한 지하수를 이용한 것으로 추정된다. 별당으로 진입하는 길에는 박석으로 징검다리를 놓았다. 별당 후원과 측면에는 산석을 세워 석가산을 만들었다. 이러한 석가산이 남아 있는 한옥도 이제는 매우 드물다. 별원에는 작약, 목백일홍, 소나무, 전나무, 뽕나무, 산수유, 회양목, 잣나무, 가죽나무, 측백나무, 벚나무, 향나무 등 수십 종의 나무가 있다.

사진 1
중문에서 본 안채.
날개채에도 마루와 방을
둔 것으로 보아 거주성을
강조한 것으로 보인다.

사진 2
인재 오른쪽 날개채 끝
처마

사진 3
안채 툇보 기둥 상세.
사각기둥 위에서 두공과
장여를 수직으로 연결하고
그 위에 대들보와
도리를 결구한 일반적인
민도리집이지만 대청
부분에 뜬장여를 하나 더
두고 소로를 끼워 장식한
것이 다르다.

사진 4
안방 오른쪽 날개채 측면
쪽마루

사진 5
기단에 설치된 굴뚝은
중부 이남에서 가끔 볼
수 있는데 배연 기능과
모깃불 역할을 한다.

사진 6
별원과 본채 사이에는
샛담을 두르고 작은
일각문으로 드나들게
했다.

사진 7
손님 접대와 같은 사랑채의 역할도 하는 별당

사진 8
연못과 연못 주변의 석가산은 음양의 조화를 고려한 것이다.

사진 9
마치 내를 건너듯 선계에 든다는 의미로 깔아 놓은 박석이 별서의 정취를 더한다.

사진 10
연못을 건너 석가산에 이르는 널돌다리는 자연석을 최소한만 다듬어 설치했다. 세장하고 자연스러운 형태가 유선형의 연못과 잘 조화되며 서정적이다.

사진 11
별당 측면에는 다양한 입석으로 석가산을 만들었다.

송소고택

松韶古宅

소재지	경북 청송군 파천면 송소고택길 15-2
건축 시기	1880년
지정 사항	중요민속문화재 제250호
소유자	심민보
구조 형식	안채: 5량가, 팔작 기와지붕
	큰사랑채: 5량가, 팔작 기와지붕
	작은사랑채: 3량가, 맞배 기와지붕
	별당: 1고주 5량가+3량가, 팔작 기와지붕

지붕 평면도

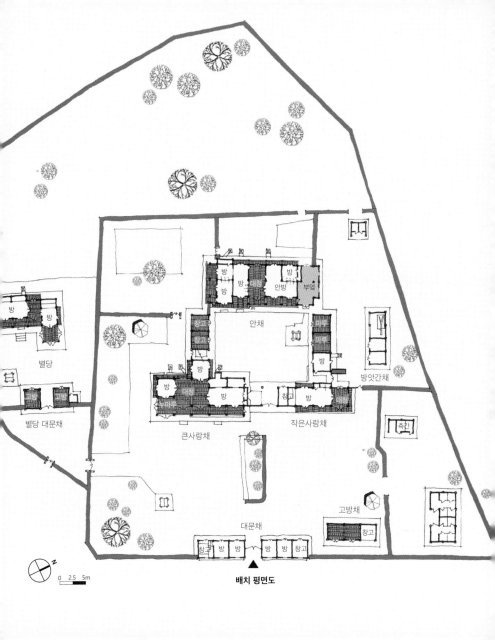

방 방

별당

방 방

고방 고방

별당 대문채

창고 창고

방

방 대청 누마루

큰사랑채

방 방 대청 안방 부엌

안채

윗마루 마루 방

방앗간채

측간

방 대청

창고 방

작은사랑채

고방채

고방 창고

대문채

창고 방 방 방 방 창고

배치 평면도

0 2.5 5m

조선 영조 때 심처대(沈處大)의 7대손 송소 심호택(松韶 沈琥澤)이 1880년 파천면 지경리(호박골)에서 조상의 본거지인 덕천리로 이거하면서 지은 집으로 '송소세장(松韶世莊)'이란 현판을 달고 있다. 심씨 가는 9대에 걸쳐 만석의 부를 누렸다고 한다.

솟을대문을 들어서면 북쪽에 고방채가 있고, 정면으로 큰사랑채와 작은사랑채가 있다. 사랑채 뒤에는 영남지방 'ㅁ'자 형 집의 특징인 중정마당을 중심으로 안채가, 큰사랑채 남쪽에는 별당이, 작은사랑채 북쪽에는 방앗간채를 비롯한 작업 공간이 있다. 안채와 사랑채는 양 날개채에 의해 연결되어 있다. 큰사랑채는 2칸 대청을 중심으로 오른쪽에는 내부에 벽장이 있는 2칸 방이, 왼쪽에는 전면에 문이 달린 누마루가 있다. 누마루 뒤에 방이 있다. 대청에는 들문이 있어 전면을 개방할 수 있다. 큰사랑채 북쪽에 있는 작은사랑채에는 중문, 2칸 방, 1칸 대청이 있다. 큰사랑채는 팔작지붕이고 작은사랑채는 맞배지붕으로 해 지붕의 형식과 높낮이, 기단의 높이 차를 이용해 위계를 명확히했다. 안채의 왼쪽 날개채와 연결된 작은사랑채 부분의 지붕은 작은 합각으로 구성했다. 왼쪽 날개채의 지붕 용마루가 작은사랑채의 지붕 용마루보다 높다. 작은사랑채 북측에는 협문이 있는데 작업 공간으로 통하는 문이다.

안채는 큰 규모

에 비해 1×2칸 규모의 비교적 작은 대청이 있다. 남쪽부터 툇마루와 연결된 1칸 방이 앞·뒤에 있고, 그 옆에 1×2칸 규모의 비교적 긴 건넌방이 있다. 대청 북쪽에는 'ㄴ'자 형 안방이 있고 안방 북서쪽 모서리에 1칸 규모의 방이 별도로 구성되어 있고 그 옆에 부엌이 있다. 안채와 사랑채를 둘러싸고 있는 양 날개채가 별동으로 있다.

큰사랑채의 남쪽에는 'ㄱ'자 형 별당이 있다. 돌출된 부분에는 조금 높게 마루가 있으며, 돌출된 면에는 모두 문을 달았다. 그 뒤에 1칸 방이 있고 옆에 대청과 2칸 방이 있다. 별당 앞에는 3×1칸 규모의 별당 대문채가 있다. 가운데 칸이 좁고 양 옆의 협간은 판문을 달아 고방으로 사용하고 있다.

집이 지어진 1880년 당시에는 궁궐을 제외한 민가는 99칸 이하로 제한했기 때문에 송소고택은 민가 중 최대 규모이며 장대하고 격식을 갖추었다.

송소고택에는 영역을 구분해 주는 마당과 담이 유난히 많은데 그중 눈길을 끄는 것은 대문을 들어서면 보이는 'ㄱ'자 형 내외담이다. 이 담은 큰사랑채와 작은사랑채의 마당 영역을 구분하면서 동시에 안채 중문으로 출입하는 사람들의 움직임을 볼 수 없도록 막아 준다. 또한 안채와 사랑채 사이의 담에는 동그랗게 뚫린 구멍이 있다. 이 구멍들은 평면상 일자형이 아니라 각도가 있어 바깥에서는 안쪽을 볼 수 없지만, 안쪽에서는 밖을 볼 수 있는 구조로 되어 있어 큰사랑채의 움직임을 파악할 수 있다.

종가임에도 불구하고 안대청이 협소해 제향을 올리기에는 적합하지 않다. 별당에서 제사를 모셨던 당시 사회 분위기가 반영된 것으로 보인다.

사진 1
큰사랑채

사진 2
사랑채 영역 구분과 외부
시선 차단 역할을 하는
사랑채 앞 내외담

사진 3
작은사랑채

사진 4
큰사랑채 마루 앞에는
긴 목재널로 디딤판을
설치했다.

사진 5
큰사랑채 마루 디딤판
결구상세

사진 6
쪽마루의 활용을 고려해
지붕을 길게 뺀 사랑채
왼쪽면.

사진 7
안채 오른쪽 날개채의
판문과 꽃담

사진 8
큰사랑 대청

사진 9
안채 건넌방의 비교적
넓은 툇마루는 협소한
대청을 보완해 준다.

사진 10
왼쪽 날개채 끝의 부엌

사진 11
별당

사진 12
사람 얼굴 모양을 한
'을묘(乙卯)' 명 망와

사진 13
큰사랑채 후면의 굴뚝

사진 14
안채와 사랑채 사이의
와편 토석담. 안쪽에서
밖을 내다보는 창 구실을
하는 구멍들이 있다.

사진 15
작은사랑채 옆 와편
토석담

청운동 성천댁

靑雲洞 星川宅

소재지	경북 청송군 청송읍 서당길 12
건축 시기	18세기 추정
지정 사항	중요민속문화재 제172호
소유자	신창석
구조 형식	안채: 3량가, 맞배 기와지붕
	사랑채: 3량가, 맞배 기와지붕

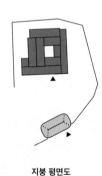

지붕 평면도

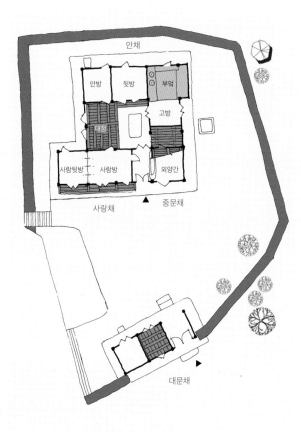

안채

안방 | 뒷방 | 부엌

대청

고방

사랑뒷방 | 사랑방

외양간

▲ 중문채

사랑채

대문채

0   2.5   5m

배치 평면도

조선 고종 때 행장능참봉을 지낸 임춘섭(林春燮)이 산 집으로 지어진 지 200년 이상되었다고 한다. 마을의 집들은 대부분 동쪽의 낮은 지역에 흐르는 용전천을 바라보며 동향하고 있는데 성천댁은 마을 서쪽 높은 곳에 남향으로 자리한다. 가옥은 토석담으로 둘러싸여 있으며, 서쪽으로 갈수록 지대가 높아져 대문채의 기단은 동쪽이 약간 높다.

'ㄱ'자 형 안채와 'ㅡ'자 형 사랑채, 'ㅡ'자 형 중문채가 'ㅁ'자 형을 이룬다. 사랑채의 방 1칸이 서쪽으로 돌출되어 있다. 매우 좁은 안마당이지만 가운데를 한 단 낮춰 단 차이를 두었다. 매우 좁은 대문이 있는 대문채는 초가이다. 돌출된 사랑뒷방 앞에는 계단을 놓아 집 뒤로 나갈 수 있도록 담을 일부분 만들지 않았다.

사랑채는 바라보았을 때 동쪽 2칸이 서쪽 2칸보다 간살이가 더 길다. 더 긴 간살이를 반으로 나누어 동쪽으로는 문을, 서쪽으로는 사랑방을 두었다. 중문을 들어서면 동향하고 있는 2칸 대청이 보인다. 대청 뒷면에는 판문을 기둥 쪽으로 치우쳐 설치해 문을 열면 빛이 대청 중심부로 모이게 했다. 대청을 중심으로 북쪽에는 안방과 뒷방, 부엌이 있다.

안방 맞은편에 2칸 사랑방과 돌출된 1칸 사랑뒷방이 있는 사랑채가 있다. 2칸 사랑방 앞에는 쪽마루가 있다. 사랑방 중 반 칸은 원래 쌀뒤주였다고 한다. 사랑방은 중문에서 바로 드나들 수 있는 문을 달지 않고 대청을 통해 드

사진 1
초가로 구성한 대문채

사진 2
중문은 남향이지만 대청은 동향하고 있는 공간 구성이 특색 있다. 합각지붕을 기본으로 부섭지붕들이 가설된 점도 눈여겨볼 만하다.

그림
성천댁은 안마당이 좁아 전체에 지붕을 덮으면 강원도 남부지역에서 볼 수 있는 9칸 겹집과 비슷해진다.

나들도록 했다.

지붕은 팔작지붕에 부섭지붕을 달았다. 남북방향과 동서방향 모두 낮은 합각이 있다. 사랑 뒷방은 맞배지붕이다. 안마당에서 보면 각각의 지붕처마가 안마당 깊숙이 들어와 있다.

대문채는 동쪽부터 대문, 마루방, 방이 있었으나 현재는 모두 방으로 사용하고 있다.

사진 1
중문 옆 외양간 외부

사진 2
중문채 동쪽 입면

사진 3
외양간과 상부 다락

사진 4
중문에서 본 안마당

사진 5
안마당에서 본 중문

사진 6, 7
안대청 상부 가구 상세.
안방과 사랑방의 기둥
사이에 큰 부재를 걸고,
그 위에 대들보를 걸어
대청의 가운데 기둥을
생략했다.

사진 8, 9, 10
대청 귀틀 맞춤 상세

사진 11, 12, 13
쪽마루 맞춤 상세

사진 14
외양간 판문

사진 16
용마루와 합각부 상세

사진 15, 17
고방 출입문(사진 15)과
빗장 상세(사진 17)

사진 18
부섭지붕이 있는 대청
면의 지붕 구조

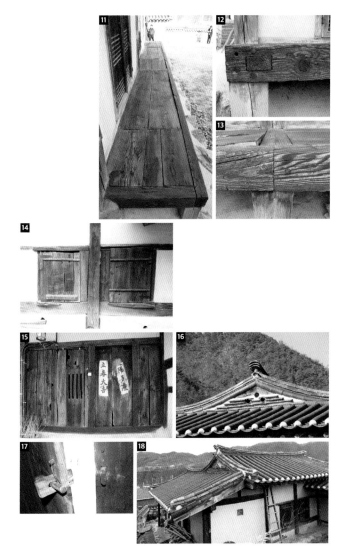

창양동 후송당

昌陽洞 後松堂

소재지	경북 청송군 현동면 청송로 2585-4
건축 시기	1935년
지정 사항	중요민속문화재 제173호
소유자	조창래
구조 형식	안채: 5량가, 팔작 기와지붕
	후송헌: 5량가, 팔작 기와지붕

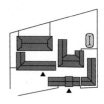

지붕 평면도

건넌방 대청 안방 부엌

안채

고방

사랑방

대청 사랑방

창고

방 방 방

중문채 ▲

후송헌

창고

창고

곳간채

창고 창고 ▤

대문채 ▲

N

0 2.5 5m

배치 평면도

함안조씨 세거지인 창양리 신창마을에 자리한 후송당은 후송 조용정(後松 趙鏞正)이 지은 집이다. 사랑채인 후송헌은 1935년, 안채는 1947년에 각각 지어졌다. 후송은 일찍부터 의술을 익혀 가난하고 병고에 시달리는 사람들을 치료하고, 1945년 현동공민고등학교(현 현동중학교)를 세워 인재 양성에도 애 쓰신 분이다.

평지에 자리한 후송당은 솟을대문이 있는 대문채와 곳간채, 사랑채인 후송헌이 사랑마당을 형성하고, 중문채, 안채가 안마당을 감싸고 있다.

'一'자 형 대문채는 솟을대문을 중심으로 양 옆에 방, 창고, 화장실 등이 있다. 행랑채 옆에는 'ㄴ'자 형 곳간채가 있다.

후송헌은 전면 4칸, 측면 2칸 반의 몸채에 안마당 쪽으로 꺾여 마루방과 고방이 있다. 누각 형태로 구성한 후송헌의 전면은 하부의 기둥을 낮춰 툇마루 좌·우측 온돌방에 사용하는 아궁이를 설치했다. 후송헌에 오르는 진입 계단은 중앙에 있는데, 기둥과 맞물려 있어 진입을 방해한다. 난간 끝부분의 처리도 말끔하지 않은 것으로 보아 후대에 설치한 것으로 보인다. 당초 사랑대청의 전면에는 미서기 유리창이 있었는데, 현재는 띠살분합문으로 교체되었다. 개방되어 있는 툇간 전면에만 사용한 원형기둥과 물익공 보아지, 독특한 형태의 툇마루 난간은 사랑채의 품격을 대변한다. 대청 부분은 5량가로 원형 판대공을 사용했다.

사진 1
대문채

사진 2
중문채와 대문채 전경

사진 3
후송헌은 전면 툇간에
원형기둥을 사용하고
툇마루 하부에는 아궁이를
들였다.

중문채에는 안마당으로 들어가는 중문, 외양간, 방앗간, 하인들이 거처하던 방과 부엌 등이 'ㄴ'자 형으로 배치되어 있다.

정면 6칸, 측면 2칸 규모의 'ㅡ'자 형인 안채는 오른쪽의 부엌을 제외하고는 전면에 반 칸 규모의 툇마루가 있다. 툇마루는 동귀틀을 사용하지 않은 장마루 형태로 구성했다. 대청은 전면 1칸으로 크기가 작다. 부엌의 벽체는 목재 판벽으로 하고 환기구멍을 뚫어 놓았다. 출입문의 빗장은 거북 모양이다. 원래 빗장은 부엌의 안쪽에 있었으나 현재는 바깥 쪽에 있다.

욕실과 변소를 사랑채 내부에 수용하고 안채 툇마루 고막이에 사용한 붉은 벽돌과 곳곳에 유리창문을 사용한 점 등은 광복을 전후한 시기의 우리 가옥이 변천하는 모습을 보여 주는 귀중한 자료가 되지만, 많이 변질되었다. 중문채 후면, 안채 왼쪽면과 부엌에 남아 있는 유리문을 통해 옛모습을 유추해 볼 수 있다.

후송당 뒤편 산기슭에는 조용정의 아버지인 일송 조규명(逸松 趙圭明)이 1835년에 건립한 일송정이 있다.

사진 1
사랑채 추녀와 말굽서까래

사진 2
사랑채 계단을 가운데의
기둥과 맞물려 놓아 동선
흐름이 방해 받는다

사진 3
사랑채 난간. 끝부분
처리가 깔끔하지 못하다.

사진 4
사랑채 난간 풍혈

사진 5
우물마루로 된 사랑채
툇마루. 온돌방의
전면에는 장마루를
깔았다.

사진 6
사랑채 툇마루 하부에
있는 아궁이

사진 7
안채

사진 8, 9, 10
근대기의 흔적이
남아 있는 유리 창문.
중문채(사진 8), 안채
왼쪽면(사진 9), 안채
부엌(사진 10)이다.

사진 11
안채 들문 걸이쇠

사진 12
안채 툇보

사진 13
장마루를 깐 안채 툇마루

사진 14
판벽에 뚫어 놓은 환기
구멍이 인상적인 안채
부엌

사진 15
안채 부엌 출입문의
빗장은 거북 모양이다.

구미 쌍암고택

龜尾 雙巖古宅

소재지	경북 구미시 해평면 해평2길 28
건축 시기	1635년
지정 사항	중요민속문화재 제105호
소유자	최열
구조 형식	안채: 3량가, 맞배 기와지붕
	사랑채: 5량가, 팔작 기와지붕
	사당: 3량가, 맞배 기와지붕

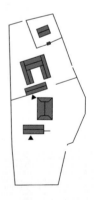

지붕 평면도

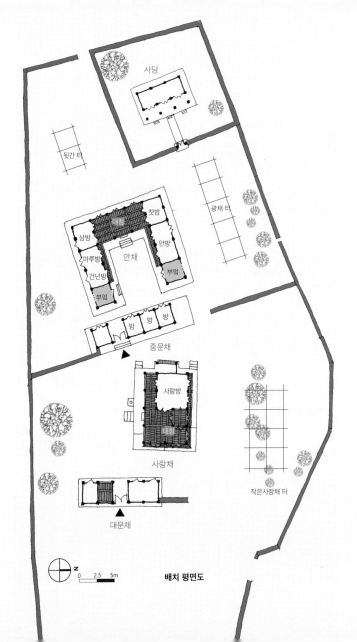

사당

뒷간 터

광채 터

찻방

대청

상방

안방

마루방

안채

건넌방

부엌

부엌

방 방 방

중문채

사랑방

대청

사랑채

작은사랑채 터

대문채

N

0 2.5 5m

배치 평면도

    쌍암고택은 1731년에 진사 최광익(崔光翊, 1731~1795)이 지은 것으로 알려져 있다. 그러나 안대청 상부의 장여에서 발견된 "崇禎 ○○亥十一月初四日"이라고 적혀 있는 상량문에 의해 을해년인 1635년에 건축되었음을 알 수 있다. 당호인 쌍암은 커다란 두 개의 바위를 의미한다. 실제로 집 주변에 큰 바위 두 개가 있었다고 한다. 그러나 하나는 대지의 분할 이후 신축 건물이 들어서면서 땅속에 묻혔다고 하고, 나머지 하나도 흔적 정도만 찾을 수 있다.

    쌍암고택은 대문채와 사랑채, 중문채를 비롯한 안채 영역의 축이 모두 제각각이다. 동향하고 있는 대문채를 들어서면 사랑마당이 나온다. 정면으로 중문채가 보이고 오른쪽에 남향한 '一'자 형 사랑채가 보인다. 중문채를 들어서면 안채가 보인다. 중문채와 안채, 사당은 축이 동에서 북으로 20도 정도 틀어져 있다.

    사랑채는 정면 4칸, 측면 2칸 반의 '一'자 형 겹집이다. 중문채 쪽에는 '田'자 형의 2칸 사랑방이 있고 대문채 쪽에 대청이 있다. 대청의 뒷면 2칸은 한 단 높여 왼쪽 1칸은 감실로 구성했다. 감실에는 항상 효를 생각하는 공간이란 뜻의 '효사고(孝思窩)'라는 편액을 걸어 놓았다. 오른쪽 1칸은 상주가 대기하는 공간으로 사용했

사진 1
진입부에서 본 대문채와 사랑채

사진 2
대문채에서 본 중문채

그림
쌍암고택의 각 건물은
축이 제각각이지만
안대청에서 대문이
정면으로 보인다. 대문을
드나드는 손님을 안채에
앉아서도 볼 수 있도록
배려한 것으로 보인다.
안주인에 대한 배려는
안방을 남향으로 배치해
종일 따스한 햇볕이
들도록 한 점에서도
엿보인다.

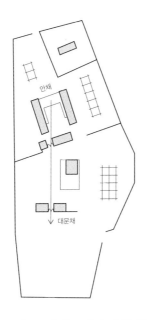

다고 한다. 사랑채의 전면에는 툇간을, 오른쪽과 뒤에는 쪽마루를 설치했다. 쪽마루는 걸터앉기에는 높게 설치되어 있는데 사분합세살창을 열기 위한 통로 정도로만 사용된 듯 하다. 외부기둥은 모두 원형기둥을 사용해 안채와 차별을 두었다. 사랑채 고주부에는 고주를 사용하지 않고 외부기둥과 같은 평주를 설치한 다음 민도리집과 같이 주두를 놓고 대들보와 장여, 도리를 설치하고 도리 위에 다시 동자주를 달아 외기도리를 받도록 했다. 특히 휜 목재를 그대로 사용한 대들보의 위로 솟은 부분에는 동자주를 놓고, 아래로 솟은 부분에는 충량을 걸었는데 자연의 구조미를 느낄 수 있다. 안채는 정면 5칸, 측면 2칸 몸체와 3칸씩을 덧댄 양 날개채가 'ㄷ'자 형을 이룬다. 가운데에는 비교적 규모가 큰 6칸 대청이 있다. 대청 오른쪽에는 다용도로 사용되던 찻방과 2칸 반 크기의 안방이 있으며 안방 아래에 부엌이 있었으나 현재는 찻방을 부엌으로 개조해 사용하고 있다. 대청 왼쪽에는 시조모가 살던 상방이 있고, 상방 아래에 마루방과 며느리가 거주하는 건넌방, 부엌이 있다. 안채의 가구는 3량으로 규모에 비해 소박하지만 나무의 굴곡이 그대로 살아 있는 대들보는 위용이 당당하다. 안채 뒤에는 전퇴가 있는 정면 3칸 규모의 사당이 있다.

사진 1
사랑채

사진 2, 그림
사랑채 가구 상세

사진 3
사랑대청보다 한 단 높게
설치한 감실과 오른쪽의
상주 대기 공간

사진 4
중문에서 본 안채

사진 5
안채는 3량가로 규모에
비해 작지만 휜 부재를
그대로 사용한 대들보의
위용이 느껴진다.

사진 6
안대청 앞에 달려 있는
5단 선반

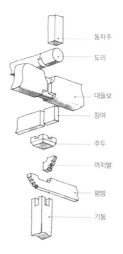

동자주

도리

대들보

장여

주두

까치발

평방

기둥

사진 7
몸채와 왼쪽 날개채의
지붕이 만나는 부분 상세

사진 8
사당은 정면 3칸으로
전퇴가 있다.

사진 9
중문에서 본 안채 왼쪽
날개채의 외벽

사진 10
용지판을 대지 않고
암키와를 이용해
화방벽으로 구성한 안채
오른쪽 날개채 부엌 부분
외벽

영천 매산고택 및 산수정

永川 梅山古宅, 山水亭

산수정 지붕 평면도

소재지	경북 영천시 임고면 삼매곡길 356-6
건축 시기	18세기 중엽
지정 사항	중요민속문화재 제24호
소유자	정재영
구조 형식	안채: 3량가, 맞배 기와지붕
	큰사랑채: 3량가, 맞배+팔작 기와지붕
	작은사랑채: 3량가, 맞배 기와지붕
	산수정: 3량가, 맞배 기와지붕

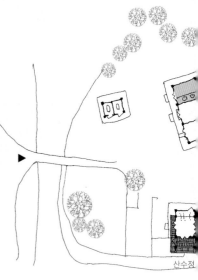

산수정

산수정 배치 평면도

0 2.5 5m

매산고택 지붕 평면도

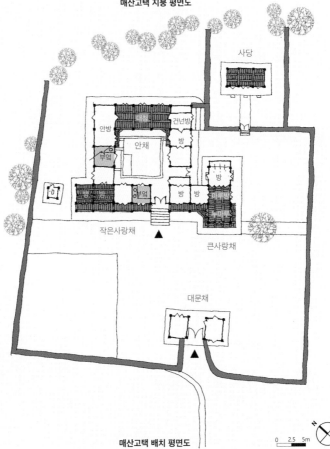

사당

대청

안방 건넌방

안채 방

누마루

안채 방

부엌 방 방

작은사랑채 방

마루방

큰사랑채

대문채

매산고택 배치 평면도

0 2.5 5m

N

매곡마을은 영천의 세 길지 중 하나이다. 주변의 산자락이 마치 꽃술을 감추고 보호하는 꽃잎처럼 겹겹이 둘러쳐진 형국이다. 매산고택은 꽃술 자리에 있다. 매산 정중기(梅山 鄭重器, 1685~1757)가 짓기 시작하고 둘째 아들인 정일찬(鄭一鑽)이 완성했다.

남서향으로 자리한 매산고택은 홑처마 3량가 맞배집으로 솟을삼문으로 되어 있는 대문채를 지나면 '一'자 형인 큰사랑채, 중문, 작은사랑채가 나란히 자리하고 중문을 지나면 'ㄷ'자 형인 안채가 보인다. 안채와 사랑채는 'ㅁ'자 형을 이룬다. 안채 동쪽으로 담장을 두르고 사당을 배치했다.

안채의 몸채는 왼쪽부터 2칸 안방, 3칸 대청, 1칸 건넌방으로 되어 있다. 왼쪽 날개채에는 1칸 부엌과 1칸 방이 있고, 오른쪽 날개채에는 방과 1칸 협문, 반 칸 쪽방이 있다. 자연석 기단 위에 덤벙주초를 올리고 대청 부분에는 원형기둥을, 다른 부분은 모두 각기둥을 놓았다. 안채는 평주에 대들보를 단 3량가로 초익공을 사용한 홑처마집이다. 지붕은 몸채와 날개채 모두 맞배인데 몸채의 지붕을 높여 날개채의 종도리 부분에 몸채의 합각을 구성했다. 안마당에는 자연석 기단 위에 갑석으로 화강석 장대석을 놓았는데, 보수하면서 변형된 것으로 보인다. 기단은 지형의 고저 차에 따라 안채의 몸채, 양 날개채, 사랑채 순으로 단 차이를 두어 설치했다.

사진 1
기존 암반을 이용해 세운
산수정

사진 2
산수정 툇간 가구 상세

사진 3
사랑채 전면에서 지붕을
처다보면 안채의 날개채
부분 합각이 보인다.
합각에는 환기를 위한
까치구멍이 있는데 두
합각의 구멍을 다르게 한
것이 재미 있다.

사랑채는 중문을 중심으로 왼쪽에 작은사랑채가 있고, 오른쪽에 큰사랑채가 있다. 큰사랑채는 2칸 방과 1칸 마루방이 있으며 앞과 뒤에 1칸씩 덧달아 각각 누마루와 방으로 사용하고 있다. 누마루의 전면에는 쪽마루를 설치하고 계자난간을 두르고 나머지 부분은 '亞'자 형 평난간을 둘렀다. 자연석 기단에 덤벙주초를 올리고 누마루 부분에만 원형기둥을 놓고 다른 부분에는 각기둥을 세운 3량가 홑처마 팔작지붕집이다. 작은사랑채는 왼쪽부터 2칸 마루방과 1칸 방, 1칸 문으로 구성되어 있으며 전면에 쪽마루를 설치하고 '亞'자 형 평난간을 둘렀다. 쪽마루에 세운 기둥은 추후에 설치된 것으로 추측된다. 사랑채와 같이 자연석 기단에 덤벙주초를 올리고 각기둥을 세웠다. 홑처마, 3량가, 맞배집이다.

사당은 자연석 기단에 덤벙주초를 올리고 원형기둥을 세운 초익공 겹처마 3량 구조이고 맞배집이다. 본채 서북쪽에는 기존 암반을 이용해 세운 정자인 산수정이 있다. 정면 3칸, 측면 1칸 반, 3량 구조 맞배집이다.

사진 1
사랑채 누마루 전면에 추녀를 받치는 활주를 세워 지붕의 처짐을 방지했다.

사진 2
큰사랑채의 회첨부 상세

사진 3
안채로 직접 드나들 수 있는 큰사랑채 배면의 협문

사진 4, 5
큰사랑채에는 계자난간(그림 4)과 '亞'자형 평난간(그림 5)이 설치되어 있어 두 난간의 형태와 구조를 비교해 볼 수 있다.

사진 6
대문의 각형 방환

사진 7
대문의 국화정

사진 8
사당 당판문의 정자쇠

사진 9
안채

사진 10
안대청

사진 11
안대청 배면의 판문

사진 12, 그림
안채 쪽마루
측장부연귀맞춤 상세

사진 13
사당은 지붕의 처짐을
방지하기 위해 도리뺄목
부분에 까치발을 덧댔다.

사진 14
외부에 인방처럼
가로부재를 설치하는
것은 이 지역만의 독특한
방식이다.

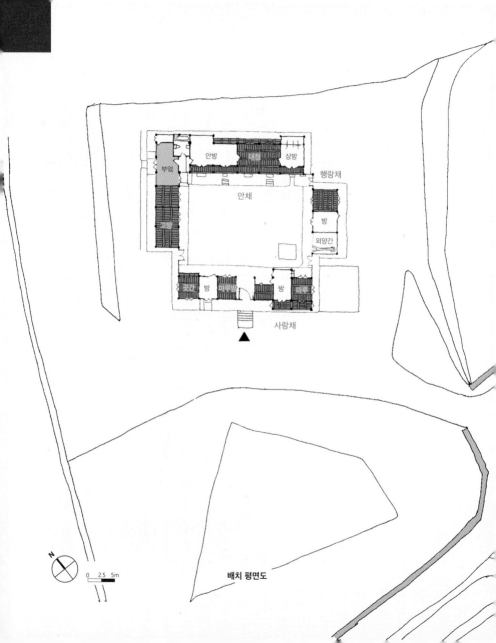

부엌

안방

대청

상방

행랑채

안채

고방

방

외양간

곳간 방 마루방 방 마루

사랑채

N
0 2.5 5m

배치 평면도

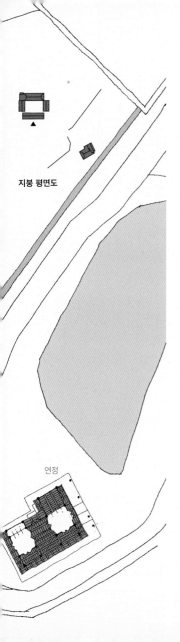

지붕 평면도

연정

영천 정용준씨가옥

永川 鄭容俊氏家屋

소재지	경북 영천시 임고면 선원연정길 49-10
건축 시기	1725년
지정 사항	중요민속문화재 제107호
소유자	정대준
구조 형식	안채: 3량가, 팔작+맞배 기와지붕
	사랑채: 3량가, 맞배 기와지붕

나지막한 언덕을 오르면 동쪽으로 연지와 정자가 보이고, 서쪽으로는 담장으로 둘러싸인 넓은 땅에 남동향으로 자리한 정용준씨가옥이 보인다. 안대청의 대들보 상부 홈에 있는 상량문에 의해 정용준의 8대조가 1725년에 지었음을 알 수 있다.

　'ㄱ'자 형 안채 앞으로 '一'자 형 사랑채와 행랑채가 튼 'ㅁ'자 형을 이룬다. 안채는 1칸 반 규모의 부엌과 2칸 안방, 2칸 대청, 1칸 상방이 있는 '一'자 형 몸채와 3칸 마루로 된 고방과 반 칸 규모의 부엌이 있는 왼쪽 날개채가 'ㄱ'자 형을 이룬다. 몸채는 앞과 뒤에 툇간이 있으며 자연석 바른층쌓기한 기단에 덤벙주초를 놓았다. 대청의 가운데에만 원형기둥을 사용하고 다른 부분에는 각기둥을 사용했다. 평주에 대들보를 올린 3량가 홑처마집으로 물익공 구조이다. 오른쪽에는 팔작지붕을 사용하고, 왼쪽은 방과 부엌 사이 반 칸 기둥 위에 합각을 두고 왼쪽으로 내림마루를 형성했다. 그래서 왼쪽의 지붕 길이가 조금 길어 보인다. 왼쪽 날개채는 자연석 기단을 놓고 덤벙주초에 각기둥을 세운 3량가 홑처마 맞배집이다. 고방과 반 칸의 부엌이 있는 부분에서 지붕의 형태가 달라지는데 지붕의 구성만 보면 몸채와 날개채는 각각 개별 건물로 보인다.

　대문을 중심으로 왼쪽을 작은사랑, 오른쪽을 큰사랑으로 볼 수 있다. 사랑채는 지형의 높이 차를 고려해 조금 높게 설치한 기단 위에 자리한다. 왼쪽부터 1칸 곳간, 방, 마루방, 대문이 있고 2칸 방, 1칸 마루가 있다. 오른쪽의 방과 마루 전면에는 반 칸 규모의 퇴를 두었다. 사랑채 역시 자연석 바른층쌓기 기단에 덤벙주초, 각기둥을 사용했다. 3량가 홑처마에 맞배지붕으로 구성되어 있다. 사랑채 배면에 설치되어 있는 벽장은 마치 가구를 만들 듯 정교하게 사개맞춤했다. 또한 왼쪽 배면에 설치된 벽장은 곡선의 까치발 위에 작은 주두를 올리고 반턱맞춤했다. 공들인 흔적이 역력하다.

행랑채는 왼쪽부터 1칸 마루방, 온돌방, 외양간으로 구성되어 있는데 외양간은 현재 방앗간으로 사용하고 있으며 디딜방아가 옛 형태 그대로 보존되어 있다. 자연석 기단, 덤벙주초에 각기둥을 사용한 3량가 홑처마 맞배집이다.

벽체의 벽선을 노출시키고 외부에 인방재처럼 가로부재를 덧대 벽체를 보호한 것은 지역의 특징으로 보인다. 옛 형태가 잘 남아 있는 대문의 둔테를 포함해 문에 설치되어 있는 여러 형태의 창호 철물은 또 다른 볼거리이다.

사진 1
지형의 높이 차를 고려해 조금 높게 설치한 기단 위에 자리한 사랑채

사진 2
안채는 자연석 바른층쌓기한 기단에 덤벙주초를 올리고 각기둥을 세웠다.

난간대 하엽

계자다리

난간청판

치마널

그림 1

사진 1
진입로에서 본
정용준씨가옥. 사랑채와
행랑채가 보인다.

사진 2, 그림 1
사랑채 계자난간 상세

사진 3
사랑채 배면 창호 입면.
둔테가 남아 있는 것으로
보아 예전에는 판문이었을
것으로 추정된다.

사진 4
벽체 위에 가로부재를
덧대 벽체를 보호한 것은
지역의 특징으로 보인다.

사진 5
안채 오른쪽면은 벽선을
노출하고 가로부재를
덧댔다.

사진 6, 그림 2
사랑채 오른쪽의 벽장은
건물의 가구법처럼 벽장을
받치는 까치발 위에
주두를 올리고 뺄목과
하방을 반턱맞춤했다.

사진 7, 8
사랑채 배면 벽장

사진 9
판문 철물

사진 10
판문 문고리

사진 11
연정

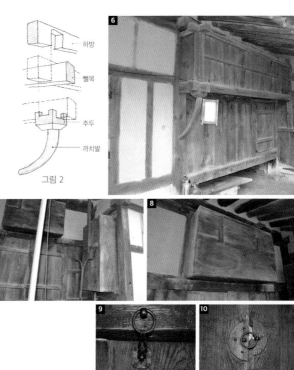

하방

뺄목

주두

까치발

그림 2

영천 숭렬당

永川 崇烈堂

소재지	경북 영천시 숭렬당길 1
건축 시기	1433년
지정 사항	보물 제521호
소유자	이수채 외 13명
구조 형식	숭렬당: 2고주 5량가, 맞배 기와지붕
	사당: 3량가, 맞배 기와지붕

지붕 평면도

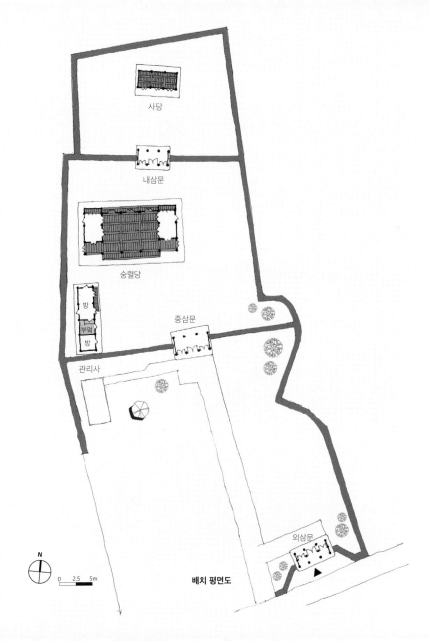

사당

내삼문

숭렬당

방

부엌

방

중삼문

관리사

외삼문

N

0 2.5 5m

배치 평면도

조선 세종 때의 명장 이순몽(李順蒙, 1386~1449) 장군의 집이었으나 후손이 없어 지방의 품관들이 조직한 자치기구인 향서당(鄕序堂)으로 사용되었다. 1614년 사림들이 강학 공간과 묘제 공간이 있는 사당으로 변형한 것이 지금까지 전해지고 있다. 중국 목수가 지었다고 한다.

전체 건물이 남향하고 있으며 중삼문부터 외삼문은 남동방향으로 축선이 틀어져 있다. 외삼문과 중삼문 사이 공간은 서쪽의 담장을 없애고 공원으로 조성했다. 중삼문을 지나면 전면에 강학 공간인 숭렬당이 있고 왼쪽에는 관리사가 있다. 숭렬당 뒤에 담장으로 둘러싸인 사당이 있다.

숭렬당은 가운데 3칸 대청을 중심으로 양 옆에 전퇴를 둔 방이 있다. 자연석 바른층쌓기한 기단 위에 덤벙주초를 두고 원형기둥을 세웠다. 초석과 맞닿은 기둥 하부에서 쐐기로 보강한 것을 볼

사진 1, 2
측면 처마의 처짐을 방지하기 위해 측면의 도리를 가운데 칸 중심부터 긴 부재를 사용하고 장여, 창방 등으로 보강했다.

사진 3, 그림 1
숭렬당. 양 옆에 부섭지붕을 달아 전체적으로 'ㅅ'자 형으로 보인다. 이는 팔작지붕의 변화 과정으로 볼 수 있다.

그림 1

수 있는데, 보수하면서 가능한 원래 기둥의 훼손을 적게 하기 위한 방법으로 보인다. 외목도리를 가진 5량 구조, 겹처마 이익공 형식인데 대청의 가운데 칸은 평주 위에 대들보를 올린 평5량가이고, 양 옆은 가운데 두 개의 기둥이 고주인 2고주 5량가이다. 이처럼 출목이 있는 이익공 형식의 공포는 처마를 길게 하기 위한 방법인데 일반 민가에서는 보기 어려운 방식이다. 기둥 상부의 공포나 종도리를 받치는 대공은 비례감이나 조각이 세밀하고 아름답다. 양 측면의 도리에는 길어진 처마의 처짐을 방지하기 위해 가운데 칸의 중심부터 긴 부재를 사용했다. 지붕은 대청 부분의 맞배에 양 옆에 부섭지붕을 달아낸 듯한 형태로, 옆에서 보면 전체적으로 '八'자 모양이다. 팔작지붕의 변화 과정을 보여 준다.

사당은 자연석 바른층쌓기한 기단 위에 덤벙주초를 두고 원형기둥을 세웠다. 홑처마 3량 구조, 맞배집이다. 사당 왼쪽에는 제례시 사용한 제문을 태우지 않고 보관하는 항아리가 땅에 묻혀 있다.

사진 4
숭렬당은 고식 가구법을 보이며, 2고주 5량가이다.

사진 5, 6, 그림 2
숭렬당의 일출목 이익공 공포 상세

그림 2

영천 만취당

永川 晚翠堂

소재지	경북 영천시 금호읍 종동길 25
건축 시기	1781년
지정 사항	중요민속문화재 제175호
소유자	조영배
구조 형식	안채: 3량가, 팔작+맞배 기와지붕
	큰사랑채: 5량가, 팔작 기와지붕
	작은사랑채: 3량가, 맞배 기와지붕
	새사랑채: 5량가, 팔작 기와지붕
	보본재: 5량가, 팔작 기와지붕
	사당: 3량가, 맞배 기와지붕

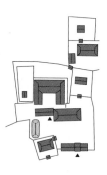

지붕 평면도

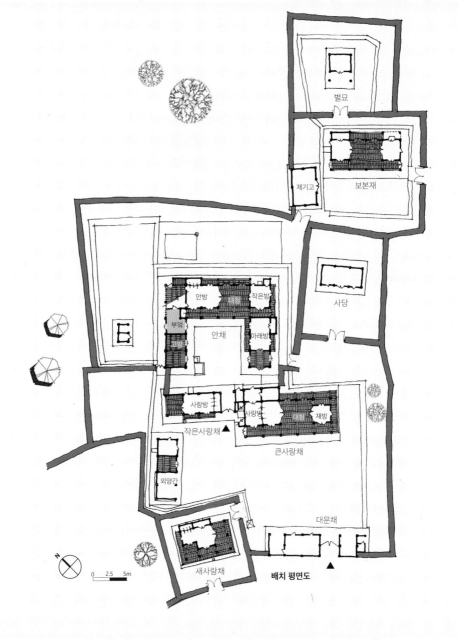

별묘

제기고　보본재

사당

안방　대청　작은방

부엌　안채　아래방

안채

사랑방

사랑방　대청　재방

작은사랑채　▲

큰사랑채

외양간

대문채

새사랑채　배치 평면도　▲

N

0　2.5　5m

사진 1
진입로에서 본 만취당

　서쪽의 낮은 구릉을 끼고 진입하는 만취당 앞에는 낮은 언덕에 조성된 과수원이 있고 남동쪽으로 시선 방향이 열려 있다. 조선 선조 때 성리학자인 지산 조호익(芝山 曺好益, 1545~1609)의 7대손으로 정조 때 전라도 병마절도사를 지낸 조학신(曺學臣, 1732~1800)의 집이다. 일제 때 소실된 것을 1915년에 조학신의 5대손인 성균관 진사 조석환(曺奭煥, 1874~1923)이 중건했다. 만취당은 큰사랑채의 당호이다.

　남서쪽에 있는 대문을 들어서면 사랑채가 보인다. 서쪽에는 담장으로 둘러싸인 새사랑채가 있다. 작은사랑채와 새사랑채 사이 서쪽에는 외양간이 있고, 큰사랑채와 작은사랑채 사이에는 안채로 들어갈 수 있는 중문이 있다. 안채와 사랑채는 튼 'ㅁ'자 형을 이룬다. 안채 동쪽에는 담장으로 둘러싸인 사당이 있고, 동북쪽에 제청(祭廳)인 보본재 있고, 그 뒤에 별묘가 있다. 안채, 사랑채, 새사랑채와 제청, 별묘를 모두 갖춘 조선시대 사대부집의 규모를 알 수 있는 귀중한 자료이다.

　'ㄷ'자 형인 안채의 몸채는 2칸 대청을 중심으로 왼쪽에 안방과 부엌이, 오른쪽에 방이 있으며 전퇴를 두었다. 왼쪽 날개채에는 고방과 부엌이, 오른쪽 날개채에는 마루방과 온돌방이 있다. 자연석 기단 위에 덤벙주초를 올리고 각기둥을 세웠다. 몸채와 날개채 모두 홑처마 3량가이다. 몸채의 종도리 상부에 덧서까래를 달아 지붕을 높이고 날개채의 종도리 위치에 합각을 만들어 몸채는 팔작지붕으로 구성하고 날개채는 맞배지붕으로 했다.

중문 왼쪽에는 작은사랑채가, 오른쪽에는 큰사랑채가 있다. 큰사랑채에는 전면에 툇간이 있는 2칸 사랑방과 2칸 대청, 1칸 재방(齋房)이 있다. 작은사랑채는 1칸 마루, 2칸 방, 반 칸 반침, 1칸 대문으로 구성되어 있다. 큰사랑채의 전면 툇간과 대청에는 원형기둥을 사용하고 다른 부분은 각기둥을 사용했다. 5량가 홑처마, 팔작지붕이다. 사랑대청의 종도리를 받치는 파련대공이 아름답다.

새사랑채는 담장으로 둘러싼 독립적인 공간으로 대문을 통하지 않고도 외부에서 바로 진입이 가능하도록 도로 쪽에 협문이 설치되어 있다. 2칸 방, 1칸 마루가 있고 앞과 뒤에 모두 쪽마루를 두고 난간을 둘렀다.

보본재는 가운데 2칸 대청과 양 옆으로 1칸 방이 있으며 전퇴를 두었다. 사당은 초익공, 홑처마 3량가, 맞배집이고, 별묘는 초익공, 겹처마 3량가, 맞배집이다.

사진 2
2칸 대청을 중심으로 양 옆에 온돌방을 둔 큰사랑채

사진 3
작은사랑채

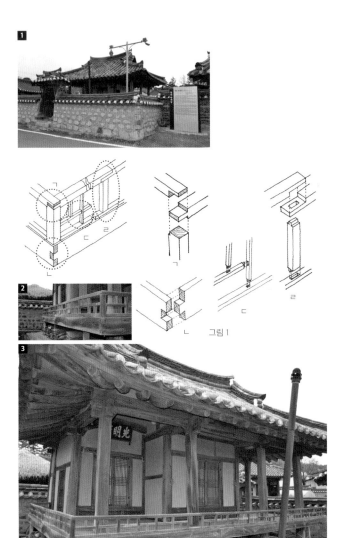

그림 1

사진 1
새사랑채에는 외부에서
바로 드나들 수 있도록
대문과는 별도로 협문을
달았다.

사진 2, 그림 1
새사랑채 대청 난간 상세

사진 3
새사랑채의 창호와
난간대는 화려하지는
않지만 단아하다.

사진 4
안채

사진 5, 그림 2
안채는 5량가 규모이지만
서까래를 길게 사용해
3량가로 처리했다.

사진 6
안채 후면

사진 7, 8, 9
민간에서는 다듬은 초석을
사용한 사례가 흔치
않은데 만취당은 다듬은
초석을 사용했다. 대문채
왼쪽의 초석(사진 7),
큰사랑채 전면의 오른쪽
초석(사진 8), 큰사랑채
전면의 중간 초석(사진 9)

사진 10
와편으로 구성한 사당
담장

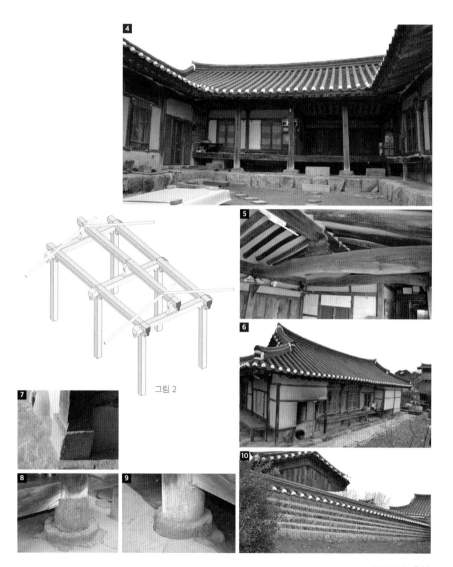

그림 2

청도 운강고택 및 만화정

清道 雲岡故宅, 萬和亭

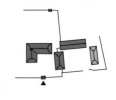

만화정 지붕 평면도

소재지	경북 청도군 금천면 선암로 474, 외 1필지
건축 시기	18세기 추정
지정 사항	중요민속문화재 제106호
소유자	박성욱
구조 형식	안채: 5량가, 팔작 기와지붕
	사랑채: 5량가, 팔작 기와지붕
	중사랑채: 3량가, 팔작 기와지붕
	사당: 3량가, 팔작 기와지붕
	만화정: 5량가+3량가, 팔작 기와지붕

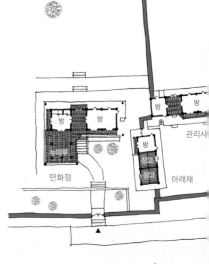

만화정 배치 평면도

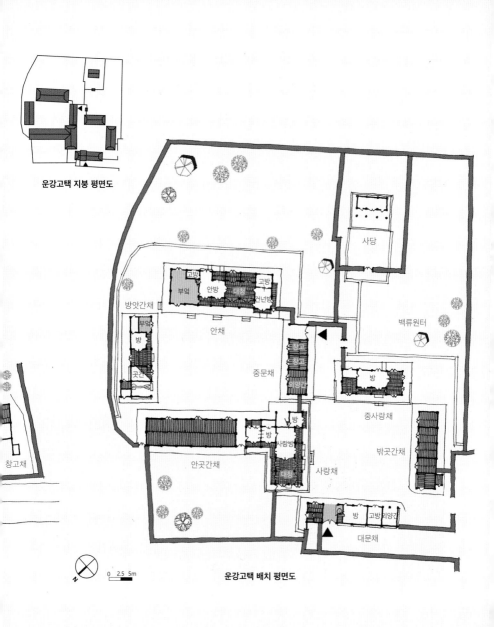

운강고택 지붕 평면도

사당

백류원터

고방
부엌 안방 대청 고방
건넌방

방앗간채

안채

중문채

부엌
방

곳간

창고채

중사랑채

밖곳간채

창고
창고
의양간

방

안곳간채

방
방 사랑방

대청

사랑채

방 고방 의양간

대문채

N

0 2.5 5m

운강고택 배치 평면도

운강고택이 자리한 신지리는 소요당 박하담(逍遙堂 朴河淡, 1479~1560)이 1521년에 입향한 이후 후손들이 번성한 곳이다. 1726년 박중응이 지은 운강고택은 성경당 박정주(誠敬堂 朴廷周, 1789~1850)가 축적한 경제력을 바탕으로 아들인 운강 박시묵(雲岡 朴時默, 1814~1875)이 1824년 안채를 중수하고 사랑채를 신축하는 등 지금의 규모로 만들었다. 운강이 1856년에 지은 만화정은 운강고택에서 동창천이 내려다 보이는 경관이 수려한 곳에 'ㄱ'자 형으로 자리한 정자이다. 중사랑채에서 이루어지던 후손들의 교육이 마을로 확대되면서 강학을 위한 별당으로 지은 곳이다.

운강고택은 아홉 동의 건물이 사랑채 영역, 안채 영역, 사당 영역으로 구분되어 '品'자를 이룬다. 사랑채 영역은 사랑채와 중사랑채, 밖곳간채, 대문채로 이루어진 외적인 공간이다. 안채 영역은 안채, 방앗간채, 안곳간채, 중문채로 구성되어 관·혼·상·제와 같은 집안 내부 의례와 가사 일 등이 이루어지는 내적인 공간이다. 사랑채 영역과 안채 영역의 내·외 구분이 뚜렷하다. 중사랑채 뒤,

사진 1
진입로에서 본 운강고택

사진 2
운강고택 대문

사진 3
사랑마당에서 본 사랑채

사진 4
사랑채 후면의 뒷사랑방과 중문채. 운강고택의 가장 큰 특징은 내·외를 엄격히 구분했지만 그 안에 숨통을 틀 수 있는 장치를 두었다는 점이다. 사랑채 안에 뒷사랑방을 두어 사돈이 사용하도록 하고 문만 열면 안채 건넌방에 있는 딸을 바로 볼 수 있도록 배려했다. 또한 안대청 뒤는 담으로 막았는데 별도의 며느리 후원을 두어 작은방을 통해 사랑채의 아들이 은밀하게 드나들 수 있도록 배려했다.

가장 깊은 곳에 자리한 사당 영역은 담장을 겹으로 둘러 외부와 차단된 엄숙한 공간으로 조성했다.

'一'자 형인 안채는 부엌 2칸, 안방 2칸, 대청 2칸, 건넌방 1칸으로 구성되어 있다. 안방에서만 통하는 부속 공간으로 안손님이 쉬거나 생활 도구를 보관하는 내방, 음식을 보관하는 차방, 귀한 물건을 보관하는 다락방 등이 있다.

사랑채는 'ㅓ'자 형으로 대청 2칸, 사랑방 2칸이고 앞에 툇간을 두었다. 사랑방 오른쪽에는 집의 재산을 관리하는 집사방이 있으며, 사랑방 뒤로는 손님들이 묵거나 초상시 빈소로 사용되는 뒷사랑방이 있다.

만화정은 'ㄱ'자 형으로 꺾이는 가운데 방을 중심으로 아래로는 누마루를 설치하고, 오른쪽에 대청 1칸과 온돌방 2칸을 두었다. 만화정의 누마루는 외부인을 맞이하는 접객의 공간이자 강학 공간이다. 곳곳을 초각으로 장식하고, 가구 구조에서도 대청과 방이 있는 곳은 처마도리와 종도리만 있는 3량인 반면에 누마루는 5량으로 해 규모를 크게 했다.

사진 1
사랑채와 중문채 사이에는
'喜'자와 꽃 등 길상이
들어간 꽃담장을 두어
손님 맞이에 조금도
소홀함이 없도록 했다.

사진 2
사랑손님이 사용하는
화장실에도 난초를 음각해
멋을 더했다.

사진 3
안채

사진 4, 그림
안채 디딜마루 상세.
운강고택에는 디딤돌
없이 디딤판이 깔려 있다.
다른 곳에서는 보기 힘든
모습이다.

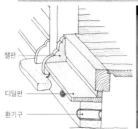

챌판

디딜판

환기구

사진 5
안대청 상부 가구 상세

사진 6
안방의 창호들

사진 7
안채 부엌 상부 가구 상세

사진 8
부엌에서 본 안방의 측벽

사진 9
주로 강학 공간으로
사용되었던 만화정은
스승이 앉는 가운데 방이
한 단 높다. 외부인이 자주
오는 곳인 만큼 대공을
초각하고 충량은 용으로
장식했다.

사진 10
만화정 대청에서 본 풍경

사진 11
누마루 상부 가구 상세

사진 12, 13, 14, 15
화려하게 초각한 가구
부재들. 익공(사진 12, 13),
화반대공(사진 14),
외기도리 달동자(사진 15)

사진 16
충량 용두 상세

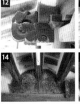

청도 임당리
김씨고택

淸道 林塘里 金氏故宅

소재지	경북 청도군 금천면 임당2길 14
건축 시기	1686년
지정 사항	중요민속문화재 제245호
소유자	의성김씨 문중
구조 형식	안채: 3량가, 맞배 기와지붕
	사랑채: 5량가, 팔작 기와지붕
	중사랑채: 5량가, 팔작 기와지붕
	사당: 3량가, 맞배 기와지붕

지붕 평면도

안채

부엌

안방

대청

건넌방

큰고방채

작은고방채

중사랑채

방

대청

방

사랑방

대청

큰사랑채

사당

N

0 2.5 5m

배치 평면도

임당리 김씨고택은 400여 년, 16대에 걸쳐 내려온 내관의 집이다. 망와의 '康熙二十五年丙寅閏四月日'이란 기록에 의해 1686년에 초축되었음을 알 수 있다. 현재와 같은 모습으로 확장된 것은 19세기 종2품까지 오른 김병익에 의해서라고 알려져 있다.

남서향한 솟을대문을 들어서면 왼쪽으로 정남향한 큰사랑채가 보이고, 오른쪽으로는 남서향한 중사랑채가 보인다. 중사랑채 왼쪽 끝에 중문이, 중문을 지나면 북서향한 안채가 보인다.

안채 영역은 정면 6칸 반의 큰고방채와 4칸의 작은고방채, 중사랑채로 둘러싸여 튼 'ㅁ'자 형을 이루고 있으며, 각 건물 사이에 담장을 설치해 폐쇄성이 강하다. 안채 남측 담장 너머에 3칸 규모의 사당이 있다.

큰사랑채는 대청 2칸, 사랑방 2칸으로 정면 4칸이다. 규모는 작지만 장대석 기단을 사용하고, 지름 20센티미터 이상의 굵직한 원형기둥을 전면에 사용해 남성공간으로 당당함을 강조했다. 대청에서 사랑방으로 드나드는 문은 네 짝 불발기문을 달았다. 이 문은 궁궐에서 주로 사용하는 문으로 집의 주인이 궐과 관련 있는 사람임을 암시하는 듯하다.

안채는 정면 6칸으로 왼쪽부터 부엌 2칸, 안방 1칸, 대청 2칸, 건넌방 1칸으로 구성되어 있다. 기단은 안주인의 위계에 맞게 사랑채처럼 장대석 기단을 사용했지만 각기둥을 사용하고, 맞배지붕으로 해 사랑채보다는 격을 낮추었다. 안채의 대공은 토끼 모양으로 장식했다.

중사랑채는 다른 채와는 다르게 정면 4칸의 겹집으로 왼쪽의 중문 옆에 2칸 대청과 중사랑방이 앞·뒤로 있고, 오른쪽으로 마루 1칸과 방 1칸이 배치되어 있다. 이는 중사랑채가 안팎을 연결하는 매개체 역할을 하는 공간으로 대문채와 향을 같이해 찾아오는 손님을 정면에서 맞이하는 동시에 안채 상황을 볼 수 있도록 한 것이다.

임당리 김씨고택의 가장 큰 특징은 내관이라는 특수한 신분을 반영한 가옥의 배치에 있다. 내관에게 시집온 며느리는 친정부모의 상을 제외하고는 바깥 출입을 엄격히 금하는 탓에 가옥의 배치 역시 겹으로 안채를 둘러싸 폐쇄적이다.

사랑채는 남향으로 배치해 정면의 양기를 듬뿍 주는 산을 정면으로 맞이하는 반면 안채는 바깥 주인이 있을 서울의 궁궐을 향하고 있으며, 안주인이 있는 안채를 제외하고는 모두 창고와 같은 고방채로 구성해 불필요한 외부인의 출입을 금하게 했다. 중사랑채는 안채의 관문으로 중문 옆에 담을 설치해 대문으로 들어오는 손님의 시선을 일차적으로 차단하고, 안채 방향으로 설치된 오른쪽 마루방의 세살문 역시 밖에는 판벽을 달아 안채의 유일한 소통 창구임에도 외부인의 시선이 안채에 이르지 못하도록 완벽히 시선을 차단한 배치가 놀랍다.

사진
사랑채는 산을 정면에 두고 남향해 양기를 끌어들일 수 있도록 배치했다.

사진 1
사랑채

사진 2
사랑대청의 왼쪽에는 문을 달고 쪽마루를 덧붙였다.

사진 3
사랑채는 전면에 원형기둥을 사용해 강한 남성 공간의 위계를 드러냈다.

사진 4
사랑대청 상부 가구 상세

사진 5
사랑채에는 궁궐에서 주로
사용하는 불발기창을
달았다.

사진 6
중문과 붙어 있는
중사랑채에는 내외담을
두어 손님의 시선으로부터
중사랑채를 보호하는 것은
물론 외부 공간과 안채의
매개 공간 역할을 하도록
했다.

사진 7
중문 오른쪽의 판벽

사진 8
안채는 바깥 주인의
근무지인 궁궐을 향하고
있다.

사진 9, 그림
안대청의 3량 가구 상세

사진 10
토끼 모양으로 초각한
안채 대공

사진 11
큰고방채 가구 상세

사진 12
큰고방채의 왼쪽에 있는
측간

경주 독락당

慶州 獨樂堂

소재지	경북 경주시 안강읍 옥산서원길 300-3
건축 시기	1515년
지정 사항	보물 제413호
소유자	이해철
구조 형식	독락당: 5량가, 맞배+팔작 기와지붕
	계정: 3량가, 맞배 기와지붕
	안채: 5량가, 맞배 기와지붕
	사당: 3량가, 맞배 기와지붕

지붕 평면도

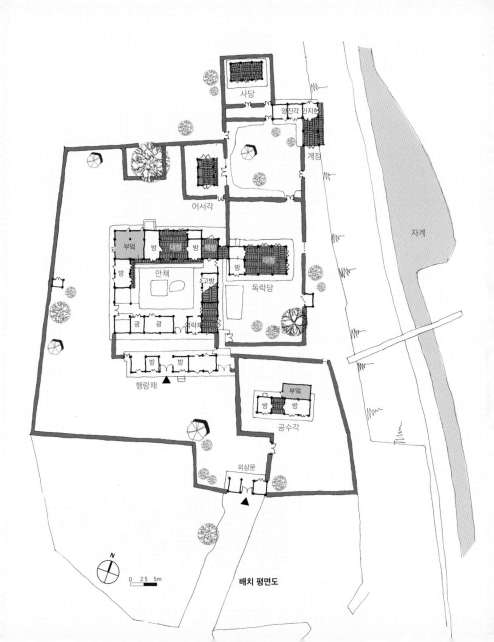

사당

영진각 인지현

계정

어서각

부엌 방 대청 방 책방

방 안채 고방 방 대청 독락당

광 광 연락재

방 방

행랑채

공수각

부엌

방 방

외삼문

자계

N

0 2.5 5m

배치 평면도

독락당의 안채는 조선 중기 문신 회재 이언적(晦齋 李彦迪, 1491~
1553)이 1515년 양주 석씨부인과 결혼하면서 옥산에 지은 것이고,
독락당은 1532년 김안로의 등용을 반대하다가 파직된 후 낙향해
안채 오른쪽에 지은 별서로 안채보다 17년 늦게 지어졌다.

　남향한 3칸 외삼문을 들어서면 정면으로 공수각의 담장이 보이
고, 왼쪽으로 넓은 행랑마당과 함께 행랑채가 보인다. 'ㅡ'자 형 행
랑채 뒤로 'ㅁ'자 형의 안채가 있어 '므'자 형을 이룬다. 안채 오른
쪽에는 사랑채인 독락당이 있으며, 독락당 뒤로 'ㄱ'자 형의 계정
과 사당, 어서각이 있다.

　행랑채 끝에 있는 중문을 들어서면 오른쪽으로 자계로 가는 좁
은 길이 나오고, 뒤로 독락당으로 들어서는 협문과 안채로 진입하
는 협문이 서로 양쪽에서 마주보고 있다. 이 좁은 길이 각 공간을
이어 주는 동선의 구심점이다. 자계로 가는 길은 자계 쪽으로 갈
수록 넓어지게 구성해 시각적 안정감을 준다. 이는 좁은 골목의
답답함을 해결하기 위한 방편이다.

　정면 4칸, 측면 2칸 규모인 독락당은 2칸 사랑방과 6칸 대청으
로 구성되어 있다. 5량가이고 건물을 둘러싼 평주는 모두 원형기
둥을 사용했다. 대들보 위에 종보를 올리고 종보 가운데에 화반대
공을 올렸다. 화반대공 윗부
분에는 소로와 운공으로 장식
을 더했다. 양 협간은 가운데
에 평주와 같은 높이의 각기
둥을 놓고 주두를 올리고 맞
보를 설치했다. 맞보 위에는
동자주를 얹고, 종보를 올린

사진 1
외삼문. 문 뒤로 공수각
담장이 보인다.

사진 2
이 집의 구심 공간인 행랑채 오른쪽 끝의 중문. 이 중문을 지나 독락당으로 간다.

사진 3
자계로 가는 좁은 길은 자계 쪽으로 가까이 갈수록 넓어지게 구성해 시각적 안정감을 준다.

다음 가운데에서 동자대공이 종도리를 받치도록 하고 종도리가 움직이지 않도록 옆에 소슬합장을 설치했다. 자계 쪽의 지붕은 팔작으로 해 경쾌하게 처리하고 안채가 있는 왼쪽은 맞배로 해 지붕이 맞닿지 않게 했다.

대부분의 사랑채는 접객 공간으로 주출입구인 대문채와 가깝게 자리한다. 독락당은 대문채를 지나 행랑채 오른쪽의 중문을 통과한 후 또 하나의 독락당 문을 지나야만 들어갈 수 있도록 깊숙이 뒤로 물러나 있다. 독락당의 오른쪽 담장에는 살창을 달아 내부에서도 자계를 볼 수 있도록 했다. 뿐만 아니라 자계 바위 위에 석축을 쌓아 건립한 독락당 뒤 계정은 독락당의 백미이다.

회재는 자계 곳곳에 관어대(觀魚臺), 영귀대(詠歸臺), 탁영대(濯纓臺), 징심대(澄心臺), 세심대(洗心臺) 등의 이름을 붙여 자연과 하나를 이루는 물아일체를 실천했다.

독락당은 밖에서는 폐쇄적이지만 안으로는 적극적으로 개방한 것이 특징이다. 홀로 즐긴다는 '獨樂'이라는 당호에서도 알 수 있듯이 시끄러운 바깥일과 관계를 끊고 자연에서 학문을 즐기려는 회재의 사상이 반영되어 있다.

사진 1
자계 쪽은 팔작지붕으로,
안채 쪽은 맞배지붕으로
한 독락당

사진 2
독락당 대청 상부 가구
상세. 협간은 가운데에
평주와 같은 높이의
각기둥을 세우고 주두를
올리고 맞보를 설치했다.

사진 3
충량 위 외기도리와 대공

사진 4
주두 결구 상세

사진 5
광에서 본 안채

사진 6
자계에서 본 계정

사진 7
담장에 살창을 달아
독락당 방에서도 계정을
내다볼 수 있도록 했다.

사진 8
독락당 방에서 본 계정 쪽
살창

사진 9
계정 대청에서 본 자계

사진 10
계정 쪽 마루와 난간

사진 11, 12, 13, 14, 15
독락당 각 공간의
출입문들. 독락당
출입문(사진 11), 계정
출입문(사진 12), 어서각
출입문(사진 13), 공수각
출입문(사진 14), 계정
자계 쪽 출입문(사진 15)

두곡고택

심수정 강학당

근암고택

사호당고택

서백당

수졸당

낙선당

무첨당

향단

관가정

윗마을

아랫마을

수운정

경주 양동마을

慶州 良洞

소재지 경북 경주시 강동면 양동마을길 93
지정 사항 중요민속문화재 제189호

안락정

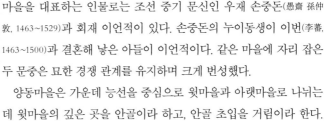

설창산을 주산으로 하는 산자락은 남으로 '勿'자 형의 네 줄기 능선을 만들었는데 능선 사이의 골짜기마다 집들이 들어서면서 양동마을이 형성되었다. 월성손씨와 여강이씨의 문중이 모여 사는 양동마을을 대표하는 인물로는 조선 중기 문신인 우재 손중돈(愚齋 孫仲敦, 1463~1529)과 회재 이언적이 있다. 손중돈의 누이동생이 이번(李蕃, 1463~1500)과 결혼해 낳은 아들이 이언적이다. 같은 마을에 자리 잡은 두 문중은 묘한 경쟁 관계를 유지하며 크게 번성했다.

양동마을은 가운데 능선을 중심으로 윗마을과 아랫마을로 나뉘는데 윗마을의 깊은 곳을 안골이라 하고, 안골 초입을 거림이라 한다. 아랫마을은 가장 남측 능선을 중심으로 물봉이라 하고, 그 뒤를 갈곡이라고 부른다.

서측의 안강평야가 넓게 펼쳐 있는 물봉에는 월성손씨의 가옥인 관가정과 여강이씨의 기옥인 향단, 무첨당이 있다. 안골에는 낙선당, 서백당 등 월성손씨의 가옥이 많고, 아래 쪽인 거림에 수졸당, 사호당, 상춘고택, 근암고택, 두곡고택 등 여강이씨의 가옥이 집중 배치되어 있다. 양동마을을 진입하는 남동측 주도로 건너편에도 안락정과 이향정, 강학당, 심수정 등 전통가옥이 다수 있다. 2010년에 세계문화유산으로 등재되었다.

양동 강학당

良洞 講學堂

소재지	경북 경주시 강동면 양동마을길 138-9
건축 시기	1867년
지정 사항	중요민속문화재 제83호
소유자	이동규
구조 형식	강학당: 3량가, 맞배 기와지붕

지붕 평면도

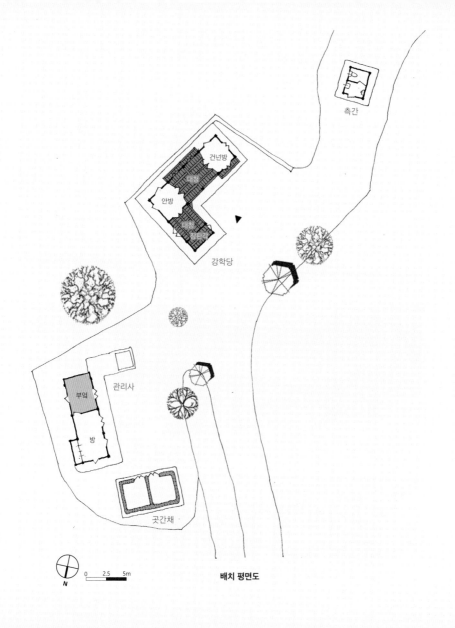

측간

건넌방

대청

안방

대청
장판각

강학당

▶

관리사

부엌

방

곳간채

N

0 2.5 5m

배치 평면도

양동마을 초입인 하촌에 자리한 양동 강학당은 여강이씨 문중의 공용 서당으로 심수정 위쪽에 남서향으로 자리한다. 'ㄱ'자 형으로 꺾이는 부분에 방이 있고 오른편으로 2칸 대청과 1칸 방, 왼쪽의 꺾인 부분으로 대청과 서적을 보관하는 장판각이 있다. 중부 지방의 'ㄱ'자 형 집에서는 안방 아래에 부엌이 배치되나 강학당에서는 부엌 자리에 대청을 두었다. 두 개의 대청을 배치해 강학 공간을 넓게 사용할 수 있도록 한 것이다. 대청 쪽의 방문 또한 사분합문으로 해 강학 공간을 확장할 수 있도록 했다. 서적을 보관하는 장판각을 두고 안방과 건넌방에도 책을 둘 수 있도록 벽장을 설치했다. 살림집과 차별되는 서당으로서의 특징이다.

안방과 건넌방의 벽체는 심벽으로 했으나 별도의 난방이 필요

하치 않은 장판각은 판벽으로 하고, 박공지붕 끝에는 빗물이 들이치지 않게 풍판을 설치했다.

'ㄱ'자로 꺾인 부분에서는 회첨골이 생기는데 강학당에서는 골추녀를 두지 않고 양쪽의 서까래를 연귀맞춤처럼 맞대는 맞연귀 회첨으로 했다. 방을 통하지 않고 마루에서 마루로 건너가기 쉽게 회첨기둥에는 삼각형 모양의 쪽마루를 붙였다.

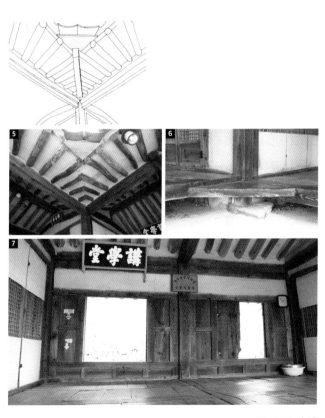

양동 근암고택

良洞 謹庵古宅

소재지	경북 경주시 강동면 양동마을안길 85-9
건축 시기	1780년
지정 사항	중요민속문화재 제76호
소유자	이동기
구조 형식	안채: 3량가, 맞배 기와지붕
	사랑채: 3량가, 팔작 기와지붕
	사당: 3량가, 맞배 기와지붕

지붕 평면도

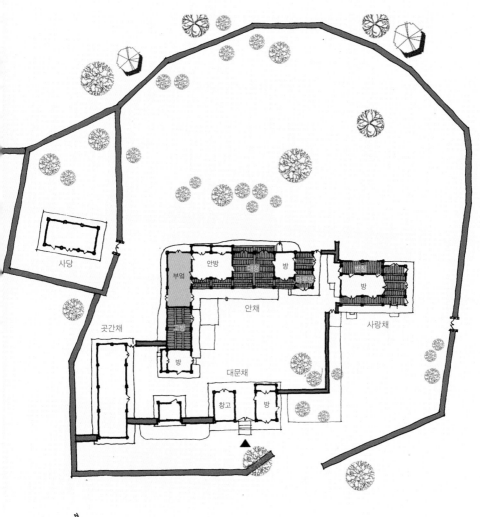

사당

곳간채

부엌

안방

대청

방

마루방

안채

방

대청

방

사랑채

고방

방

대문채

창고

방

N

0   2.5   5m

배치 평면도

근암고택은 양동마을 안골로 가는 길의 가운데쯤 오른쪽 산등성이에 자리한다. 왼쪽에는 상춘헌고택이 있다. 근암고택은 1780년경에 태로 이정수(台老 李鼎壽, 1758~1784)가 지어 살던 집으로 현소유자의 5대조인 근암 이희구(謹庵 李熙久)의 호를 따라 근암고택으로 부른다. 양동마을은 비교적 지대가 높고 풍수지리상 길지인 곳에 양반가가 자리 잡고 그 아래로 평민들의 주거가 있는데 근암고택도 높은 곳에 자리해 진입이 쉽지 않다.

'一'자 형 대문채, 'ㄱ'자 형 안채, 안채 동쪽에 있는 '一'자 형 사랑채, 대문채 서쪽의 'ㅣ'자 형 곳간채가 주변의 여느 집들과는 다른 배치 형태를 보인다. 안채 서쪽에는 별도의 담장을 두른 사당이 있다. 원래 사랑채는 대문채의 동쪽 담장이 있던 곳에 있었는데 화재로 소실되어 지금의 자리에 개축한 것이라고 한다. 담장 주변 화단에는 과거 사랑채의 주초석이 남아 있다. 각 건물들의 지반 높이는 모두 같지만 기단의 높이를 달리해 건물의 위계를 드러냈다.

안채는 정면 7칸에 왼쪽으로 꺾어져 4칸이 덧달린 'ㄱ'자 형 집이다. 대청 왼쪽에 안방이 있고 안방 옆 꺾이는 부분에 부엌이 있다. 부엌 아래로 고방과 방이 있다. 대청의 오른쪽에는 온돌방과 마루방이 있다. 마루방 부분의 지붕은 박공에 눈썹지붕을 덧달았다. 부엌 부분의 지붕은 대청 부분 맞배지붕의 내림마루가 부엌의 용마루와 'ㄱ'자로 연결되는 형태이다. 3량 구조로 대청 부분은 대들보로만 결구했다. 대청의 양쪽에 있는 방 부분에는 툇

사진 1
3량 구조, 민도리집인
대문채

사진 2
원래 사랑채는 화재로
소실되고 새로 지은
것이다.

간을 두어 툇보와 대들보를 기둥에 걸었으며 상부의 벽체는 기둥
위에서 대들보와 직각으로 설치하고 회벽으로 마감했다.

사랑채는 정면 3칸, 측면 2칸의 3량 구조로 전·후면에 퇴를 두
고 내부에 기둥을 세운 후 칸막이도리를 얹었다. 대들보와 툇보를
내부 기둥에 결구하고 대들보 위에 대공을 세워 종도리를 걸고 처
마도리와 종도리에 장연을 걸었다. 측면은 우미량을 걸고 그 위에
합각으로 지붕을 얹었다.

곳간채는 정면 4칸, 측면 1칸, 3량 구조의 맞배지붕이다. 전면
양쪽의 우주 두 개만 원형이다. 내부 바닥은 흙바닥이다.

대문채는 3량 구조 민도리집으로 가운데에 대문을 두고 왼쪽은
창고, 오른쪽은 방으로 사용한다. 오른쪽면의 대들보, 처마도리, 종
도리의 뺄목에 불에 탄 흔적이 있어 화재 당시 피해가 있었음을
확인할 수 있다.

가장 높게 자리한 사당은 정면 3칸, 측면 1칸이고, 전면에는 원
형기둥을 사용하고 후면에는 각기둥을 사용했다.

사진 1
사랑대청 상부 가구
상세. 대들보와 툇보를
내부 기둥에 결구하고
대들보 위에 대공을 세워
종도리를 걸고 처마도리와
종도리에 장연을 걸었다.

사진 2
사랑대청 기둥 보머리
상세

사진 3
사랑방의 머름대에는
국화정을 사용했다.

사진 4
안채. 대청 오른쪽 마루방
부분은 박공 아래에
눈썹지붕을 덧달았다.
대청 왼쪽의 부엌 부분은
맞배지붕의 내림마루가
부엌의 용마루와
연결된다.

사진 5, 6, 그림
3량 구조인 안채는 내부
기둥을 두고 툇간을
구성했다.

사진 7
안대청 상부의 대공 상세

사진 8
안방 앞 툇마루

사진 9
안채 기둥에 대들보와
직각으로 곡선의 보를
결구하고 그 위에
동자대공을 세운 후
종도리를 걸고 서까래를
얹어 눈썹지붕을 달았다.

그림 레이블: 종도리, 도리, 주심도리, 동자주, 장여, 퇴보, 상인방, 대들보, 보아지, 장여, 기둥, 기둥

양동 낙선당

良洞 樂善堂

지붕 평면도

소재지	경북 경주시 강동면 양동마을안길 75-24
건축 시기	1540년
지정 사항	중요민속문화재 제73호
소유자	손영호
구조 형식	안채: 3량가, 맞배 기와지붕
	사랑채: 3량가, 팔작 기와지붕
	사당: 5량가, 팔작 기와지붕

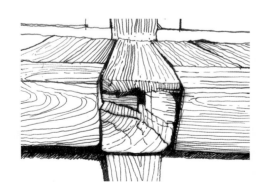

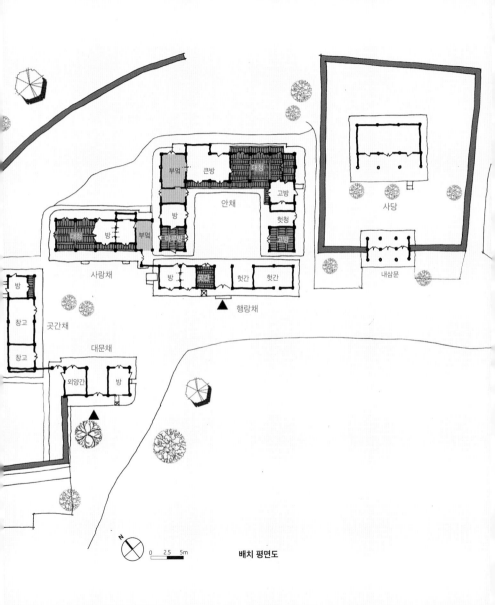

부엌 큰방 대청

안채

고방

방 헛청

대청 방 고방

부엌

마루방

사랑채

방 마루 헛간 헛간

행랑채

방

창고

곳간채

창고

대문채

외양간 방

사당

내삼문

N

0 2.5 5m

배치 평면도

양동마을의 북쪽 끝자락에 자리 잡은 낙선당은 낙선당 손중로 (樂善堂 孫宗老, 1598~1636)의 종가이다. 낙선당은 사랑채의 이름이다.

3칸 대문채를 지나면 왼쪽에 곳간채가 있고, 정면에 4칸의 사랑 채가 있고 사랑채 오른쪽에서 안채와 행랑채가 튼 'ㅁ'자 형을 이 룬다. 대문채의 왼쪽은 담장으로 연결되어 있으나 오른쪽은 담장 없이 트여 있어 대문이 잠겨 있어도 출입이 가능하다.

안채는 3량 구조, 맞배집으로 'ㄷ'자 형이다. 안채 앞에 '一'자 형 의 정면 7칸, 측면 1칸 행랑채가 있으며 안채와 행랑채는 튼 'ㅁ'자 형을 이룬다. 경북지방의 주거들은 높은 기단에 안채를 올리는데 낙선당의 안채는 기단을 높이지 않았다. 정면은 높은 기단석을 사 용해 외벌대로 구성하고 양쪽의 꺾이는 부분은 낮은 자연석을 쌓 아 두벌대로 처리했다. 전체 건물을 낮은 기단으로 구성하고 안채 의 몸채와 양 날개채는 같은 높이로 처리했다. 대청 왼쪽에는 큰 방, 부엌, 방, 마루방이 있다. 대청 오른쪽에는 고방, 방과 아궁이, 마루를 깐 고방이 있다.

안채 왼쪽에는 정면 4칸, 측면 1칸의 사랑채가 있다. 전면에만 원형기둥을 사용하고 나머지는 각기둥을 사용했다. 2칸 대청, 2칸 방이 있다. 대청은 대들보만으로 구성된 3량 구조이고, 방 부분은 대들보와 툇보를 맞보로 결구한 3량 구조이다. 초익공과 대공은 화려하게 초각했다. 대청 왼쪽 배면 벽 상부에는 위패를 보관하는 벽감이 있다. 벽감이 있음에도 불구하고 이 집에는 사당이 별도로 있는데 후대에 지은 것으로 보인다.

정면 7칸, 측면 1칸인 행랑채는 2칸 방과 곳간, 문, 3칸 헛간으로 구성되어 있다. 방을 제외한 모든 벽은 판벽이다. 자연석 기단 위에 각기둥을 사용한 3량 구조, 맞배집이다. 행랑채는 안채와 연결되는 부분 없이 독립적으로 자리한다.

정면 4칸, 측면 1칸인 곳간채는 3량 구조, 맞배집이다. 오른쪽부터 툇마루가 있는 1칸 방, 2칸짜리와 1칸짜리 곳간이 있다. 자연석 기단에 높지 않은 주초석을 사용하고 배면과 정면 벽은 판벽으로 처리해 환기가 잘 되도록 했다.

사당은 단청으로 화려하게 치장해 이질적이다. 사당은 정면 3칸, 측면 1칸 반, 5량 구조, 맞배집이다. 자연석 기단에 화강석 초석과 원형기둥을 사용하고 창방과 주두 익공을 둔 초익공의 소로수장집이다. 측면과 배면의 벽은 화방벽이 아닌 회벽으로 했다.

사진 2
대문채와 곳간채

사진 1, 2
행랑채는 기둥에 홈을
파고 판벽에 띠장을
결구했다.

사진 3
정면 4칸, 측면 1칸인
사랑채는 전면에만
원형기둥을 사용했다.

사진 4
사랑대청 왼쪽 배면 벽
상부에는 위패를 보관하는
벽감이 있다.

사진 5
사랑채의 화려하고 다양한
보아지초각들

사진 6, 7, 8
벽감 상세

사진 9
안채와 행랑채의 단 높이
차이가 거의 없다.

사진 10
기단 상세. 몸채의 외벌대
기단과 양 날개채의
두벌대 기단의 높이
차이가 거의 없다.

사진 11, 그림
안채는 3량 구조,
맞배집이다.

사진 12
행랑채와 안채의 사이
공간

양동 두곡고택

良洞 杜谷古宅

소재지	경북 경주시 강동면 양동마을길 152-9
건축 시기	1730년경
지정 사항	중요민속자료 제77호
소유자	이기동
구조 형식	안채: 3량가, 맞배 기와지붕
	사랑채: 3량가, 맞배 기와지붕
	아래채: 3량가, 맞배 기와지붕

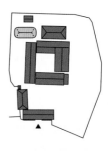

지붕 평면도

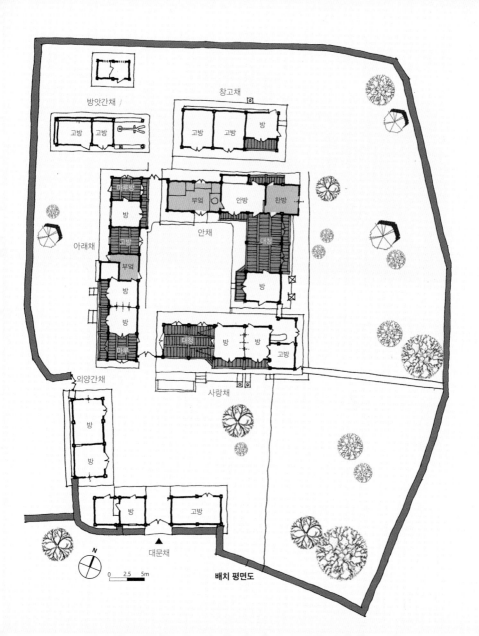

방앗간채

창고채

고방　고방

고방　고방　방

마루방

방

고방

부엌　안방　찬방

안채

대청

아래채

부엌

방

대청　방　방

방

고방

방

방

마루

외양간채

사랑채

방

방

방　고방

N

0　2.5　5m

대문채

배치 평면도

사진 1
사랑채

    두곡고택은 양동마을의 남촌을 대표하는 가옥이다. 조선 중기의 문신 회재 이언적의 6대손 이식중(李湜中, 1711~1777)이 1730년경에 지은 것을 두곡 이조원(杜谷 李祖源)이 매입했다. 택호는 이조원의 호에서 가져왔다.

    남촌의 가장 넓은 평야지대에 자리한 두곡고택은 남산줄기 바로 곁에서 남향하고 있다. 'ㄱ'자 형 안채와 '一'자 형 아래채, '一'자 형 사랑채가 튼 'ㅁ'자 형을 이룬다. 안채 뒤로 창고채와 방앗간채가 있으며, 멀찍이 대문채와 외양간채가 있다. 튼 'ㅁ'자 형 살림채 외에 '一'자 형 부속채들을 앞과 뒤에 넓게 배치한 것이 특징이다.

    4칸 규모인 대문채는 서쪽에 1칸 문간방, 동쪽에 2칸 칸막이 없는 고방이 있다. 대문 안 사랑마당의 서쪽에 자리한 외양간은 지형상 서쪽이 낮고 허한 점을 보완하기 위해 터를 골라 앉혔다고 한다. 동쪽의 넓은 사랑마당은 산 경사지를 그대로 살렸으며 여러 주의 감나무와 과실수들이 작은 원림을 이루고 있다.

사랑채는 온돌이 2칸이고, 서쪽으로 2칸 대청이 돌출해 있다. 대청의 서쪽 끝과 아래채 대청 사이에는 1칸 중문이 있다. 2칸 온돌방 머리에는 부엌과 접한 작은 온돌방이 부설되어 있다.

서향한 2칸 대청을 중심으로 왼쪽에 1칸 반 안방과 2칸 부엌이 있고 대청 오른쪽에 1칸 건넌방이 있다. 대청 후면에는 여닫이 판문을 달았다. 안방 오른쪽에 1칸 찬방이 있고 안방 북쪽에는 벽장과 쪽마루가 있다.

안채보다 한 단 낮게 자리한 아래채는 가운데에 있는 1칸 부엌을 중심으로 안쪽에 광, 온돌, 마루방이 1칸씩 있고 바깥쪽에는 2칸의 온돌방과 1칸 마루가 있다. 부엌에는 온돌방에서 출입하는 작은 골방이 있다.

안채 뒤에는 고방 2칸, 1칸 온돌로 구성된 창고채가 있고 창고채 서쪽에 방앗간채가 있다. 방앗간채는 1칸 디딜방앗간과 2칸 고방이 있다.

2

사진 1
사랑대청에서 본 문간채

사진 2
안마당에서 본 사랑채

사진 3
사랑대청의 울거미판문

사진 4
안대청에서 본 안마당과
아래채

사진 5
아래채 배면

사진 6
안채

사진 7, 8
안대청 가구 상세

사진 9
안대청 대공 상세

사진 10
안채 서쪽 날개채

양동 사호당고택

良洞 沙湖堂古宅

소재지	경북 경주시 강동면 양동마을안길 83-8
건축 시기	1840년
지정 사항	중요민속문화재 제74호
소유자	이백
구조 형식	안채: 3량가, 맞배 기와지붕
	사랑채: 3량가, 맞배 기와지붕

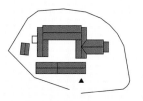

지붕 평면도

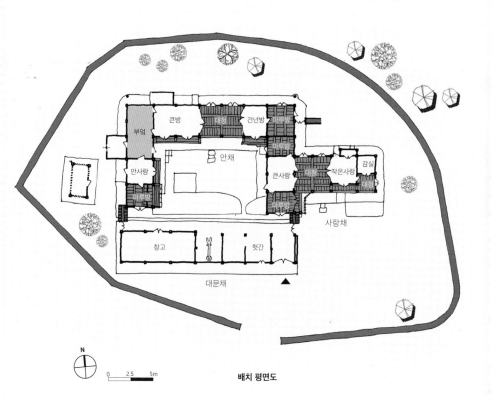

배치 평면도

사호당 이능승(沙湖堂 李能升)이 살던 집이다. 원래 지정 명칭은 양동 이원봉가옥이었으나 2007년에 이능승의 호를 따라 양동 사호당고택으로 변경되었다.

양동마을은 설창산 능선이 '勿'자 형으로 형성되어 있어 집들이 능선 사이 골짜기에 자리한다. 사호당고택은 안골로 들어가는 길의 오른쪽 산등성이에 자리한다. 산등성이 북쪽 방향의 오르막이 끝나는 지점에서 담이 끊긴 것을 볼 수 있는데 그 사이로 들어가면 남향의 '一'자 형 대문채가 보인다. 대문채 뒤에 'ㄷ'자 형 안채가 있다. 안채의 오른쪽 날개채에서 오른쪽으로 돌출되어 사랑채가 붙어 있는데, 오른쪽 날개채는 사랑채에서 접근하기 더 편리하게 되어 있기 때문에 사랑 공간으로 보는 것이 타당하다.

안채는 경사진 지형에 따라 비교적 높은 막돌 허튼층쌓기한 기단 위에 자리한다. 북서쪽 모퉁이에 3칸 부엌을 두고 부엌 오른쪽으로 2칸 큰방, 2칸 대청, 1칸 건넌방이 있다. 부엌 아래 왼쪽 날개채에는 1칸 안사랑, 1칸 마루방이 있다. 대청은 가운데 기둥만 원형이다. 큰방과 건넌방, 마루방의 안마당 쪽에는 쪽마루가 있다. 특히 큰방 앞 쪽마루에는 출입을 배려한 난간을 설치했다. 안채는

사진 1
대문채와 사랑채.
사랑채는 막돌
허튼층쌓기한 기단 위에
자리한다.

그림
'ㄷ'자 형 안채와 'ㄱ'자 형
사랑채, '一'자 형 대문채가
튼 'ㅁ'자 형을 이룬다.

안채

사랑채

대문채

기둥과 기둥 사이에 대들보를 건 3량가이다. 몸채에는 대들보 위에 사다리꼴과 원형 판대공을 걸고, 양 날개채에는 동자대공을 걸었다. 몸채의 지붕이 양 날개채의 지붕보다 높으며 꺾어지는 부분에 합각이 구성되었다.

사랑채 또한 비교적 높은 막돌 허튼층쌓기한 기단 위에 자리한다. 안채의 건넌방과 연결되어 바로 옆에 2칸 마루방, 2칸 큰사랑, 1칸 마루방이 있다. 마루방은 경사지를 이용해 누하주를 받치고 있어 마치 누마루처럼 보인다. 큰사랑 오른쪽에 2칸 사랑대청, 1칸 작은사랑, 1칸 감실이 있고 감실 앞에 대청이 있다. 대청에 충량을 달아 감실 옆에는 눈썹지붕을 덧달았다. 맞배이지만 합각지붕처럼 보인다.

대문채는 오른쪽 끝에 대문, 2칸 헛간, 디딜방아를 두었다. 방앗간 옆 3칸은 가운데 칸을 문으로 한 창고로 사용한다.

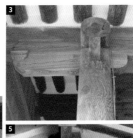

사진 1
사랑대청의 처마회첨은
회첨서까래를 엇걸이하지
않고 말구를 맞대어
잘라서 정연한 느낌을
준다.

사진 2
사랑채 왼쪽의 안채
연결문

사진 3
사랑채 협문에서 본 안채

사진 4
안채는 막돌 허튼층쌓기한
기단 위에 자리한다.

사진 5, 6
안채는 기둥과 기둥
사이에 대들보를 건 3량
구조이다. 가운데에만
원형기둥을 사용하고
대들보 위에는 사다리꼴과
원형 판대공을 걸었다.
안대청 오른쪽(사진 5)과
왼쪽(사진 6)의 가구 상세

사진 7
안채 왼쪽 날개채의
마루방. 안채 부엌
아래에 있는 안사랑과
마루방은 양동마을의 다른
가옥에서는 볼 수 없는
독특한 형식이다. 함양의
일두고택에서 유사한
공간을 볼 수 있다.

사진 8
안채 오른쪽 날개채에
있는 마루방

사진 9, 그림
안채 오른쪽 날개채
마루방 누하주 부분 가구
상세

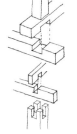

양동 상춘헌고택

良洞 賞春軒古宅

소재지	경북 경주시 강동면 양동마을안길 85-7
건축 시기	1730년
지정 사항	중요민속문화재 제75호
소유자	이원용
구조 형식	안채: 3량가, 맞배 기와지붕
	사랑채: 3량가, 맞배 기와지붕

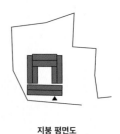

지붕 평면도

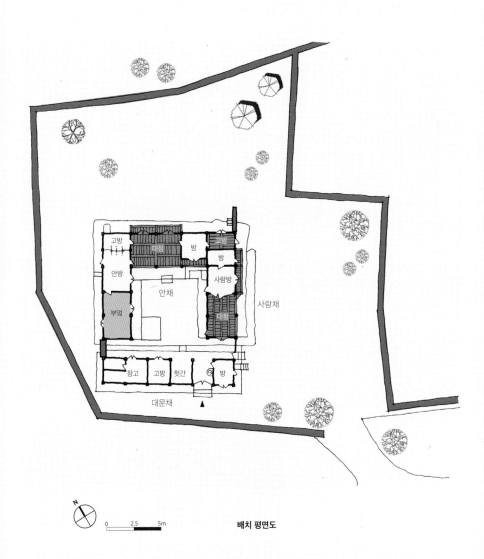

고방 대청 방 고방

방

안방 사랑방

안채

부엌 대청

사랑채

창고 고방 헛간 방

대문채

N

0 2.5 5m

배치 평면도

동고 이덕록(東皐 李德祿, 1677~1743)이 1730년에 지은 상춘헌고택은 양동마을 안골로 가는 심한 경사지의 오르막길 중간에 있다. 당호는 동고의 후손인 상춘헌 이석찬(賞春軒 李錫贊)의 호에서 가져왔다. 상춘헌고택은 여느 경상도지방의 집처럼 튼 'ㅁ'자 형으로 배치되어 있으나 'ㄷ'자 형 안채의 오른쪽 날개채가 사랑채 역할을 한다.

　　안대청의 왼쪽으로 안방이 대청의 반을 걸쳐 있고 안방 아래에 부엌이 있다. 부엌은 시설을 현대식으로 변경해 과거의 모습은 볼 수 없다. 대청의 오른쪽 방은 전면에 툇마루를 두고 아주 간결한 형태의 난간을 설치해 추락을 방지했다. 방의 오른쪽에는 고방이 있고 그 아래로 사랑방과 사랑대청이 있다. 대청은 전면에만 원형 기둥을 사용했다. 마루는 우물마루를 깔았는데 청판의 길이가 약간 긴 편이다. 방 앞에는 대청보다 높게 고상마루를 두고 하부에는 아궁이를 설치해 난방했다. 대청에서 대문채의 지붕너머 마을이 보이게 대문채의 용마루 높이가 낮았으나 보수 과정에 용마루가 높아져 지금은 용마루 너머로 마을이 보이지 않는다. 대청 앞의 기단은 양 날개채보다 단을 높게 두었다. 안채는 3량 구조로 서까래의 물매가 완만하다. 대청의 맞배지붕 내림마루가 양 날개채의 용마루와 연결되어 있는 맞배집이다. 대청의 대들보와 대청에 면하는 방의 대들보는 모두 같은 모양의 굽은 부재를 사용했다. 좋은 재질의 목재를 사용하고 안채의 판장문과 머름의 구성에 철물을 사

사진 1
상춘헌고택은 경사가 심한 오르막길에 자리한다.

사진 2
대문은 능형 철망으로
막아 놓아 대문채와
사랑채 사이의 좁은
출입문을 이용해야 한다.

용하는 등 소박하지만 심혈을 기울여 지은 집이다.

사랑채는 대청 후면 벽을 판벽으로 하고 한곳에만 외여닫이를
두어 안채를 가렸다. 사랑채는 마당보다 기단을 높게 해 계단을
이용해 오르내리도록 했다. 대청과 사랑방에는 맹장지 형태로 세
살청판문과 들문을 달았다. 대청 상부의 대들보에는 판대공을, 벽
체에는 동자대공을 걸었다.

대문은 능형 철망으로 막아 놓아 사용할 수 없으며 대문채와 사
랑채 사이의 좁은 출입문을 이용해야 한다. 대문채는 방과 대문,
헛간, 고방 창고, 화장실이 '一'자 형으로 배치되어 있다. 자연석 기
단 위에 덤벙주초를 놓고 그 위에 각기둥을 세운 3량가 민도리, 맞
배집이다.

상춘헌고택을 지은 동고와 인접해 있는 근암고택을 지은 태로
이정수는 형제지간이다. 후대에 상춘헌고택의 가세가 기울고 근암
고택의 가세가 흥해 상춘헌고택의 사당에 있던 신주들이 근암고
택의 사당으로 넘어가면서 상춘헌고택 사랑채 앞의 경사면에 사
당으로 가는 계단이 있었으나 현재는 없어졌다.

사진 1
안채 오른쪽 날개채가
사랑채 역할을 한다.
마당보다 기단을 높게 해
계단을 이용해야 한다.

사진 2
사랑대청 상부 가구
상세. 대들보에 판대공을
걸었다.

사진 3
사랑대청의 후면은
판벽으로 안채를 가리면서
외여닫이문을 달아 안채와
소통할 수 있도록 했다.

사진 4
사랑방 앞 쪽마루

사진 5
사랑대청과 쪽마루의
연결부 상세

사진 6
안채에서 본 사랑방과
사랑대청

사진 7
사랑채의 도리뺄목을
받치는 보강재가
이색적이다.

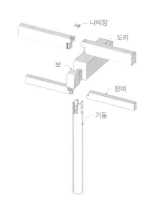

나비장
도리
보
장여
기둥

사진 8
안채와 사랑채 배면

사진 9, 그림
안대청 가구 상세. 세 개의
대들보 모양이 비슷하다.

사진 10, 12, 13
안대청 후면 판문은 물론
문틀 벽체의 띠장에도
국화정을 사용했다.
판문의 국화정(사진 12),
머름대의 국화정(사진 13)

사진 11
안채 건넌방 퇴마루는
대청보다 높게 고상마루로
설치하고 추락 방지를
위해 간결한 난간을
달았다.

양동 서백당

良洞 書百堂

소재지	경북 경주시 강동면 양동마을안길 75-10
건축 시기	1457년
지정 사항	중요민속문화재 제23호
소유자	손성훈
구조 형식	안채: 3량가, 맞배 기와지붕
	사랑채: 3량가, 맞배 기와지붕
	아래채: 3량가, 맞배 기와지붕

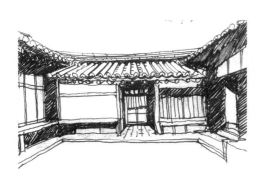

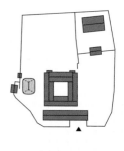

지붕 평면도

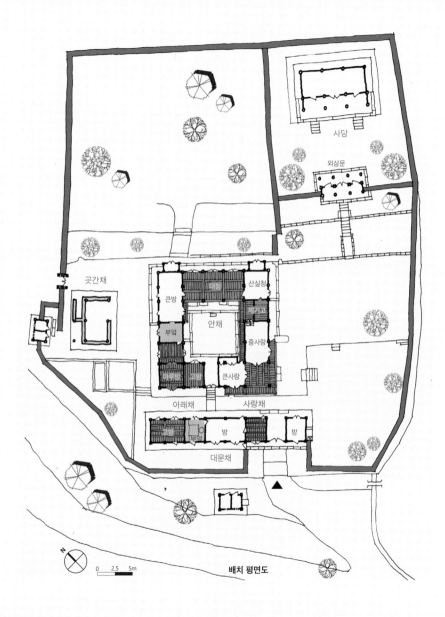

배치 평면도

손동만가옥으로 알려져 있던 서백당은 경주손씨의 종가로, 양동마을의 시조로 알려진 양민 손소(襄敏 孫昭, 1433~1484)가 1457년에 지은 집이다. 이 집에서 양민의 아들 우재 손중돈과 외손인 회재 이언적이 태어났다.

양동마을 북쪽 끝에 자리하는 서백당은 종가의 규모와 격식은 물론 경상도 지방의 건축적 특색을 그대로 가지고 있다. 대문채가 있고 대문을 지나면 'ㅁ'자 형인 안채와 사랑채가 있어 전체적으로 '므'자 형을 이룬다. 사랑채 오른쪽 위 경사지에는 사당이 있다.

'一'자 형 대문채 오른쪽에 있는 대문을 들어서면 사랑채 누마루와 내외벽이 보인다. 사랑채 누마루가 초소 역할을 하고 있는 셈이다. 누마루에 앉아서 대문을 드나드는 사람을 볼 수 있게 동선과 공간이 구성되어 있다. 누마루 전면에는 평난간이 있다. 이 평난간의 가장자리 귀틀인 변귀틀에서는 엇걸이산지이음했다.

사진 1
대문 너머로 사랑채가 보인다.

사진 2, 그림
사랑채 누마루는 초소처럼 방문자들의 동선을 관리한다. 내외담과 내외벽은 내외유별의 문화가 건축에 반영된 것이다.

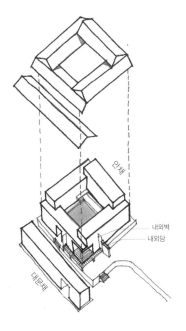

안채

내외벽
내외담

대문채

안채와 사랑채가 'ㅁ'자 형으로 연결되어 있
어 대문에서 진입하면 사랑채 건너 안채 측면
이 보이게 되어 있다. 그래서 사랑채와 안채 경
계가 되는 곳에 낮은 내외담을 설치했다. 이 내
외담 외에도 안채 오른쪽으로 들어가는 쪽마루
끝에는 판재로 된 내외벽이 있다. 내외유별의
문화가 건축에서 나타나고 있는 것이다.

대문채와 사랑채는 긴 골목을 사이에 두고
마주 보고 있다. 이 골목을 끼고 가면 안채로 통
하는 중문이 보이고 중문을 들어가면 안채와
안마당이 보인다.

안채마당에는 해시계가 있다. 석재로 만든 해
시계는 마치 탑처럼 생겼다. 꼭대기에 막대를
꽂을 수 있고 12간지가 표시되어 있다.

사진 1
사랑채

사진 2
사랑채 누마루는 동선과
공간의 구심점 역할을
한다.

사진 3
누마루의 평난간

사진 4
누마루 변귀틀은 엇걸이
산지이음으로 결구했다.

사진 5
사랑채 내외담과 내외벽

사진 6
안대청에서 본 안마당

사진 7
안대청에서 바라본 후원

사진 8, 그림 1
안대청 3량 가구 상세

사진 9, 10
안대청 대공 상세

사진 11
안채 보아지

사진 12
장수를 기원하는 거북이
모양으로 만든 대문
빗장. 거북이 머리가
빗장꽂이다.

사진 13
공간의 위계가 반영된
안채 부엌과 큰방

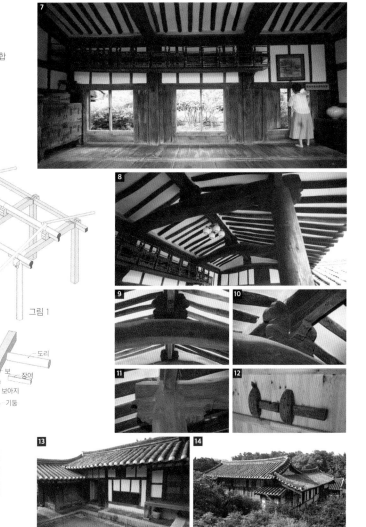

사진 14
후원에서 본 안채

그림 2
안채 기둥과 보의 결합
상세도

그림 1

도리

보 장여

보아지

기둥

그림 2

양동 수졸당

良洞 守拙堂

소재지	경북 경주시 강동면 양동마을안길 58-23
건축 시기	안채: 1616년
	사랑채: 1744년
지정 사항	중요민속문화재 제78호
소유자	이지억
구조 형식	안채: 3량가, 맞배+팔작 기와지붕
	사랑채: 5량가, 맞배 기와지붕
	사당: 3량가, 맞배 기와지붕

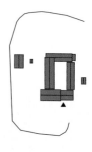

지붕 평면도

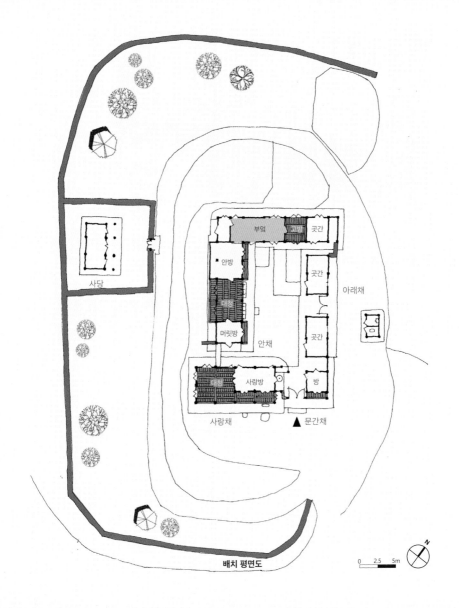

부엌

곳간

안방

곳간

아래채

대청

곳간

머릿방

안채

사당

대청

사랑방

방

사랑채

문간채

배치 평면도

0 2.5 5m

N

회재 이언적의 넷째 손자인 수졸당 이의잠(守拙堂 李宜潛, 1576~1635)이 1616년에 지은 집으로 1744년에 이의잠의 6대손인 양한당 이정규(養閒堂 李鼎揆)가 사랑채를 지었다.

사랑마당이 시작되는 서쪽부터 북쪽, 그리고 안채 부엌이 있는 동쪽까지 완만한 동산이 반원 형태로 수졸당 전체를 감싸고 있다. 'ㄱ'자 형태의 안채와 사랑채, 문간채, 아래채가 튼 'ㅁ'자를 이루고 북동쪽 동산 위에 사당이 있다.

안채는 북동향한 몸채와 남동향한 날개채가 'ㄱ'자 형을 이룬다. 같은 안채임에도 불구하고 안방과 대청이 있는 몸채의 지붕을 더 높게 만들어 안채의 중심임을 명시했다. 몸채는 왼쪽부터 머릿방, 우물마루를 깐 2칸 대청, 2칸 안방으로 구성된다. 안방의 측면에서 연결한 날개채에는 왼쪽부터 반 칸 욕실, 2칸 반 부엌, 고방, 곳간이 있다. 곳간 옆에는 반 칸의 헛간을 두었다. 기둥은 모두 각기둥을 사용했다. 날개채는 한 단 낮게 구성된 3량 구조, 민도리 맞배집이다. 몸채의 대들보 높이가 남동향 채의 종도리 높이가 되어 연결되는 부분에 작은 합각이 형성되었다.

안채보다 약 130년 늦게 지어진 '一'자 형 사랑채는 안채 머릿방 측면에 담장을 두고 연결되어 있으며 문간채와 나란히 배치되어 한 건물처럼 보이나 지붕의 높이가 다르다. 안채보다는 큰 자연석을 사용한 한 단의 기단 위에 2칸 우물마루 대청과 2칸 사랑방이 있다. 방 앞에는 툇마루를 두었다. 방의 오른쪽에는 작은 부엌을 두었고 그 상부에는 다락을 설치했다. 사랑방 전면 왼쪽에는 '양한당(養閒堂)', 대청 배면 왼쪽에는 '수졸당(守拙堂)' 편액이 걸려 있다. 기둥 중 전면 다섯 개는 원형기둥이고 나머지 열한 개의 기둥은 각기둥이다.

사랑채의 오른쪽에 있는 문간채는 3량 구조로 왼쪽에는 문, 오른쪽에는 쪽마루가 있다. 기둥 위에 익공 형식의 포작과 대들보 위에 파련대공을 설치해 장식성이 돋보인다.

아래채는 안채의 몸채와 나란히 자리하는데, 3량 구조로 가운데에 안대문이 있고 양 2칸은 곳간이다.

안채 뒷동산에 배치된 사당은 일각문을 중심으로 담장이 있고 그 내부에 퇴가 부설된 3량 구조이다. 포작은 익공 형식으로 전면에는 당초를, 배면에는 연봉을 새겼다.

사진 2, 그림
대문 기둥 상부의 왼쪽은
굴도리로, 오른쪽은
초익공으로 양쪽을 달리
처리했다.

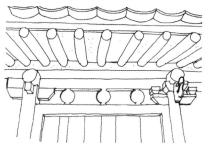

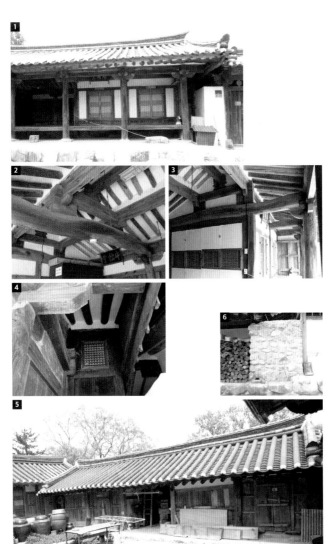

사진 1
사랑방의 전면에는 세살창을, 대청과 면한 쪽에는 불발기문을, 후면에는 세살문을 달았다.

사진 2
5량 구조인 사랑대청 부분에서는 전면과 배면의 평주에 통간대들보를 놓고 그 위에 판대공을 세워 종보를 지지했으며 사랑방 부분에서는 대들보 아래 평주를 하나 세웠다.

사진 3
사랑방 쪽의 가운데 부분은 평주 위에 툇보를 놓고, 내부는 대들보를 놓았다. 각 칸마다 다른 방식의 구조를 취했다.

사진 4
사랑채 다락

사진 5
아래채 전경. 아래채의 왼쪽에 있는 곳간은 원래 외양간, 디딜방앗간으로 사용했다고 한다. 아래채에는 안대문을 두어 내외 구분을 했다.

사진 6
아래채와 안채 사이의 담

사진 7
 안채는 안방과 대청이
있는 북동향한 몸채와
부엌이 있으며 남동향한
날개채로 구성되는데,
몸채의 지붕을 더 높게
해 안채의 중심임을
명시했다. 머릿방과
안방의 전면에는 장마루를
깔고, 후면에는 안방 뒤에
튀어나온 반침면까지
쪽마루를 들였다.

사진 8, 그림 2
안채 부엌의 풍혈

사진 9, 그림 3
안채 박공판의 초각 상세.
대개는 게눈각을 새기지만
수졸당의 안채에서는
당초를 새겨 화려하게
장식했다.

그림 1
안채 측면 부분 단면도

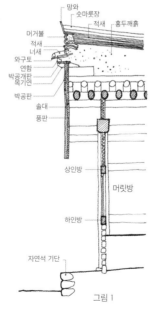

망와
숫마룻장
적새
홍두깨흙
머거불
적새
너새
와구토
연함
박공개판
목기연
박공판
솔대
풍판
상인방
머릿방
하인방
자연석 기단

그림 1

그림 2

그림 3

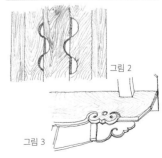

경주 양동 향단

慶州 良洞 香壇

소재지	경북 경주시 강동면 양동마을길 121-75
건축 시기	1514년경
지정 사항	보물 제412호
소유자	이문환
구조 형식	본채: 5량가+3량가, 팔작+맞배 기와지붕
	새사랑채: 3량가, 맞배 기와지붕

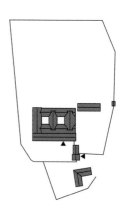

지붕 평면도

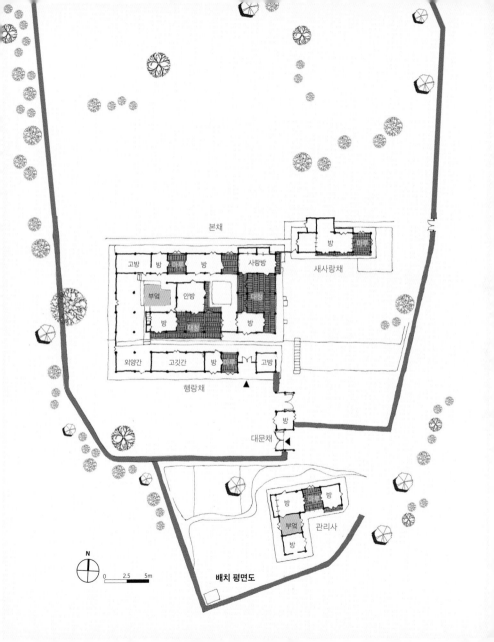

본채

고방　방　마루　방　　사랑방

부엌　안방

방　대청　　방

새사랑채

방　마루

외양간　고깃간　방　마루　　고방

행랑채

대문채

방

관리사

방　마루　방

부엌

방

N

0　2.5　5m

배치 평면도

향단은 회재 이언적이 경상감사로 재직할 때인 1514년경에 지어졌다. 지어질 당시 99칸의 큰 집이었으나 임진왜란 때 일부 소실되고 한국전쟁 때 안채 왼쪽의 6칸 방앗간채가 헐렸다. 현재는 안채와 새사랑채, 행랑채, 대문채 등 56칸이 남아 있다.

마을 입구에서부터 대문채와 담장이 보이는 양동마을 북촌 물봉골의 낮은 구릉에 자리한다. 대문을 들어가면 남동향한 행랑채가 보이고 그 뒤로 본채가 있으며 동쪽 마당에는 새로 만든 새사랑채가 있다. 뒤로 갈수록 지형이 높아져 각 단마다 높이 차를 극복하기 위한 축대가 마련되었다. '향단(香壇)'이라는 당호도 이처럼 여러 단으로 조성되어서 붙은 이름이라고 한다. 본채에는 원래 당호로 생각되는 '향초(香窩)'라는 현판이 있다.

행랑채, 안채, 사랑채가 모두 하나로 연결되어 본채를 구성한다. 본채는 네 부분으로 나눌 수 있다. 사랑 부분에는 마을을 내려다볼 수 있도록 동향한 2칸 우물마루 대청이 있고, 대청을 중심으로 양 옆에 온돌방이 있다. 대청 뒤에는 툇마루를 두어 안마당과 연결되도록 했다. 밖에서 보았을 때 왼쪽 온돌방은 앞에도 툇마루가 있고 오른쪽 온돌방에는 북쪽 방향으로 반침이 두 개 있고 앞에 쪽마루를 달았다. 새사랑채와 사이에 협문이 있다.

정침부분은 'ㄱ'자 형으로 왼쪽에 남향한 2칸 반 우물마루 안대청이 있다. 대청의 왼쪽에 1칸 반 방이 있다. 문을 들어서면 안마당이 나오고 안마당 왼쪽에 쪽마루가 부설된 1칸 반의 안방이 있고, 왼쪽에 부엌이 있다. 부엌 부분은 왼쪽의 중층건물과 같이 구성되는데, 중층 하부는 부엌과 하나의 공간으로 만들고 상층 찬방의 부엌 쪽으로 면한 부분에 홍살을 세웠다. 중층건물 상부는 안대청 왼쪽 온돌방의 다락과 연결되고 중층 하부공간을 통해 행랑

채의 수장공간과도 연결된다.

가장 북쪽에 자리한 뒤채는 방과 마루로 이루어져 있다. 왼쪽부터 2칸의 고방, 방, 마루, 2칸 방, 마루로 구성되며 마루는 모두 우물마루이다.

전체적인 구조는 사랑 부분만 익공 형식을 취하고 나머지 부분은 민도리집이다. 사랑 부분과 정침 부분은 5량 구조, 중층 부분과 뒤채는 3량 구조이다. 지붕은 전·후면 합각이 두 개, 풍판을 둔 박공이 하나씩 설치된 형상이다. 왼쪽 중층건물의 지붕은 오른쪽 정침 부분, 뒤채보다 한 단 높였다. 또한 사랑 부분 정면에는 좌·우에 풍판을 두어 대칭이 되도록 하고 왼쪽면 지붕과 오른쪽면 지붕의 모양을 다르게 했다. 5량 구조인 사랑 부분과 정침 부분에 높게 용마루를 두고 같은 높이로 왼쪽 중층 부분에도 박공 용마루를 두어 전체적으로 남북 방향으로 세 개의 용마루가 보인다. 중층 부분에서 시작된 2열의 낮은 동·서 용마루는 사랑 부분에서 박공으로 처리된 형식으로 전체적으로 합각지붕 형태이다.

행랑채는 정면 9칸, 측면 1칸의 3량 구조이다. 특히 행랑채에서의 문은 본채의 문과 1칸 비켜 설치되어 바로 본채 안마당이 보이지 않도록 했다. 대체로 판벽으로 구성되었다.

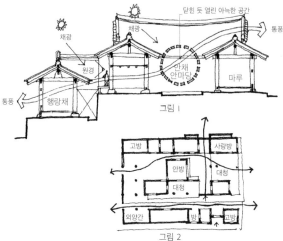

그림 1

채광 · 채광 · 닫힌 듯 열린 아늑한 공간 · 통풍

원경 · 안채 안마당 · 마루

통풍 · 행랑채

고방 · 사랑방

안방 · 대청

대청

외양간 · 방 · 고방

그림 2

사진 1
대문에서 본 사랑 부분과 새사랑채. 사랑 부분에서 마을 입구가 보이도록 배치한 것은 당시 향단의 위세를 보여 준다.

사진 2
사랑대청

사진 3
사랑방에서 본 대청

사진 4, 5
향단의 대공들. 사랑대청 상부에는 파련대공(사진 4)을, 정침 부분에는 판대공을, 중층 부분과 뒤채에는 동자대공(사진 5)을 사용했다.

사진 6
안마당. 대칭적인 공간 확장이 이루어져 사랑 부분, 중층 부분까지 확장되는 공간성은 다른 고택에서는 찾아볼 수 없을 정도로 독특하다.

사진 7
안대청 건넌방

사진 8
뒤채 마루에서 본 안채 대문. 행랑채의 문과 본체의 문은 서로 한 칸 비켜 설치해 공간을 효과적으로 차단한다. 사랑으로 연결되는 문을 별도로 만들어 남녀의 동선이 최대한 겹치지 않도록 배려했다.

사진 9
부엌에서 본 뒤채

사진 10
부엌 위 찬방

사진 11
찬방 하부

그림 1
대지 고저차에 따른 건물 배치 단면도

그림 2
바람의 흐름 개념도

그림 3
배치에 따른 공간 환경 분석도. 부엌을 중층 부분의 1층에 동시에 가설함으로써 부엌의 공간을 확장시켜 자칫 답답할 수 있는 공간을 시원하게 구성했다.

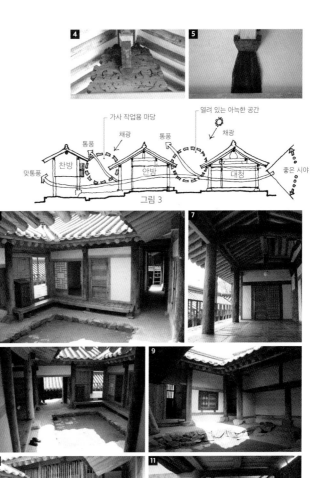

가사 작업용 마당 · 채광 · 통풍 · 통풍 · 열려 있는 아늑한 공간 · 채광

맞통풍 · 찬방 · 안방 · 대청 · 좋은 시야

그림 3

경주 양동 관가정

慶州 良洞 觀稼亭

소재지　경북 경주시 강동면 양동마을길 121-47
건축 시기　1500년대 초
지정 사항　보물 제442호
소유자　손성훈
구조 형식　관가정: 3량가, 맞배 기와지붕
　　　　　　사당: 5량가, 맞배 기와지붕

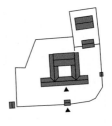

지붕 평면도

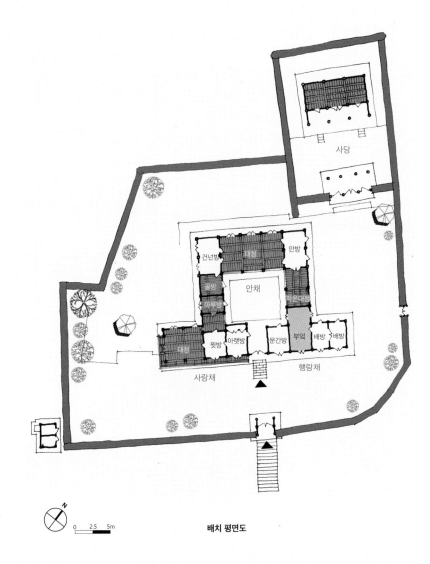

사당

건넌방　대청　안방

골방　안채

마루방

대청　윗방　아랫방　문간방　부엌　배방　배방

안채　작은대청

사랑채　행랑채

N

0　2.5　5m

배치 평면도

관가정은 우재 손중돈의 고택으로 사랑채의 당호이다. 월성손씨의 대종가로 사용되다가 서백당으로 대종가를 옮기면서 살림 기능이 없어지고 별서가 되었다. 양동마을 어귀의 물봉골 서측 산 등성이에 자리하며, 지형의 흐름을 따라 동남향하고 있다. 정침과 별도 영역의 사당으로 구성되어 있는데, 경사지에 자리해 사랑마당이 좁고 길다. 원래는 사랑마당이 트여 있어 안강평야의 경관을 즐길 수 있었는데, 1981년에 담장과 함께 사주문을 달아서 그럴 수 없게 되었다. 관가(觀稼: 농사짓는 모습을 바라본다)라는 의미로 보면 주변을 바라볼 때 방해가 되겠지만 관리상 담장을 쌓은 것으로 보인다.

정면에 높게 쌓은 기단을 올라 중문을 지나야 안마당에 들어갈 수 있다. 좌·우 대칭 구조로 사랑채와 안채, 행랑채가 연결되어 'ㅁ'자 형을 이룬다. 사랑채, 안채, 행랑채는 각각 마루를 매개공간

사진
관가정 전경

으로 해 연결되고 분리된다.

중문 서쪽에 자리한 사랑채는 남쪽면 4칸을 모두 계자난간으로 연결했다. 서쪽 끝에 2칸 사랑대청을 누마루 형식으로 두고 사랑 윗방, 사랑아랫방이 이어진다. 중문 동쪽 4칸은 행랑채로 문간방, 부엌, 배방 2칸이 이어져 모두 9칸의 긴 형태를 보인다. 중문사랑 채는 누마루와 난간에 의해 개방감이 있는 반면, 벽체가 있는 행 랑채는 폐쇄적인 느낌이다. 중문을 중심으로 양쪽의 건물이 서로 대조를 이루는 형상이다.

'ㄷ'자 형인 안채는 가운데에 정면 3칸, 측면 2칸의 6칸 대청을 두고, 대청 동쪽에 2칸 안방이 있고, 서쪽에 2칸 건넌방이 있다. 안 방 남쪽에는 2칸 작은대청이, 건넌방 남쪽에는 골방과 마루방이 있다. 안채 전체 평면을 보면 마루 공간이 많은 편이다. 남부지방 의 지역성과 종가에서 일상적으로 치뤄지는 제사 의례를 고려한 것임을 알 수 있다.

공간에 위계를 두기 위해 사랑채 누마루에만 원형기둥과 굴도 리를 쓰고, 나머지는 각기둥과 납도리를 사용했다. 기둥은 고주 없 이 모두 평주로 민흘림이다. 사랑채 누마루와 안대청은 초익공으 로 장식해 격을 달리했다. 사랑채와 행랑채의 회첨부에는 회첨추 녀가 있다. 안대청의 평주는 층고를 높이기 위해 길이가 긴 것을 사용했으며, 대청 양측의 맞보 부분 기둥 위에 동자주를 세워 종 도리를 받치는 기법은 흔치 않은 방식이다.

사당은 정침의 동북쪽 높은 지역에 남동향으로 자리한다. 삼문 과 담장으로 둘러 있고, 정면 3칸, 측면 1칸 반의 3평주 5량가로 전퇴가 개방된 전형적인 평면 형태를 이루고 있다. 겹처마에 막새 기와를 사용했다.

누마루 기단을 같은 높이로 처리한 경우(왼쪽)와 누마루 하부
기단을 낮춘 경우(오른쪽). 기단을 낮춰 설치한 경우가 누마루의
성격이 잘 드러나면서 여유로워 보인다.

사진 1, 2
동쪽에 남자가 생활하는
공간을, 서쪽에 여자가
생활하는 공간을 두는
게 일반적인데 관가정은
사랑 공간을 서쪽에(사진
1), 부엌과 행랑 공간을
동쪽에(사진 2) 두었다.
안강평야를 관가하기
위한 배치로 생각된다. 긴
입면에 변화를 주기 위해
보칸 길이가 작음에도
안채 양 날개채의 용마루
지붕을 의도적으로 높여
조그만 합각을 꾸밈으로써
정면성을 강조했다.

사진 3
관가정은 3량 구조이지만 누마루 부분만 뒷면에 툇간을 설치해 반5량가로 했다.

사진 4
안대청에서 본 안마당

사진 5, 그림
안채 가구 상세. 안채는 규모상 5량으로 할 수 있지만 3량으로 하고 극히 절제된 구조로 간결하고 견실하게 구성했다. 대청의 평주는 층고를 높이기 위해 긴 부재를 사용하고, 대청 양측의 맞보 부분 기둥 위에는 동자주를 세워 종도리를 받치는 흔치 않은 방식을 사용했다. 그림은 안채 맞보 부분 구조 상세이다.

사진 6
안채 왼쪽 전경

사진 7
사랑채 왼쪽 후면

사진 8
행랑채 오른쪽 후면

사진 9
안채 오른쪽 후면

사진 10
안채 왼쪽 후면

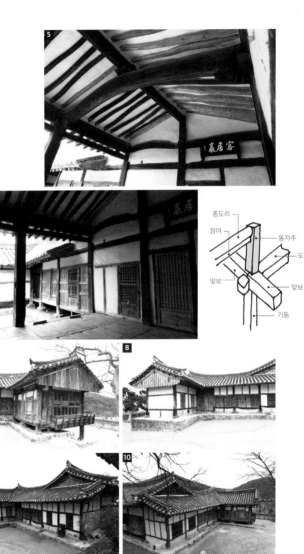

경주 양동 무첨당

慶州 良洞 無忝堂

소재지	경북 경주시 강동면 양동마을안길 32-19
건축 시기	1540년경
지정 사항	보물 제411호
소유자	이지락
구조 형식	무첨당: 5량가+3량가, 팔작+맞배 기와지붕
	안채: 3량가, 맞배 기와지붕
	사당: 3량가, 맞배 기와지붕

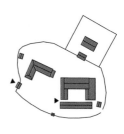

지붕 평면도

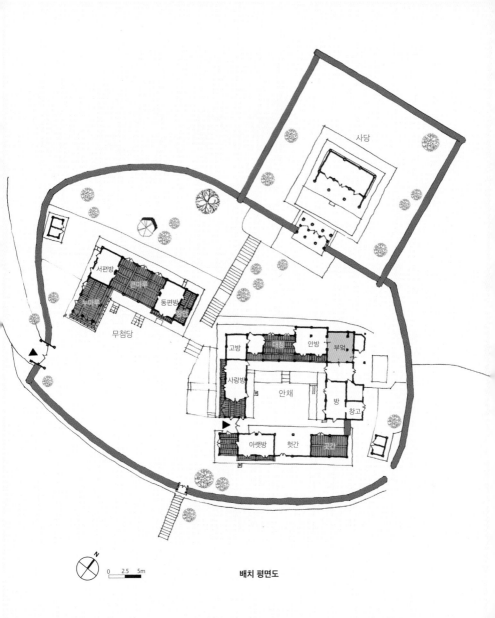

사당

서편방 큰마루 동편방
정일
누마루
무첨당

고방 대청 안방 부엌
사랑방 안채 방 창고
아랫방 헛간 곳간

N
0 2.5 5m

배치 평면도

양동마을의 중앙인 북촌 물봉골의 산등성이에 자리한 무첨당은 여강이씨 대종가의 봉사청 당호였으나 현재는 살림채와 사당을 포함한 일곽을 무첨당으로 통칭하고 있다. 회재 이언적이 경상감사 시절인 1540년경에 지은 것으로 추정된다.

사진 1
대문에서 바라본 안채

무첨당은 가운데에 정면 3칸, 측면 2칸의 6칸 대청이 있고, 대청 양 옆에 정면 1칸, 측면 2칸의 온돌방이 있다. 왼쪽에 정면 1칸 반, 측면 3칸의 누마루가 있다. 누마루의 남쪽면은 여닫이 판문을 들문으로 설치해 개방할 수 있도록 하고 동쪽은 마당 쪽으로 창호 없이 개방하고 서쪽에는 판문을 달았다. 남쪽과 동쪽면에만 난간마루를 더 내고 계자난간을 설치했다. 무첨당은 경사지에 자리한 까닭에 정면의 기단은 자연석으로 하고 대청 정면에 있는 다섯 개의 원형기둥 아래에만 가공초석을 놓고, 나머지는 덤벙주초이다. 주두 위에 두 갈래의 쇠서를 낸 초익공 구조이다. 몸채 부분은 5량 구조, 누마루 부분은 3량 구조이고 처마는 모두 홑처마이다. 기둥은 주로 원형기둥을 쓰고 일부 각기둥이 있는데, 고주 없이 모두 평주로 민흘림을 했다. 대청 부분의 천장은 연등천장으로 노출하고, 온돌방은 고미반자로 했다.

안채와 아래채로 구성된 살림채는 무첨당의 동쪽에 동남향으로 배치되어 있다. 남향인 무첨당과 살짝 틀어져 있다. 서쪽에 있는 사주문으로 진입해 무첨당 앞의 큰마당을 지나거나, 남쪽의 협문을 통해 안채와 아래채 사이의 중문을 통해 진입한다. 'ㄷ'자 형 안채와 안채 앞 '一'자 형의 아래채가 튼 'ㅁ'자 형을 이룬다. 안채의 몸채는 정면 7칸, 전퇴가 있는 측면 2칸으로 구성되어 있다. 서측 고방 남쪽 사랑채 부분에 2칸 사랑방과 1칸 사랑마루가 있고, 동측의 부엌 남쪽으로 부엌을 1칸 더 냈고 그 아래 2칸 방이 있다.

안채의 부속건물인 아래채는 안채보다는 낮은 위치에 자리한다. 안채와는 서쪽의 중문과 동쪽의 낮은 담장으로 연결되어 있다.

1632년에 건립된 것으로 전해지는 사당은 살림채 뒤편의 언덕 위에 남향으로 자리한다. 건물은 삼문과 담장을 둘러 별도의 영역으로 구성했으며, 무첨당과 살림채 사이의 자연석 계단을 따라 진입하게 했다.

사진 1
누마루 상부 가구 상세

사진 2
무첨당 대청 위 종보와
대공. 대청의 종보 위에는
파련대공을 설치하고,
누마루 정면의 귀부분
창방뺄목(초방)은
특이하게 두 갈래의
쇠서로 초새김해 익공과
같은 장식을 하고 있다.

적심도리
덧서까래

날개채의 종도리　　본채의 중도리
처마도리
본채
날개채
처마도리

그림 1

그림 2

사진 3
무첨당 누마루

사진 4
무첨당 난간

사진 5
무첨당 누마루 왼쪽의
판벽과 판문

사진 6
누마루 하부

그림 1
몸채와 날개채의 결합
개념도. 5량가인 몸채의
중도리와 3량가인 날개채
종도리의 높이를 맞추어
구조 계획되었다. 또한
본채와 날개채의 처마도리
높이를 같게 했다.

그림 2
무첨당 누각 덧도리
설치 개념도

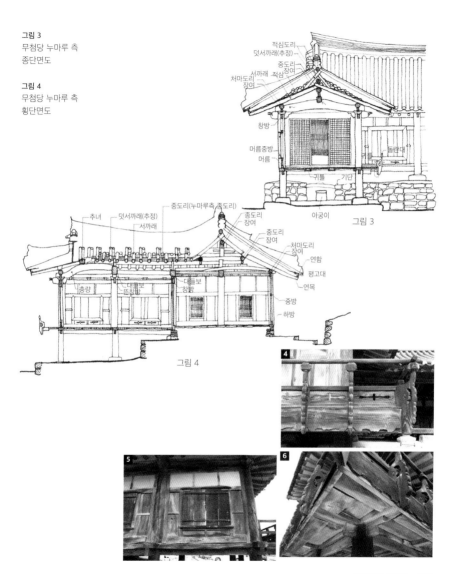

그림 3
무첨당 누마루 측
종단면도

그림 4
무첨당 누마루 측
횡단면도

적심도리
덧서까래(추정)
중도리
서까래 적심
처마도리 장여
장여

창방

머름중방
머름
틀란대

귀틀 기단

아궁이 그림 3

추녀
덧서까래(추정)
서까래
중도리(누마루측 종도리)
종도리
장여
중도리
장여
처마도리
장여
연함
평고대
연목

충량
대들보
뜬창방

대들보
창방

중방

하방

그림 4

경주 교동 최씨고택

慶州 校洞 崔氏古宅

소재지	경북 경주시 교촌안길 19-21
건축 시기	1700년경
지정 사항	중요민속문화재 제27호
소유자	학교법인 영남학원
구조 형식	안채: 5량가, 맞배 기와지붕
	사랑채: 4량가, 팔작 기와지붕

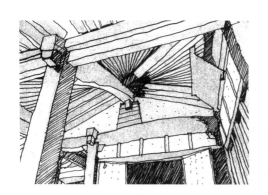

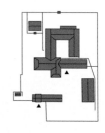

지붕 평면도

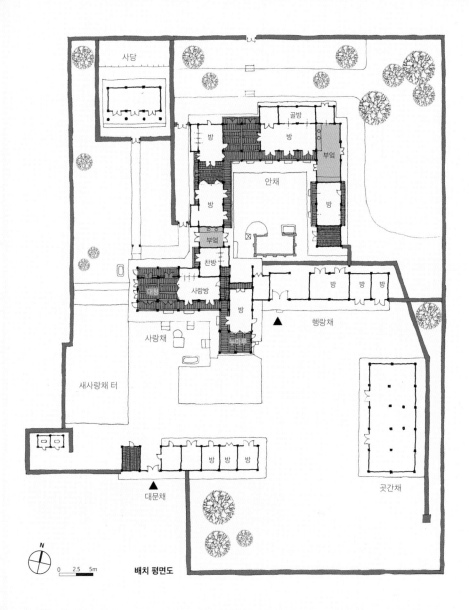

사당

골방
방
방
부엌
안채
방
방

방
사랑방
부엌
찬방
방
대청
방
사랑채
사랑채
새사랑채 터
누마루
▲
방 방 방
행랑채

곳간채

방 방 방
대문채
▲

N

0 2.5 5m

배치 평면도

경주 교동마을은 신라시대에 요석공주가 기거한 요석궁이 있던 자리로 알려져 있다. 교동마을에 자리한 최씨고택은 1700년경 최언경(崔彦璥, 1743~1804)이 지었다. 최씨 가문은 12대 300여 년간 부를 유지했다. 민가에서는 보기 드문 좋은 목재를 사용하고 조형적인 아름다움이 뛰어나다. 원래는 99칸이었으나 1970년에 사랑채와 별당 등 여러 건물들이 화재로 소실되고 현재는 안채, 사랑채(복원), 사당, 곳간채, 행랑채, 대문채가 남아 있다. 최근 복원 및 정비공사를 거치면서 원래의 모습을 찾아가고 있다.

약 2000여 평의 땅에 지은 대저택으로 이 집에 살았던 하인만 약 100여 명이었다고 한다. 후원이 약 1만 평이었다. 고택의 동쪽에는 반월성과 경주향교가 있고, 북쪽에는 고분군이 있다. 교촌 앞으로는 남천이 동에서 서로 흐르는 길지이며 인근에 향교와 사마소가 있어 교육 환경이 좋은 지역이다. 마을 뒤편은 비보림으로 조성된 울창한 숲이 있었으나 일제 강점기에 일부는 벌목되고 많은 수량이 고사되어 현재는 옛 풍치를 찾아보기 어렵다.

정면 7칸, 측면 1칸으로 규모가 큰 대문채에는 솟을대문이 있다. 솟을대문 왼쪽 1칸의 바닥에는 현재 마루가 깔려 있으나 과거에는 목욕을 할 수 있는 곳이었다고 한다.

대문을 들어서면 복원된 사랑채가 보인다. 사랑대청, 사랑방, 침방이 'ㄱ'자 형으로 구성되어 있고, 여기에 방과 누마루가 남쪽 전면으로 돌출되어 있다. 사랑채는 전면을

가리지 않고 드러내어 위엄을 보이는 것이 일반적인데, 최씨고택
에서는 사랑채 앞에 화단을 조성해 대문에서 바로 보이지 않게 한
것이 이색적이다.

사랑채 누마루 아래를 돌아들면 긴 행랑채의 왼쪽 끝에 안채로
드나드는 중문이 보인다. 중문은 사랑마당에서 바로 안채가 보이
지 않도록 돌아 들어가게 하기 위해 2칸으로 구성했다.

'ㄷ'자 형 안채는 장대석 세벌대 초석 위에 원형기둥을 세운 대
청마루를 중심으로 오른쪽에 3칸 안방이 있고 꺾이는 부분에 3칸
부엌이 있다. 부엌 아래에는 2칸 방, 1칸 마루방이 있다. 안방 앞에
는 툇마루가 있고 뒤에는 골방을 덧붙였다. 대청 왼쪽에 1칸 반 건
넌방이 있고 건넌방 아래에 1칸 마루, 2칸 방, 작은 부엌과 찬방이
있다. 왼쪽 날개채의 방 앞에는 툇마루가 있는데 두 방의 툇마루
는 높이를 달리해 공간의 위계를 명확히 했다.

곳간채는 쌀 800석을 보관할 수 있는 정면 5칸, 측면 2칸의 맞
배집이다. 이런 곳간채가 여러 채 있었다고 하지만, 현재는 한 채
만 남아 있다.

사진 1
사랑채 앞에는 잘 다듬은 장대석으로 만든 기단과 계단, 석등과 탑의 부재로 만든 정료대, 석연지가 있어 집의 위엄을 높여 준다. 또한 앞에 화단을 꾸며 외부에서 바로 보이지 않도록 했다.

사진 2, 4
안채 부엌 앞에는 큰 행사때 떡을 만들 수 있는 떡치는 돌이 놓여 있다.

사진 3
사랑채 앞에 놓여 있는 연화문이 조각된 돌확

사진 5
중문에서 본 안채

사진 6
안채에서 본 안마당

사진 7, 8
새사랑채(사진 7)와 안채(사진 8)에서는 신라시대의 초석을 볼 수 있다.

사진 9
안대청 가구 상세

사진 10
안대청의 동자주와 대공 상세

사진 11, 12
행랑채의 중문은 2칸으로
구성해 안채가 바로
보이지 않게 했다. 사진
12는 안대청에서 본
행랑채이다.

사진 13
곳간채 는 통풍과 환기를
고려해 하부는 판벽으로
마감하고 상부는 회벽에
살창을 달았다.

사진 14
사당은 정면 3칸, 측면 1칸
규모이다.

경주 김호장군고택

慶州 金虎將軍古宅

소재지	경북 경주시 식혜골길 35
건축 시기	조선 중기
지정 사항	중요민속문화재 제34호
소유자	김영모
구조 형식	안채: 3량가, 맞배 기와지붕
	사당: 3량가, 맞배 기와지붕

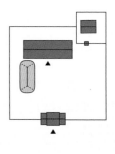

지붕 평면도

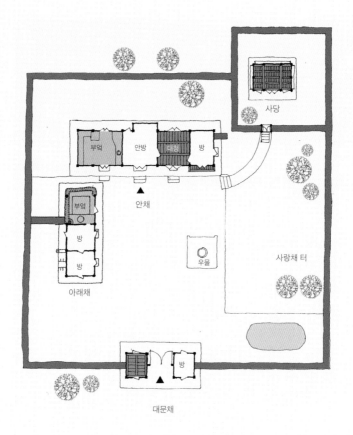

부엌

안방

대청

방

안채 ▲

사당

아래채

부엌

방

방

우물

사랑채 터

대문채 ▲

방

N

0   2.5   5m

배치 평면도

사진 1
진입로에서 본
김호장군고택

　임진왜란 때 공을 세운 김호(金虎, 1534~1592)장군의 집으로 알려져 있다. 집터는 신라시대 절터였다는 설이 있는데, 주변에 통일신라시대에 만들어진 여러 석조물이 있고 마당의 우물을 만든 돌들이 이를 말해 주고 있다. 우물은 지금도 사용하고 있다. 김호장군은 임진왜란이 일어나자 경상좌도의 의병도대장에 임명되어 많은 공을 세우고 노곡전투에서 전사했다.

　대문인 솟을삼문을 들어서면 높은 기단 위에 자리한 맞배지붕, 홑처마인 안채가 보인다. 뜰 아래에는 초가삼간인 아래채, 동측으로는 우물 옆에 사랑채 터가 있으며, 동북쪽에 사당이 삼문과 함께 담장으로 둘러 있다.

　'一'자 형의 외줄박이 홑집인 안채는 두벌대의 자연석 면석 위에 신라시대 유구로 보이는 화강석 갑석을 한 단 더 올려 높게 만든 기단에 자리한다. 왼쪽부터 1칸 반 부엌, 1칸 방, 1칸 대청, 1칸 방이 있다. 부엌 1칸 반 중 반 칸은 찬방으로 사용하고 부뚜막 위에는 다락이 있다. 부엌 옆에 있는 안방의 기둥 간격은 대청과 같으나 뒤에 받침을 덧달았다. 사방 1칸 크기의 대청은 전면에 세살창호를 달았다. 이렇게 대청에 문짝을 다는 경우는 안동지방 북쪽에서는 드문 사례이다. 건넌방 뒷면 벽체는 인방 사이에 선대를 수장 크기로 설치해 투박하고 견실해 보인다.

아래채는 소박한 초가로 동향하고 북쪽 끝에 1칸 반 크기의 부엌이 있다. 부엌 아래에 방이 있고, 그 아래는 우물마루를 깐 대청이었으나 지금은 방으로 사용하고 있다. 초가의 질박한 구조는 다른 집과 다르지 않지만 방에 불 지핀 연기가 빠지는 굴뚝이 부엌안 부뚜막의 서쪽 끝에 시설되어 있는 것이 특징이다. 사용된 창호는 울거미 틀에 대나무로 살을 빗격자로 만들었는데 초가에서 흔히 볼 수 있다.

정면 3칸, 측면 1칸인 사당은 안채 동북쪽에 정남향으로 자리하며 담장에 둘러싸여 있다. 내부는 모두 하나로 된 통간으로 되어 있다. 사랑채 터의 기단 아래에는 우물이 있고, 부엌 서쪽 담장 밑에는 장독대가 있다.

사진 2
통일신라시대 석조물로
추정되는 우물 두겁돌.
우물은 지금도 사용하고
있다.

사진 3
초가인 아래채

사진 4
아래채 부엌의 출입문은
통판을 사용해
투박하면서도 간결한
판문으로 했다.

사진 5
아래채의 대청이었던
부분은 현재 방으로
사용하고 있는데, 울거미
틀에 대나무로 빗격자
살을 넣었다.

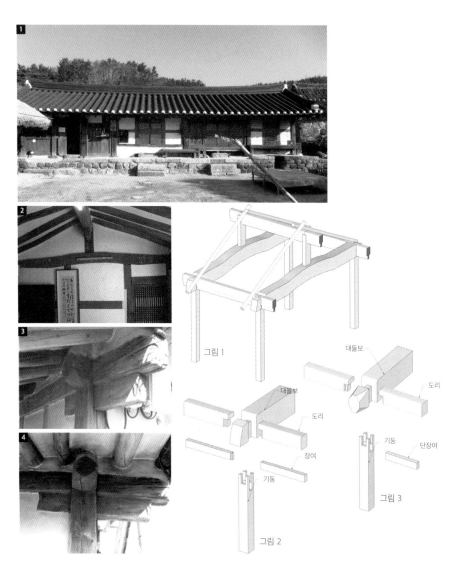

그림 1

대들보

도리

대들보

도리

장어

기둥

단장어

기둥

그림 3

그림 2

사진 1
높은 기단 위에 수평적
요소를 강조해 앉힌 안채

사진 2, 그림 1
안대청 가구 상세

사진 3, 4, 그림 2, 3
일반적으로 보머리에
치장을 하는데 이 집은
네모서리만 쳐내어
꾸몄다. 박공처마를 길게
내기 위해 단장여를
기둥에 통맞춤했다.
그림 2는 일반적인 기둥
맞춤이고 그림 3이
김호장군고택의 맞춤
상세이다.

사진 5
다소 두꺼운
수평 · 수직재를 사용한
건넌방 벽체

사진 6
사랑채 터에서 바라본
안채

사진 7
사당

사진 8
사당 기둥 초석

울릉 나리동 너와집 및 투막집

鬱陵 羅里洞

너와집 지붕 평면도

소재지	너와집: 경상북도 울릉군 북면 나리 124번지
	투막집: 경상북도 울릉군 북면 나리 112번지
건축 시기	1940년대
지정 사항	중요민속문화재 제256호
소유자	울릉군
구조 형식	너와집: 귀틀 구조 3량가, 우진각 너와지붕
	투막집: 귀틀 구조 3량가, 우진각 초가지붕

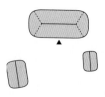

투막집 지붕 평면도

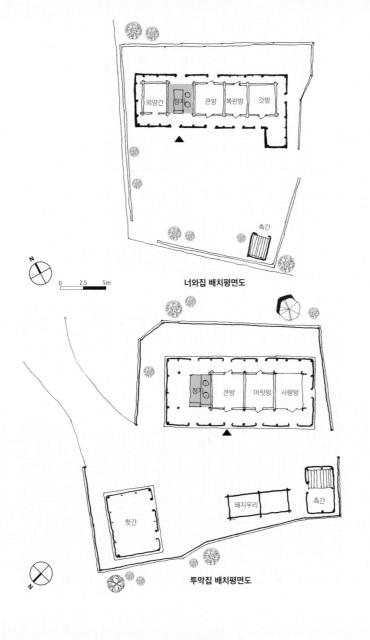

너와집 배치평면도

외양간 · 정지 · 큰방 · 복판방 · 갓방 · 측간

0 2.5 5m

투막집 배치평면도

정지 · 큰방 · 머릿방 · 사랑방 · 헛간 · 돼지우리 · 측간

    1940년대에 지어진 울릉 나리동 너와집 및 투막집은 울릉군 북면 해발 약 350미터에 있는 나리분지에 자리한다. 나리분지는 울릉도에서 가장 넓은 평지이다. 너와집은 나리분지의 초입에, 투막집은 너와집에서 남쪽으로 약 30미터 정도 떨어진 곳에 있다. 너와집과 투막집의 주요 구조는 같고 지붕을 너와로 얹은 집을 너와집, 억새로 이은 집을 투막집이라고 부른다.

    1994년까지 너와집은 민속자료 제55호, 투막집은 제56호였으나 2007년 중요민속자료로 승격되면서 하나의 번호로 합쳐졌다.

    너와집과 투막집은 모두 통나무를 '井'자로 쌓아올려 벽을 만든다. 일반적으로 귀틀집이라고 하지만 지역에 따라 투방집, 방틀집, 틀목집이라고도 한다. 울릉도에 투막집이 많은 것은 풍부한 목재를 간단하게 가공해 손쉽게 집을 지을 수 있고, 무거운 적설하중을 견디기에도 매우 적합한 구조라는 점 때문에 개척 초기 화전을 일구던 산간 정착민들이 지은 것으로 추정된다.

사진
너와집과 투막집은
나리분지의 위쪽에 있는
마을 초입에 도로를
사이에 두고 자리한다.

너와집

너와집은 마을 초입의 넓은 평지에 남서향으로 자리하고 있다. 전면 마당 일부에 텃밭을 일궜으나 지금은 마당만 있고 마당 모서리에는 요즘 육지에서 보기 어려운 초가로 만든 움막 형태의 측간이 있다.

본채는 정면 5칸, 측면 1칸, '一'자 형 평면으로 동쪽에 지붕을 연장하고 우데기를 둘러 외관상으로는 'ㄱ'자 형으로 보인다. 지붕을 확장한 공간에는 외부 아궁이를 설치해 솥을 걸고, 안쪽은 헛간으로 사용한다. 서쪽에 외양간 1칸과 정지 1칸을 두어 가축을 키우기 편리하도록 하고, 동쪽에는 나란히 방 3칸을 두었다. 기단은 자연석을 한 단으로 낮게 설치했다. 자연석 초석 위에 통나무를 '井'자 형으로 귀틀을 짜올린 다음 틈새는 진흙과 여물을 섞어 메웠다.

처마 끝단 사면에는 가는 기둥을 세우고, 비늘판벽으로 만든 우데기를 설치했다. 우데기는 대개 가옥의 배면을 제외한 삼면 또는 전면에만 설치하는데 이 집은 사면에 설치해 공간의 효율성을 극대화했다. 우데기의 출입문은 채광을 위해 방문 위치에 맞춰 설치했다. 방문은 대나무를 얇게 만들어 거칠게 빗살을 대고 종이를 바른 죽살문인데, 자연스러움이 인상적이다. 방과 방 사이에는 문이 없고, 방바닥에는 돗자리를 깔고, 벽에는 종이를 발랐다.

정지는 우데기로 벽체를 마무리하고, 바닥은 축담보다 약 70센티미터 낮추고 아궁이와 부뚜막을 시설했다. 부뚜막에는 솥을 두개 걸어 겨울에 사용하고, 더운 여름에는 헛간 앞의 아궁이나 야외에 아궁이를 만들어 사용했다.

지붕은 우진각 너와지붕이다. 큰 돌로 눌러 바람에 날아가지 않도록 했다. 강원도 산간의 너와집은 통나무와 돌로 지붕을 누르는데 울릉도에서는 큰 돌만 올린다는 점이 다르다.

귀틀로 짠 통나무 벽체와 우데기 사이의 공간인 축담은 겨울철 눈이나 여름철 햇빛을 피해 작업과 생활을 할 수 있는 공간이자 물품의 저장 장소이기도 하다. 앞쪽의 폭이 1.3미터 정도이고, 측면과 배면은 0.9~1.1미터 정도로 전면에 비해 좁다.

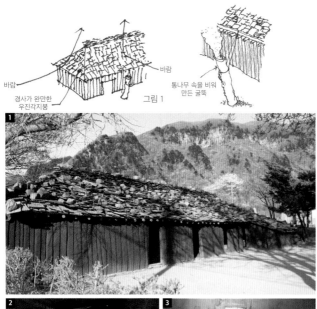

사진 1, 그림 1
너와집에는 우데기를 설치한다. 우데기는 눈, 비, 바람이 많은 울릉도 지역의 특성상 생활 공간 확보를 위해 설치하는 것으로 본채의 처마 끝에 가는 기둥을 세우고 억새, 옥수숫대, 널판, 함석 등으로 설치한 외벽이다.

사진 2
정지는 축담보다 약 70센티미터 낮추고 아궁이와 부뚜막을 두었다.

사진 3
방에는 돗자리를 깔고 통풍과 환기를 고려해 앞·뒤로 마주보게 문을 설치했다.

사진 4, 5
마당 한쪽에는 원시 형태의 간결한 구조를 한 측간이 있다.

사진 6
축담에는 헛간을 만들고 야외 화덕을 설치했다.

사진 7, 그림 2
귀틀은 약 15~20센티미터 정도 굵기의 통나무를 방 한 칸 길이보다 조금 길게 도끼 또는 톱으로 잘라서 서로 직교되게 쌓아올려 결구한다. 귀틀은 통나무의 아래·위를 가공하지 않고 위쪽만 둥글게 판 후 짜맞춘다.

홈을 파서 맞추기 때문에 아래 · 위 통나무 사이가 좁아지며, 이 사이의 뜬 공간은 가느다란 통나무를 넣은 후 진흙과 여물로 메운다.

사진 8
부엌에서 본 내부. 귀틀 사이는 진흙과 여물을 섞어 메우기 때문에 열 차단 효과가 높아 겨울에는 따뜻하고 여름에는 시원하다.

사진 9
우데기의 판문과 방의 대나무 살문은 통풍과 환기를 위해 앞 · 뒤로 마주보게 설치한다.

사진 10, 그림 3
우데기의 서까래 위에는 가공하지 않은 통나무를 얹어 평고대로 사용했다. 우데기의 판벽으로 세우는 목재가 변형되면서 생기는 틈새를 고려해 판벽을 겹쳐 세운다.

사진 11
귀틀과 우데기는 서까래로 연결하고 가는 통나무를 툇보 형식으로 귀틀마다 우데기 도리와 연결한다.

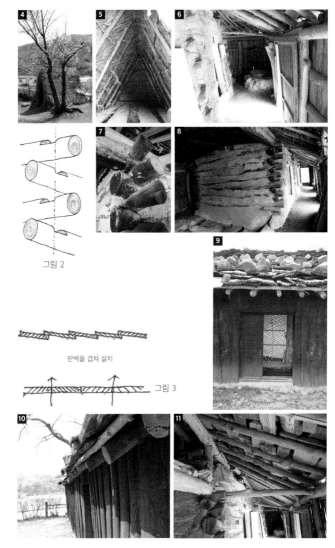

그림 2

판벽을 겹쳐 설치

그림 3

사진 1
진입로에서 본 투막집

투막집

이 집은 서북쪽 향인 본채를 중심으로 동쪽에 헛간이 있고, 측간과 돼지우리가 서쪽에 있어 자연스럽게 안마당이 형성되며, 마당 주위에는 바자울을 둘렀다. 몸채 평면은 왼쪽부터 정지, 큰방, 머릿방, 사랑방 순으로 배열된 4칸 집이다.

큰방과 머릿방은 얕은 기단 위에 큼직한 자연석 초석을 놓고, 굵기가 일정치 않은 통나무 여덟 개를 '井'자로 짜서 구조체를 형성하고 그 사이의 틈새는 진흙과 여물을 섞어 메운 전형적인 투막집이다. 이에 비해 사랑방은 기둥을 세우고 토벽으로 마감한 가구식 구조를 하고 있어 후대에 지어진 것임을 알 수 있다.

기단 사면 끝단에는 막기둥을 세우고, 띠로 이엉을 엮어 만든 우데기가 있다. 우데기의 처마도리는 방 벽 위의 연목을 길게 돌출시켜 연결되도록 한 구조이다. 이런 구조는 남서리 신원수 가옥, 남양리 이종해 가옥에서도 볼 수 있다. 방 벽과 우데기 사이의 축담 폭은 0.8~1.4미터 내외이다. 방 벽 높이는 2.1미터 가량이다.

방문은 문얼굴이 들어설 자리만큼만 통나무를 잘라내고 양측에 문설주를 세워 외여닫이 교살문을 달았다. 그러나 각 방 사이에 문은 없다. 우데기 출입문은 거적문으로 하고 각 방 앞에 달아 출입과 채광 및 편의성을 고려했다.

정지는 기둥만 세우고 우데기가 벽체를 대신한다. 정지 바닥은 축담보다 60센티미터 가량 낮으며, 부뚜막에 솥 두 개가 걸려 있다. 정지 뒤쪽 축담에는 장독대가 있다. 각 방 천장은 모두 고미반자이고, 지붕은 우진각에 띠로 이엉을 엮어 얹었다.

1945년에 지은 투막집은 원래는 3칸이었으나 한 칸을 더 달아 현재는 4칸이다. 지붕은 새로 이었으며 큰방과 머리방의 벽은 귀틀로 되어 있고 정지의 부뚜막은 아궁이에서 내굴로 되어 있는데 정지 바닥은 죽담보다 낮아 계단을 한 단 놓아 오르내리게 했다. 정지에는 별도의 벽을 두지 않고 옥수숫대로 세워 돌린 우데기로 가렸다. 방 주위의 죽담은 앞쪽만 더 넓어져 편하게 되어 있다.

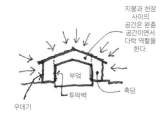

지붕과 천장 사이의 공간은 완충 공간이면서 다락 역할을 한다.

부엌
축담
투막벽
우데기

이중 외피 구조인 투막집은 열악한 자연환경으로부터 보호막이 되어 준다.

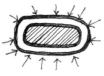

울릉 나리동 투막집

鬱陵 羅里洞

소재지	경상북도 울릉군 북면 나리1길 71-316, 외 1필지
건축 시기	1945년경
지정 사항	중요민속문화재 제257호
소유자	울릉군
구조 형식	본채: 귀틀 구조 3량가, 우진각 초가지붕

지붕 평면도

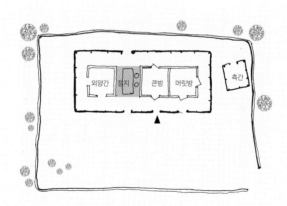

외양간　정지　큰방　머릿방　측간

0　2.5　5m

배치 평면도

1945년경에 지어진 이 투막집은 울릉도가 개척되기 시작한 1880년대의 특징을 잘 간직하고 있다. 투막집은 나리분지에서 약 1.2킬로미터 떨어진, 성인봉으로 올라가는 등산로의 낮은 지대에 자리한다. 주변은 작은 평지로 약 100미터 거리에 다른 투막집이 있다. 대지는 성인봉과 형제봉이 바라보이는 산속에 있어 절경을 이루는 곳이다.

남서향한 본채와 본채 오른쪽에 투막집을 축소해 놓은 형태의 측간이 있다. 측간은 가는 통나무를 자연스럽게 걸어 내부를 구성한 것이 상당히 자연스러워 보인다. 정면 4칸, 측면 1칸, '一'자 형인 본채는 중앙 서쪽부터 외양간, 정지, 큰방, 머릿방이 각 1칸씩 있다. 외양간의 입구가 측면에 있는 것이 다른 집과 차이가 있다.

기단은 자연석 한 단을 낮게 설치하고, 벽체는 자연석 초석 위에 거칠게 다듬은 통나무를 '井'자 형으로 귀틀을 짜올리고 사이의 틈새를 가는 통나무, 진흙과 여물을 섞어 메웠다. 방문은 문을 낼 자리에만 통나무를 잘라낸 뒤 양쪽에 문설주를 세우고 외여닫이 문을 달았다. 사람이 겨우 드나들 수 있는 크기의 방문은 대나무로 엮었는데, 개척 초기의 어려운 상황과 산골집의 정취가 느껴진다. 귀틀 벽체의 높이는 축담 하부에서 2.2~2.3미터 내외이다. 귀틀벽과 우데기 사이의 공간인 축담의 폭은 약 1.5미터이고, 정지는 방과 달리 우데기가 벽체 구실을 한다. 부뚜막에 솥이 두 개 걸려 있다.

우데기는 지붕 처마 사면에 설치되어 있는데, 기단석 위에 가는 통나무 기둥을 약 1.5미터 간격으로 세우고, 그 위에 기둥과 유사한 크기의 도리를 크게 가공하지 않고 올려 서까래를 받게 했으며, 바깥에는 띠로 이엉을 엮어 붙였다. 우데기와 귀틀이 벌어지는 것을 막기 위해 가는 나무로 귀틀과 우데기를 연결했다. 우데기 문은 방문 앞에 띠로 발을 엮어 말아 올렸다 내렸다 하는 거적문이다.

방 천장은 고미천장이고, 지붕은 띠로 이은 우진각지붕이다. 지붕에는 가느다란 목재를 큰 가공 없이 가로와 세로로 교차해서 새가 날리는 것을 막았다.

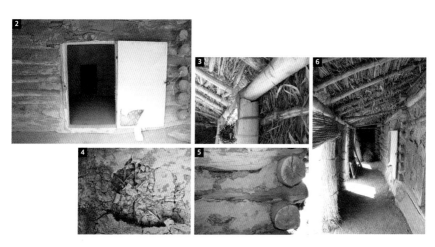

달성 태고정

達城 太古亭

소재지	대구 달성군 하빈면 육신사길 64
건축 시기	1479년
지정 사항	보물 제554호
소유자	박우규
구조 형식	태고정: 5량가, 팔작+맞배 기와지붕

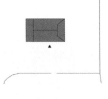

지붕 평면도

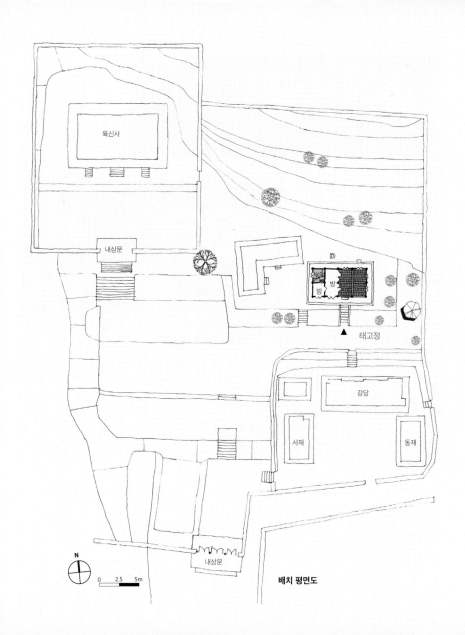

육신사

내삼문

방 방

태고정

강당

서재

동재

내삼문

N

0 2.5 5m

배치 평면도

　사육신의 한 사람인 박팽
년(朴彭年, 1417~1456)의 손자 박
일산(朴壹珊, 1456~1506)이 지은
것으로 원래는 종가의 별당이
었다. 초창 후 임진왜란으로
소실된 것을 1614년에 중건
해 지금에 이른다.

　경사지에 자리한 태고정은 자연석 석축을 쌓고 석축 위에 장대
석 오벌대로 기단을 만들고 그 위에 지었다. 뒤에는 대나무 숲이
있고, 대청에 올라 남쪽을 내려다보면 마을이 한눈에 들어온다.

　태고정은 정면 4칸, 측면 2칸 규모의 5량가이다. 오른쪽 2칸은
대청이고, 왼쪽 2칸은 방인데 왼쪽 끝에 있는 방의 뒤쪽 칸에는 부
엌을 들여 간단한 취사를 해결하고 온돌방에 불을 때는 아궁이를
설치했다. 부엌 위에는 다락이 있다. 이 칸은 별도로 달아 낸 것처
럼 도리와 지붕을 따로 붙였으며 기둥도 각기둥으로 다르다. 가구
방식 역시 민도리로 대청 부분과 다르다. 기단과 초석들은 제 각
각이어서 최근까지 여러 번 수리했음을 알 수 있다. 기둥은 모두
원형기둥으로 굵고 육중한데 왼쪽 끝에 있는 기둥 세 본만 각기둥
이다. 지붕에는 부섭지붕을 달았다. 대개 누정이나 사랑채 등에는

함실을 들이는데 이 지역에서는 부뚜막을 들이고 그 위에 비바람을 막기 위해 부섭지붕을 달기도 한다.

사진 7
기둥머리는 창방으로 연결하고 초익공과 사갈로 맞춤했다. 주두를 놓고 주두 위에서는 보와 장여 및 굴도리가 십자로 교차하도록 했다. 익공은 짧고 혀가 위로 솟아 강직하며 익공 하부에 연봉이 돌출되도록 해 고풍스럽다.

사진 8
방형 동자주를 사용하고 동자주익공은 삼분두 형식의 고식을 사용했다. 행공은 연화두형이다. 동자주에도 주두를 사용하고 주두 위에서 중도리와 종보가 결구되었다.

사진 9
충량

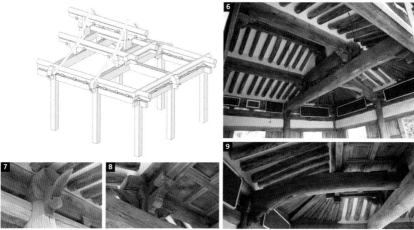

달성 삼가헌

達城 三可軒

소재지	대구 달성군 하빈면 묘동4길 15
건축 시기	1769년
지정 사항	중요민속문화재 제104호
소유자	삼가헌보존회
구조 형식	안채: 3량가, 맞배 기와지붕
	사랑채: 5량가+3량가, 맞배+팔작 기와지붕
	하엽정: 3량가, 팔작+맞배 기와지붕

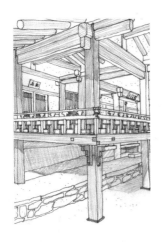

지붕 평면도

안방 대청 윗상방

안채

굇방

아랫상방

곳간채

방 대청 방 방

누마루

하엽정

방

서고

대청 방

방

사랑채

일각문

중문채

광 광 광

대문채

0   2.5   5m

배치 평면도

삼가헌은 하빈면 낙동강변 동쪽, 태고정이 있는 묘리의 순천박씨 집성촌 남쪽에 있다. 삼가헌은 서북쪽의 나지막한 주산을 배경으로 동남향으로 자리 잡았으며 형국은 작으나 좌청룡과 우백호가 잘 갖추어진 아늑한 명당이다.

박팽년의 11대손인 삼가헌 박성수(三可軒 朴聖洙, 1735~1810)가 1769년 초가로 짓기 시작한 것을 그의 아들 박광석(朴光錫)이 1809년 안채, 1827년 사랑채, 1874년에 증손자인 박규현(朴奎鉉)이 하엽정에 누마루를 달아 현재의 모습이 완성되었다고 한다. 삼가헌이라는 당호는 박성수의 호에서 가져왔다. 사랑채에 걸린 〈삼가헌기(三可軒記)〉에 의하면 '삼가(三可)'란 세 가지가 가능하다는 의미이다. 천하와 국가를 바르게 할 수 있고, 벼슬과 녹봉을 사영(私營)할 수 있으며, 날카로운 칼날을 밟을 수 있다는 뜻이다.

삼가헌은 별도의 담장을 두른 서쪽의 하엽정 영역과 동쪽의 살림채 영역으로 구분할 수 있다. 대문은 살림채 남쪽에 있는 대문채를 같이 사용하며 살림집과 하엽정은 측담에 있는 쪽문으로 연결된다.

대문채를 들어서면 사랑채가 보인다. 서쪽 2칸이 대청이고 동쪽 2칸이 온돌방이다. 온돌 칸 동쪽으로는 반 칸을 덧달아 부섭지붕을 덮고 앞·뒤로 칸을 나눠 앞은 청지기방으로 사용하고, 뒤에는 부엌 아궁이를 설치했다. 아궁이 상부에는 다락을 두어 작은방에서 이용할 수 있도록 했다. 대청 북쪽으로도 날개채가 빠져 올라가 있는데 마루를 깐 1칸 서고와 1칸 온돌방이 있다. 사랑채는 'ㄴ'자 형을 이룬다. 사랑채 동쪽 모서리에는 3칸 초가 중문채가 있다. 이 중문채를 측면으로 꺾어 들어가면 안마당 동남 모서리에 이르게 된다.

안채는 서쪽에 전퇴가 있는 2칸 안방과 동쪽에 2칸 대청이 있고 양쪽으로 비대칭형의 날개채가 붙어 'ㄷ'자 형 평면을 이룬다. 서쪽 날개채에는 부엌이 있고 부엌과 대청으로 동쪽 날개채에는 작은방 기능의 윗상방과 안사랑 기능의 아랫상방이 있고 사이에는 마루를 깐 고방이 있다. 아랫상방 남쪽에는 부섭지붕을 덮은 아궁이가 마련되어 있다. 부뚜막이 있는 간이 주방 기능의 이러한 부섭공간은 사랑채에도 달려 있으며 달성 태고정에서도 볼 수 있다.

'ㄴ'자 형 사랑채와 'ㄷ'자 형 안채가 결합해 튼'ㅁ'자 형을 이루며 동남 모서리에 붙은 중문채가 사랑채 공간과 안채 공간의 매개 공간 역할을 한다.

별당인 하엽정은 'ㄱ'자 형으로 대청 1칸을 기준으로 서쪽에 온돌 1칸, 동쪽에 온돌 2칸이 붙어 있으며 서쪽 온돌 앞으로는 누마루 1칸이 붙어 있다. 대청과 온돌 전면에는 모두 툇마루가 있으며 대청과 툇마루 사이 고주 열에는 네 짝 세살분합문을 달았다. 전면 툇기둥은 원형기둥이고 나머지는 각기둥이다. 기둥의 사용 방식도 태고정과 유사하다. 하엽정 남쪽에는 남북 21미터, 동서 15미터 가량의 비교적 큰 연못이 조성되어 있는데 연못의 형태는 방형이다. 연못 가운데에는 원형의 삼신산이 있다. 연못에는 연꽃을, 삼신산에는 백일홍을, 연못 둑에는 매화나무와 배나무 등을 심었다. 하엽정에서 본 비교적 웅장한 연못의 풍경과 뒷산의 송림, 낮고 잔잔한 좌청룡과 안산이 잘 어울리는 조선 후기 살림집이다.

사진 1
사랑채

사진 2, 그림
5량 구조인 사랑채 가구
상세

사진 3
안채

사진 4
안채 가구 상세

사진 5
중문채는 삼가헌에서
유일한 초가이다.

사진 6
토벽으로 구성한 곳간채

사진 7
하엽정과 연지

사진 8
연지의 삼신산과 다리

사진 9
누마루에서 본 연지

사진 10
하엽정 누마루

사진 11
누마루 난간 상세

달성 조길방가옥

達城 趙吉芳家屋

소재지	대구 달성군 가창면 조길방길 92-1
건축 시기	1784년
지정 사항	중요민속문화재 제200호
소유자	함안조씨 동계공파 문중
구조 형식	안채: 3량가, 우진각 초가지붕
	사랑채: 3량가, 우진각 초가지붕

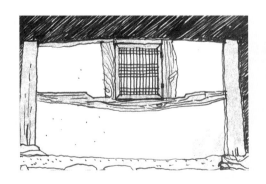

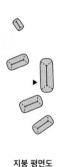

지붕 평면도

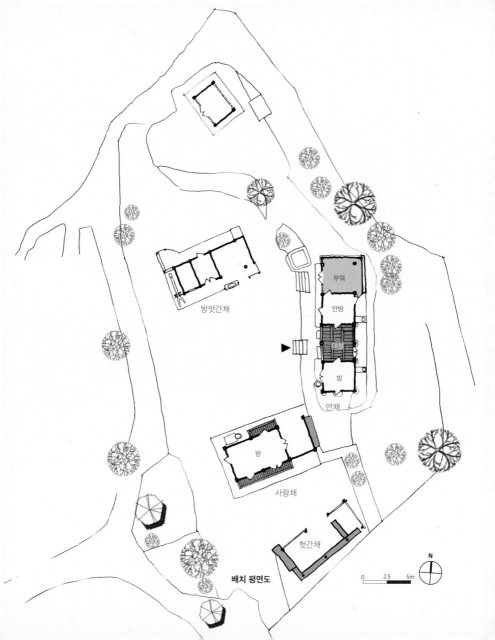

방앗간채

부엌

안방

대청

방

안채

방

사랑채

헛간채

배치 평면도

N

0 2.5 5m

조길방가옥은 해발 800미터에 달하는 산의 비탈에 자리 잡고 있다. 대구 남쪽 청도로 연결되는 30번 지방국도를 타고 내려가다가 가창면에서 동남방향의 비슬산 쪽으로 우회전해 협곡을 따라 약 7킬로미터 정도 들어간다. 여기서 왼쪽에 있는 용계천 지류의 계곡을 따라 1킬로미터 정도 오르다가 다시 비슬산을 향해 1킬로미터 정도 가파른 산길을 오르면 나타난다. 계곡을 따라 오를 때까지는 협곡이 깊어 해가 잘 들지 않을 정도이지만 마지막 경사진 산길을 오르면 다시 밝아지면서 집이 나타난다. 절이 있다고 해도 너무 외진 곳이라는 느낌을 줄 정도로 오지이다.

조길방가옥은 동북방향의 산 정상을 주산으로 서남향으로 배치되어 있다. 오른쪽에는 실개천이 흐르고 용계천을 따라 가창 저수지에 이르기까지 물이 풍부하고 마르지 않는 곳이다. 함안조씨 22대손인 조광국(趙光國) 대에 가화를 당해 이곳에 숨어 들어와 살면서 지은 집이라고 한다. 조길방(趙吉芳)은 31대손으로 현 소유자인 조현기 씨의 조부이다. 안채 종도리의 묵서에는 "聖上在位九年甲辰二月十九日卯時竪柱未時上樑"이라고 기록되어 있다. 성상이 재위 한 지 9년이 되는 갑진년은 1784년이다. 성상은 1776년에 즉위한 정조를 가리킨다. 묵서에 의해 1784년에 지어졌음을 알 수 있다. 조광국의 선조는 대구의 동북방에 있는 현 동촌비행장 근처에 살았다고 한다.

현재 조길방가옥은 안채를 중심으로 남쪽의 사랑채와 북쪽의 방앗간채가 'ㄷ'자 형을 이룬다. 입구에는 헛간채가 사랑채와 같은 방향으로 나란히 놓여 'ㄷ'자 형을 이루고 있다. 안채는 명문이 남아 있기 때문에 건립 연대를 추정할 수 있으나 나머지 건물들은 초창이 언제인지 알 수 없다. 다만 1900년대 이후에 지금의 모습을 갖추었다고 추정하고 있다. 사랑채는 1996년에 수리하면서 슬레이트 지붕이었던 것을 초가로 바꾸었으며 입구의 헛간채는 최근까지도 토석담으로 된 골함석지붕이었으나 목조 초가집으로 새로 지었다. 또 2004년에는 안채 오른쪽 언덕에 단 칸 목조초가로 소화용 펌프를 보호하는 관리사를 새로 지었다.

안채는 정면 4칸, 측면 1칸으로 가운데 대청을 중심으로 북쪽에 1칸 안방, 남쪽에 1칸 건넌방이 있다. 안방 북쪽에는 정지 1칸이 있다. 대청은 1칸인데 중앙에서 앞·뒤로 건너지른 장귀틀 열에 각각 기둥을 세워 칸이 좁은 2칸 마루처럼 구성한 것이 특징이다. 노출된 전면 기둥은 굵은 원형기둥을 사용해 집의 규모에 비해 육중하고 소박하면서도 장중한 느낌이다. 각기둥도 집의 규모에 비해 굵은 것을 사용해 비교적 후덕한 느낌이다. 경사지를 이용해 지었기 때문에 전면 기단은 두벌대로 높고 마루가 허리까지 올라가는 위풍당당함을 갖추었다. 대청 귀틀과 마룻장은 원목의 외피부분을 그대로 살려 치목해 깔았기 때문에 견실하고 투박하며 자연스런 멋이 있다. 안방 전면의 창은 작은 외여닫이 세살창으로 하방이 매우 높게 설치되었다. 중방과 하방이 바로 문지방과 문상방의 역할을 겸하고 있는데 자연목의 곡선을 그대로 살린 것이 멋스럽다. 부엌의 문지방도 굽은 자연목을 그대로 깎아 만들었는데 둔테도 제몸이어서 견실하고 소박하고 완고한 멋이 있다. 대들보도 말안장처럼 굽은 나무를 그대로 사용했으며 표면에 도끼벌 흔적이 남아 있어서 건축기술사적 가치가 매우 높다. 원형기둥과 결구되는 보머리 양쪽에 갈을 두어 원형기둥을 감싸도록 한 것도 특징이라고 할 수 있다.

사진 1
진입로에서 본 조길방가옥

사진 2
사랑채

사신 3
디딜방앗간과 곳간,
방과 외양간으로 구성된
방앗간채는 작지만
여러 기능을 소화할 수
있는 함축성이 돋보이는
건물이다.

사진 4
안채. 2칸 규모인
안대청의 기둥 간격을
매우 좁게한 것이
인상적이다.

사진 5, 6
보머리 상세. 기둥머리
양쪽에서 도리가
외장부맞춤으로
연결되고 이와 직교해
보머리가 반턱장부로
사갈맞춤되었다. 보머리
뺄목부분 양쪽의 갈이
원형기둥을 감싸면서
그렝이되어 있는 모습이
이색적이다.

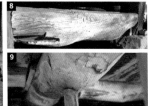

사진 7
안대청 마루귀틀

사진 8
귀틀 상세

사진 9
귀틀 하부. 마루귀틀과
청판에 원목의 겉껍데기
를 그대로 살려 치목해
휨이나 뒤틀림과 같은
변형을 최소화하고
강성을 높였다. 자연목의
투박하고 소박하면서도
장중함이 묻어나는
멋스러움이 있다.

사진 10
자연목의 굽은 모습을
그대로 살려 말안장과
같이 만든 대들보는
자연스러운 멋을 한층
돋보이게 한다.

사진 11, 12
투박한 대들보의 도끼벌
흔적은 한국건축의
기술사를 알 수 있는
중요한 증거이다.

사진 13
방앗간채 배면의 측간

부엌 판문

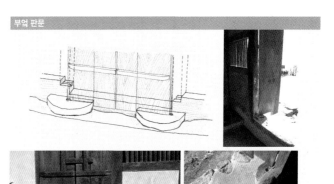

부엌 하방의 자연스러운 곡선의 멋과 둔테를
한몸으로 만든 견고함과 강직함은 부드러움과
강함을 대비시키며 극적인 아름다움을 만들어
낸다.

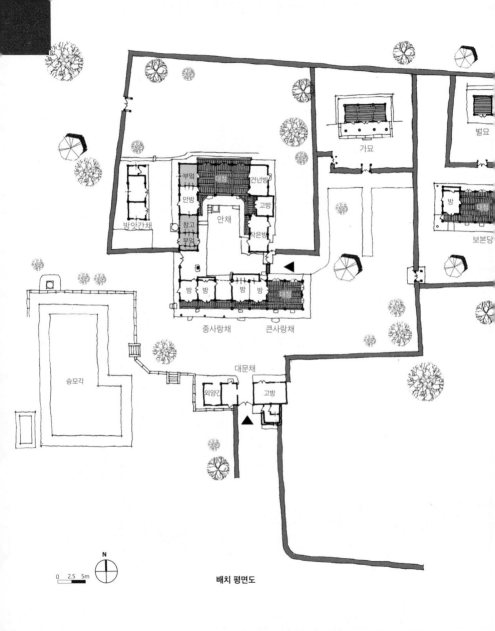

별묘

가묘

건넌방

부엌

안방   대청

창고
부엌   안채   고방

작은방

보본당

방   대청

방안가채

방 방   방 방   대청

중사랑채   큰사랑채

대문채

승모각

외양간   고방

N

0 2.5 5m

배치 평면도

대구 둔산동 경주최씨종택

大邱 屯山洞 慶州崔氏宗宅

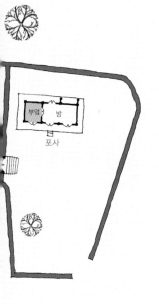

소재지	대구 동구 옻골로 195-5
건축 시기	1616년
지정 사항	중요민속문화재 제261호
소유자	경주최씨 칠계파 종중
구조 형식	안채: 3량가, 맞배 기와지붕
	큰사랑채: 3량가, 맞배 기와지붕
	중사랑채: 3량가, 맞배 기와지붕
	보본당: 5량가, 팔작 기와지붕

지붕 평면도

초기에는 작은 집이었으나 지금의 모습으로 커진 것은 대암 최동집(臺巖 崔東集, 1586~1661)의 손자인 최경함((崔慶涵, 1633~1704)이 1694년에 안채를 짓기 시작하면서부터였다고 한다. 가묘는 안채와 함께 1694년에 건립된 것으로 추정되며, 별묘는 1737년에 입향조의 신위를 따로 모시기 위해 지었다고 한다. 보본당은 가묘와 별묘의 제사를 위한 제청으로 1753년에 지었다. 사랑채는 최흥원의 신위를 모셨던 동산서원이 서원철폐령에 의해 1868년에 훼철되면서 그 부재로 다시 지었다. 이 집은 백불고택으로도 불리는데 입향조 최동집의 6세손 백불암 최흥원(百弗庵 崔興遠, 1705~1786)의 호에서 유래한 것이다.

'ㄷ'자 형 안채에 'ㅡ'자 형 사랑채가 붙어 'ㅁ'자 형을 이루고, 사랑채 남쪽으로 대문채가 'ㅡ'자 형으로 놓여 있으며 동쪽에 가묘와 별묘가 있고, 별묘 앞에 보본당, 보본당 동쪽에 제사음식을 준비하는 포사가 있다. 각 영역은 담장을 둘러 구획했다.

사랑채는 큰사랑채와 중사랑채로 구분되어 있다. 큰사랑채는 정면 4칸, 측면 1.5칸으로, 동쪽 2칸은 대청이고 서쪽 2칸은 온돌이며 온돌 앞에 툇마루를 둔 전툇집이다. 대청의 북쪽면과 동쪽면은 판벽으로 하고 두 짝 여닫이 판문을 달았다. 큰사랑의 전퇴에

사진
남쪽 진입로에서 본
경주최씨종택

는 원형기둥을, 배면에는 각기둥을 사용했다. 방과 대청이 만나는 모서리의 기둥은 팔각으로 한 것을 비롯해 큰사랑에서는 다양한 모양의 기둥을 볼 수 있다. 전툇집이지만 3량가이기 때문에 대들보와 툇보가 만나는 곳에 고주는 없다. 매우 독특한 가구법이다.

중사랑채는 정면 3칸, 측면 1칸으로 정면에는 쪽마루를 붙이고 처마를 달았다. 중사랑채 동쪽 1칸에는 아궁이를 들여 큰사랑과 중사랑의 난방을 한다.

보본당은 정면 5칸, 측면 1칸 반으로, 가운데 3칸은 대청이고 양쪽에 방을 1칸씩 들인 전툇집이다. 전퇴에는 원형기둥을, 나머지 공간에는 각기둥을 사용한 5량가이다. 대들보는 용처럼 구불구불한 자연스런 멋을 지니고 있다. 장식없이 단순한 가구의 소박한 맛을 지녔다. 익공과 양쪽 방에 면한 평주 상부의 익공과 행공은 격식과 화려함이 있다.

안채는 3칸 대청이 있는 몸채에 양쪽 날개채가 붙은 'ㄷ'자 형이다. 서쪽 날개채에는 북쪽에서부터 부엌, 안방, 창고, 부엌, 중문이 각 1칸씩 있다. 안방 위에 있는 부엌은 원래 작은방이었고 창고와 부엌을 부엌으로 사용했을 것으로 추정된다. 동쪽 날개채에는 건넌방, 고방, 작은방이 있는데 고방을 반 칸 뒤로 물린 것이 특이하다. 안채는 대청이 매우 높으며 넓고 웅장하다. 안대청에서 앞을 내다보면 큰사랑과 중사랑이 서로 만나는 아궁이 칸을 중심으로 해 단차가 있는 지붕이 정면으로 보인다. 안채 역시 전툇집이면서 3량으로 했으며 홑처마집이다. 홑처마집이어서 서까래의 물매가 매우 약해 지붕 속에서 덧서까래를 설치하고 지붕 물매를 별도로 잡았다. 공포는 두공이 있는 민도리집으로 기둥은 굵고 후덕하다. 민흘림이 눈에 띈다.

지붕의 높이 차이로 중사랑채와 큰사랑채의 위계 표현

지붕의 높이 차이로 안채와 날개채의 위계 표현

가묘를 부지의 가장 윗자리에 배치해 별묘와 위계 차를 표현

중사랑채　큰사랑채　안채　날개채

보본당　가묘

별묘

사진 1
사랑채

사진 2
머름과 문얼굴을 쌍사로 하는 등 매우 품격 있게 처리했으나 문짝은 울거미판문이 아닌 세로 널문으로 한 사랑채 배면의 판문

다양한 동선

가묘

안채

반 공적 동선

사랑채

사적 동선
공적 동선

대문채

공적 동선: 대문, 중문, 안채에 이르는 외부인 동선

반 공적 동선: 안채, 쪽문, 사당의 동선

사적 동선: 사랑채, 안채에 이르는 주인 동선

안채로 들어가는 두 짝 판문으로 된 중문은 안채 서쪽 날개채 끝에 있으며 중사랑채와는 담장으로 연결되어 있다. 대문을 들어서면 동쪽에 설치된 쪽문이 보이는데 이 쪽문은 가묘와 연결된다. 큰사랑의 서쪽 끝방과 중사랑의 동쪽 끝방에는 외짝 창호가 달려 있어서 아궁이 칸을 지나 안채로 갈 수 있다. 이 창호는 안채에서 준비한 음식을 사랑채에 전달하는 통로 역할을 했을 것이며 외부 손님보다는 주인이 은밀히 다닐 수 있는 문이었을 것이다. 외부인은 서쪽의 중문을 이용해 출입해야 했다. 이렇게 외부인의 동선과 내부인의 동선을 분리하고 남·녀 주인들이 은밀히 다닐 수 있는 문과 동선이 별도로 마련되어 있는 것이 이 집의 특징이고 멋이다.

사진 3, 그림
사랑채는 전툇집이지만
3량 구조로 하고
덧서까래로 지붕 물매를
잡았다.

사진 4
안채

사진 5
안채 양 날개채의 문간과
작은방 측벽에는 'X'자
형으로 가새를 넣어
건물의 횡적 변형을
최소화했다.

사진 6
보본당

사진 7
휜 부재를 그대로
대들보로 사용해 자연적
구조미를 살린 보본당
대청

거창 동계종택

居昌 桐溪宗宅

소재지	경남 거창군 위천면 강동1길 13
건축 시기	1820년 중창
지정 사항	중요민속문화재 제205호
소유자	정완수
구조 형식	안채: 1고주 5량가, 팔작 기와지붕
	사랑채: 1고주 5량가, 팔작 기와지붕
	사당: 3량가, 맞배 기와지붕

지붕 평면도

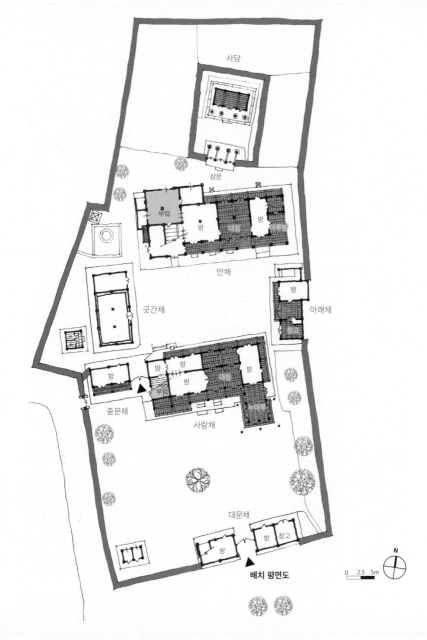

사당

삼문

부엌

방

대청

방

마루방

안채

곳간채

방

아래채

창고

방

방

방

대청

방

부엌

중문채

누마루

사랑채

대문채

방

방

창고

배치 평면도

N

0 2.5 5m

조선 중기 충절로 이름난 문신 동계 정온(桐溪 鄭蘊, 1569~1641)이 태어난 집으로 후손들이 1820년에 중창했다. 정온은 병자호란 때 척화를 주장하다가 화의가 이루어지자 자결을 시도했으나 뜻을 이루지 못하고 덕유산에 은거해 생활하다가 여생을 마감했다.

종택은 뒤로는 산을 등지고 있고 앞으로는 개천(위천)이 흐르는 배산임수의 풍경이 좋고 물이 맑은 곳에 자리 잡고 있다. 사랑채 누마루의 지붕이 이중으로 된 흔히 볼 수 없는 독특한 집이다. 사당이 중심축의 좌측이나 우측에 있는 것이 아니라 중앙에 있는 것도 조금 색다르다. 대문채, 사랑채, 곳간채, 아래채, 안채, 사당이 각각 독립되어 사방에 자리하지만 전체는 'ㅁ'자 형을 이룬다.

5칸 규모의 대문채 가운데에 있는 솟을대문을 들어서면 사랑채가 보인다. 겹집 형태로 'ㄱ'자 형, 팔작지붕집인 사랑채는 가운데에 대청이 있고 양 옆에 방이 있다. 각 공간은 모두 전퇴가 있으며 돌출된 부분은 누마루로 되어 있다. 누마루 부분의 지붕은 팔작지붕 아래의 삼면에 부섭지붕을 달아 중층지붕처럼 보인다. 이런 지붕은 아주 드문 예로 외진주를 두고 내진주에 툇보로 연결한 후 툇보에 도리를 걸어 서까래를 받아 지붕을 구성했다.

'一'자 형인 안채 또한 겹집이다. 전면에 툇간을 두고 왼쪽부터

사진 1
진입로에서 본 종택

사진 2
사랑마당에서 본 사랑채

사진 3
격자무늬와 '亞'자 무늬가
조화를 이루는 사랑채
사분합문

사진 4
사랑채 툇마루

부엌, 방, 대청, 방, 마루방이 있다. 1고주 5량 구조인데 전면 툇간은 평주로 하고 상부 도리는 내부로 조금 후퇴시켰기 때문에 서까래가 마치 벽을 뚫고 나오는 것처럼 보인다. 대청 부분에는 외진주는 있으나 내진주가 없어 대들보가 바로 외진주에 걸리는 구조이다. 다른 부분은 툇보로 되어 있는데 이 부분만 대들보를 걸었다. 전면과 우측면 일부는 주두가 있는 익공 없는 익공 구조이고 나머지 부분은 민도리 구조이다.

사랑채와 안채 우측에는 '一'자 형의 4칸 곳간채가 있고 왼쪽에는 '一'자 형의 3칸 아래채가 있다. 사랑채와 안채의 왼쪽 하부는 판벽으로 되어 있고 상부는 재사벽으로 했다.

사당은 안채 뒤쪽에 독립적으로 자리한다.

사진 1
사랑채 누마루.
팔작지붕의 아래쪽 삼면에
부섭지붕을 설치해
중층지붕처럼 보인다.

사진 2
사랑채 누마루지붕
가구 상세. 외진주를
두고 내진주에 툇보를
연결한 후 도리를 올리고
서까래를 걸어 지붕을
구성한 특이한 외관이다.

사진 3
사랑채 몸채 지붕과
누마루 지붕의 연결 부분

사진 4
중문채에서 본 안채

사진 5
안대청에서 바라본 툇마루

사진 6
안채 건넌방의 고상마루

사진 7
안대청 가구 상세. 전면
툇간에는 평주를 설치하고
상부도리는 내부로 조금
후퇴시켜 마치 서까래가
벽을 뚫고 나올 것 같은
구조이다.

사진 8
안채 툇간 가구 상세. 대청
가운데에는 대들보가
보이고, 양측 고주에는
툇보가 걸려 있다.

사진 9
안방 창호

사진 10
수직 · 수평 요소로만
간결하고 단순하게 구성한
안채 부엌 창호

그림
1고주 5량 구조 상세도

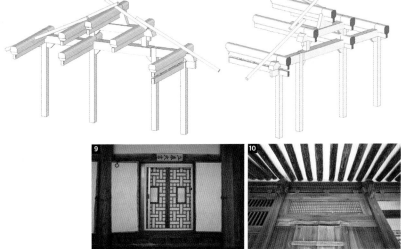

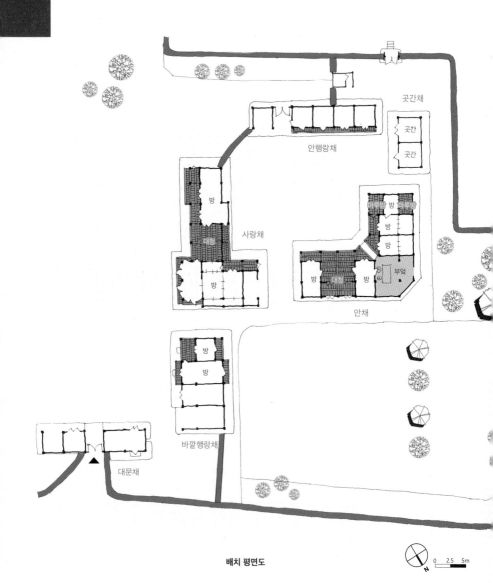

곳간채

안행랑채

곳간
곳간

사랑채

방

대청

방

마루방 방 마루방

방
방

방

대청

방

부엌

안채

방
방

바깥행랑채

대문채

배치 평면도

0 2.5 5m

N

함양 허삼둘가옥

咸陽 許三乫家屋

소재지	경북 함양군 안의면 허삼둘길 11-7
건축 시기	1918년
지정 사항	중요민속문화재 제207호
소유자	함양군
구조 형식	안채: 5량가, 팔작 기와지붕
	사랑채: 5량가, 팔작 기와지붕

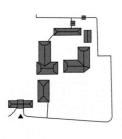

지붕 평면도

허삼둘가옥은 기백산을 뒤로 하고 진수산에 형성된 마을의 가운데에 자리한다. "歲在戊午九月上樑"이라고 적혀 있는 묵서명에 의해 1918년에 지어졌음을 알 수 있다. 당시 윤대홍이라는 사람이 진양의 갑부 허씨 문중에 장가를 간 후, 부인인 허삼둘과 지은 집이다. 갑오개혁 이후 재산이 많은 상인이나 부농들이 양반가옥을 본떠 화려한 집을 짓기 시작했는데 이 가옥도 그런 가옥 중 하나이다. 집의 이름은 아내의 이름에서 가져 왔다.

큰 길에서 좁은 골목길을 따라 진입하면 왼쪽에 솟을대문이 있는 대문채가 있다. 이 대문채를 들어서면 정면에 'ㅓ'자 형의 사랑채가 보인다. 사랑채 오른쪽에는 바깥행랑채가 있다. 사랑채 안쪽에는 'ㄱ'자 형의 안채와 'ㅡ'자 형의 안행랑채, 그리고 곳간채가 튼 'ㅁ'자 형을 이루고 있다. 2004년 방화로 사랑채 전면과 안채 일부분이 많이 손상되어 최근에 보수했다.

7칸 규모의 사랑채는 가운데 대청을 중심으로 양 옆의 방이 있는 부분의 툇마루에는 난간을 둘렀다. 대청 왼쪽에는 툇마루가 있는 방 세 개가 연달아 있으며, 오른쪽에는 4칸의 누대청이 있고 대청 구석 북쪽에 반침을 설치했다. 안채 쪽으로 꺾이면서 툇마루가

사진
안마당에서 본 사랑채,
바깥행랑채, 대문채

놓인 방과 다락이 있다. 사랑채의 주두와 소로, 화려한 난간동자, 큰대청의 활주, 대공의 장식성을 보면 얼마나 화려하게 꾸몄으며 안채와 달리 기존 양반가옥을 많이 닮아 있음을 알 수 있다.

사랑채 서쪽에 자리한 안채는, 외형은 양반가옥처럼 되어 있으나 내부 구성은 많이 다르다. 'ㄱ'자 형이지만 외형은 완전한 'ㄱ'자 형이 아니라 모서리를 접은 형상이다. 이 모서리 부분에 위치한 부엌이 이러한 점을 잘 보여 주고 있다. 꺾인 부분에 선반과 시렁을 걸어 가사 활동이 편리하도록 배려했다. 또한 꺾인 부분에 문을 설치하다 보니 자연스럽게 지붕의 꺾인 부분도 넓어져 지붕에는 회첨골이 일곱 개나 설치되었다. 부엌은 오각형으로 내부에는 기둥이 두 개만 서 있어 넓게 보인다. 부엌의 가구 구조는 북쪽 부분의 중도리는 북쪽 기둥까지 연결되고, 서쪽 부분의 중도리와 북쪽 부분의 별도 보강재가 남쪽 기둥까지 연결되어 있으며, 북쪽 기둥과 서쪽 기둥은 상부에서 서로 연결되어 있어 구조적으로 안정되어 보인다. 부엌 남쪽으로는 전면부터 툇마루, 방, 방이 연달아 있어 겹집 형태로 배치되어 있다. 가장 끝에는 마루를 설치해 마치 안채의 사랑처럼 꾸며 놓았다. 부엌 동쪽도 겹집 형태로 방 2칸, 대청, 방 2칸을 연달아 배치했다. 전면에는 툇마루를 가설했다.

사랑채에서 안채로 가기 위해서는 사랑채부터 시작된 돌담길을 휘어돌아 남쪽에서 진입해야 한다. 별도의 안행랑채가 있다.

넓은 땅에 있으면서 여러 채의 건물과 담장으로 각각의 공간 영역을 만들었다. 안채의 구성과 사랑채의 호사스러움은 당시의 시대상을 잘 보여 준다. 화재로 인해 원래의 면모를 살필 수 없음은 안타까운 일이다.

사진 1
솟을대문으로 구성한
대문채

사진 2
사랑채

사진 3
대문채의 대문 빗장(사진
3)과 대문 빗장에 비해
간소하게 꾸민 안행랑채의
문 빗장(사진 4)

사진 5
나비장이음한 안행랑채
측면 기둥 이음

사진 6
사랑채 난간

사진 7
사랑대청 가구 상세

사진 8
사랑채 왼쪽 전툇마루
부분의 다양한 창호

사진 9
사랑채 전툇마루 부분
가구 상세

사진 10
안채. 'ㄱ'자 형으로 꺾인
중심부에 부엌을 배치한
것을 통해 당시 여성의
위상을 엿볼 수 있다.

사진 11, 12
회첨골을 넓게 설치해
입구를 독립적으로
구성하고 상부에 수납
공간을 마련한 점이
특이하다.

사진 13
안채 꺾임부 후면

사진 14
꺾임부 마루 연결 부분

사진 15, 16
부엌 내부의 독립 기둥이
양쪽의 도리를 받치고
있다. 'X'자 형으로 살을
꾸민 환기창이 특색 있다.

사진 17, 18
자주 쓰는 물건을
보관하는 쪽에는 판문을,
장기간 보관하는 물건이
있는 쪽에는 빈지널문을
단 곳간채. 사진 18은
빈지널문이다.

함양 일두고택

咸陽 一蠹古宅

소재지	경남 함양군 지곡면 개평길 50-13
건축 시기	1570년
지정 사항	중요민속문화재 제186호
소유자	정의균
구조 형식	안채: 5량가, 팔작 기와지붕
	사랑채: 5량가, 팔작 기와지붕

지붕 평면도

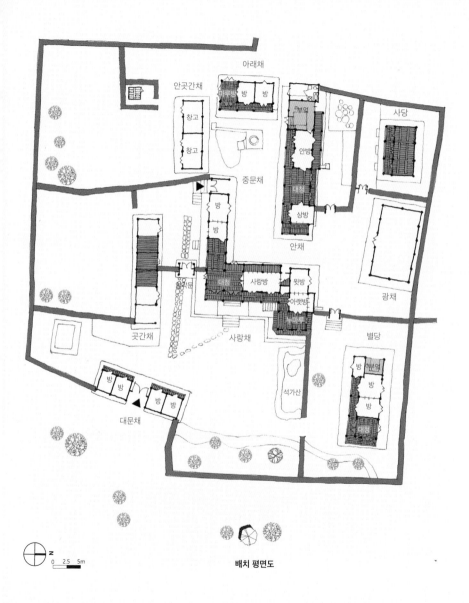

배치 평면도

일두고택은 조선 성종 때 학자 정여창(鄭汝昌, 1450~1504)의 집으로 정여창의 후손들이 1570년에 다시 지은 것이 전한다.

약 3천여 평의 넓은 대지에 대문채, 행랑채, 사랑채, 안사랑채, 중문채, 안채, 아래채, 별당, 사당, 광채 등 열두 채가 있다. 이 중 사랑채를 제외한 대부분은 남향하고 있다. 5칸 규모의 대문채 가운데에는 솟을대문이 있다. 대문채의 외부 벽은 담장과 같은 모양으로 화방벽처럼 하고, 대문 입구에 박석을 까는 등 당시의 위세를 드러냈다.

1843년에 지어진 사랑채는 동향하고 있다. 사랑채는 정면 6칸이긴 하지만 돌출된 누마루는 칸 길이가 다소 짧다. 전·후에 퇴가 있으며 'ㄴ'자 형이다. 가운데에 있는 2칸 사랑방을 중심으로 남쪽에는 중문채와 연결된 2칸 대청, 북쪽에는 윗방과 아랫방, 대청과 누마루를 연결하는 내복도와 누마루가 있다. 누마루 아래에는 함실을 두고 수장공간으로 사용하기 위해 하단에 문을 별도로 달았다. 누마루는 외부 면에 접해 난간이 설치되었다. 사랑채 앞에는 돌과 나무가 어우러진 석가산이 있다.

사랑대청 왼쪽으로 일각대문이 있는 담을 두르고 6칸 곳간채를 연결했다. 중문채는 3칸으로 방 두 개와 안채로 진입할 수 있는 안

채대문으로 구성되어 있다.

1690년에 지어진 안채는 양 끝의 주간 길이가 조금 짧지만 정면 8칸이고, 측면은 전·후 퇴가 있어 2칸이다. 가운데에 2칸 대청이 있고, 대청 서쪽에 2칸 안방, 다락이 있는 부엌이 있다. 동쪽에는 1칸 상방과 반 칸의 마루방이 있다. 대청을 중심으로 전면의 퇴는 각각 안방과 상방, 마루방의 전면에 반 칸 크기로 설치되었으나, 후면은 안방과 부엌으로 연결된 툇마루, 대청마루 후면에 놓인 반 칸보다 작지만 그 끝이 상방 확장선에 맞닿는 툇마루 등으로 다양하게 설치되었다.

아래채는 안주인의 손님들이나 출가한 딸이 해산을 위해 사용했다. 정면 3칸의 맞배지붕으로 전면에 모두 툇마루가 있어 측면은 1칸 반이 된다. 남쪽 끝에는 툇마루에 연결된 마루방이 있고, 북쪽으로 온돌방 두 개가 있다. 안곳간채는 곳간채보다 규모가 작은 4칸으로, 가운데 기둥에만 벽을 가로질러 두 개의 공간으로 나누어 사용하고 있다.

안채 뒤로 사당과 광채, 그리고 한 단 낮게 별당이 있다. 사당은 안채 뒷마당 담장과 사당 담에 의해 둘러싸여 있다. 전면에 툇간을 두고 3칸으로 구성했다. 사당 동측으로는 전면 5칸, 측면 2칸의 광채가 있다. 별당은 안채 영역의 아래채를 내별당 개념으로 보면 외별당이 된다. 노부모님이나 작은 주인, 혹은 주인의 손님이 잠시 머무는 곳으로 사용되었다. 전면에 툇간을 둔 4칸 팔작지붕이다. 가장 서쪽은 다락이 가설된 부엌과 반 칸 정도 크기의 방이 바로 붙어 있다. 부엌 오른쪽에 방 두 개가 나란히 놓여 있고, 가장 동쪽에는 사분합들문이 있는 마루가 있다. 이 별당으로 들어서기 전에 담을 이용해 만든 홍예문은 조형성이 굉장히 아름답다.

대청

기단과 마룻바닥
사이를 판재로 막았다.

누마루

누마루 하부를 수장
공간으로 사용하고 기단
높이와 마룻바닥 높이를
고려해 누마루 하부 기둥
높이를 설정했다.

툇마루 　기단 　디딤돌

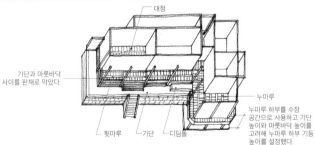

사진 1
사랑채는 정면 6칸이지만
누마루 부분은 칸 길이가
다소 짧다.

사진 2
홍예천 홍량이 눈에 띄는
사랑대청 가구 상세

사진 3
사랑채 누마루 하부는
판문을 달아 수장
공간으로 사용한다.

사진 4
일각문과 곳간채

사진 5
일각문 담을 기준으로
곳간채는 사당 영역과
중문채 영역으로
나누어진다.

사진 6
안채를 '一'자 형으로
길게 평면 구성한 것이
특징적이며 개방형 배치가
이 지역 다른 가옥들과
다른 점이다.

사진 7
홍예보를 사용해 동자주가
짧아졌고 부재 단면이
크고 육중해 장중한
아름다움을 준다.

사진 8
안곳간채와 뒤주

사진 9
안주인의 손님이나 딸의
출산 때 사용하는 아래채

사진 10
홍예문에서 본 사랑채

사진 11
광채

사진 12
별당

그림
사랑채 투상도

합천 묘산 묵와고가

陝川 妙山 默窩古家

소재지	경남 합천군 묘산면 화양안성길 150-6
건축 시기	1600년경
지정 사항	중요민속문화재 제206호
소유자	윤경환
구조 형식	안채: 3량가, 맞배 기와지붕
	사랑채: 3평주 반5량가, 맞배+팔작 기와지붕

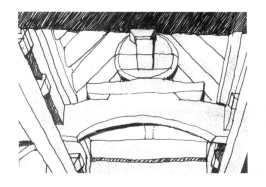

지붕 평면도

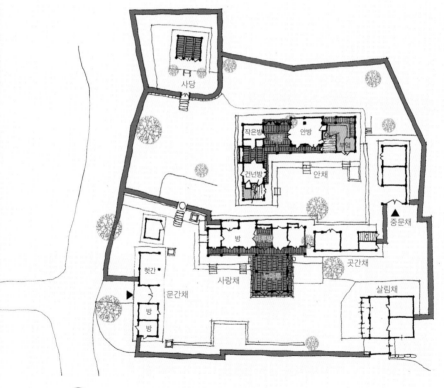

사당

작은방 안방

건넌방 부엌

안채

중문채

방 마루방

곳간채

헛간

사랑채 마루

살림채

문간채

방

방

0 2.5 5m

배치 평면도

묵와고가는 두무산 동쪽으로 내려오는 산세 끝자락 경사지에 자리한다. 조선 선조 때 선전관을 지내고 인조 때 영국원종일등공신(寧國原從一等功臣)으로 봉작된 윤사성(尹思晟)이 지은 집이라고 전하며, 윤사성의 10대손인 독립운동가 만송 윤중수(晩松 尹中洙, 1891~1931)의 생가이다.

5칸 문간채의 가운데에 있는 솟을대문을 들어가면 높은 두벌대 자연석 기단 위에 'ㅓ'자 형으로 남동향한 사랑채가 보인다. 가운데 마루방을 중심으로 양 옆에 2칸 방이 있고, 4칸 규모의 돌출된 누마루가 있다. 서쪽 끝에는 다락방이 있고 다락방 하부에는 아궁이를 들였다. 누마루의 동쪽과 남쪽에는 판문을 달고 서쪽은 개방했다. 대부분의 널판문은 여닫이로 하는데 묵와고가의 판문은 미닫이로 하고 하부 문 틀에는 청소할 때 먼지를 제거할 수 있는 구멍을 두 군데씩 내고 원산쇠를 달았다. 몸채는 맞배지붕, 누마루 부분은 팔작지붕이다. 대들보와 툇보의 우미량에는 자연스럽게 휜 부재를 사용해 멋스럽다. 사랑채에는 원형기둥을 사용했다. 마당의 400여 년된 보호수가 인상적이다.

사랑채와 이어진 곳간채를 지나면 남향한 3칸 중문채가 있다.

사진 3
대문에서 본 사랑채

사진 4
사랑채 남쪽 입면

사진 5
사랑채 왼쪽면

중문채는 건물의 측면으로 진입하는 매우 보기 드문 사례이다. 광, 빈지널문을 단 광, 중문이 있다.

중문채를 들어서면 안채가 보이는데, 지형을 이용해 두벌대 기단을 쌓고 그 위에 'ㄱ'자 형으로 앉혔다. 오른쪽부터 부엌, 안방, 대청, 작은방, 작은 대청, 건넌방, 작은 부엌이 있다. 대청과 작은 대청 사이 모퉁이에 있는 작은방에는 빈지널로 만든 뒤주가 있다. 건넌방 부분의 주간 넓이는 안방의 주간 넓이보다 넓다.

안채 옆마당을 지나면 제일 높은 곳에 담장을 두른 3칸 크기의 사당이 있다. 사랑채 옆의 협문을 이용해 진입한다.

경사지 이용, 남·녀 공간을 구분, 높은 누마루 가설 등에서 조선 중기 이후 사대부 집의 특징을 볼 수 있다.

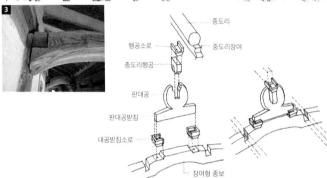

종도리

행공소로

중도리장여

종도리행공

판대공

판대공받침

대공받침소로

장여형 종보

사진 1, 그림
사랑대청 상부 가구 상세.
대들보, 툇보, 우미량
등에 곡선 부재를 사용해
자연스러운 멋이 있다.
대공은 원형대공을
사용했다.

사진 2
사랑대청 전면 창호.
문얼굴 위의 '亞'자 형 작은
창호가 색다르다

사진 3
사랑채의 툇보를 기둥에
결구하고 장여를 교차한
후 대들보를 얹고 도리를
올렸다. 툇보를 대들보
머리에 맞게 치목한 것이
특징이다.

사진 4
사랑대청에서 본 사랑채

사진 5
안채 날개채

사진 6
안채 몸채

사진 7
안대청과 작은 대청
사이에는 빈지널문을 단
고정식 뒤주가 있다.

사진 8, 9
안채 종도리의 행공과
대공

사진 10
안채 후면

사진 11
까치발을 이용해 설치한
안채 후면 벽장

사진 12
안채 부엌. 하방 목재와
둔테가 한몸으로 구성되어
있고 원형 대접 모양이다.

사진 13
안채 부엌 하방 둔테 상세

창녕 술정리
하씨초가

昌寧 述亭里 河氏草家

소재지	경남 창녕군 창녕읍 시장1길 63
건축 시기	1760년 추정
지정 사항	중요민속문화재 제10호
소유자	하경목
구조 형식	안채: 3량가, 우진각 초가지붕
	사랑채: 3량가, 팔작 기와지붕

지붕 평면도

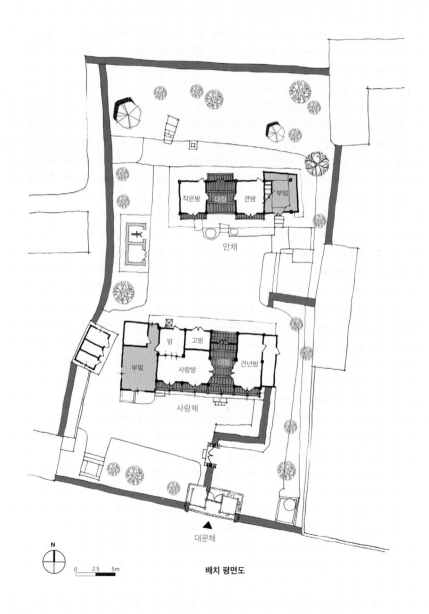

작은방 대청 큰방 부엌

안채

방 고방

부엌 사랑방 대청 건넌방

사랑채

대문채

N

0   2.5   5m

배치 평면도

상량묵서에 따르면 1760년에 지었거나 수리된 것으로 추정된다. 하씨초가는 2008년에 복원된 대문채, 기와집인 사랑채, 초가인 안채, 근래에 복원된 광채로 구성된다. 사랑채만 기와집이어서 생뚱맞아 보인다.

대문을 들어서면 왼쪽으로 일각문이 보이고 정면으로 낮은 토담이 보이고 오른쪽으로 작은 길이 보인다. 일각문을 통해 사랑채에 들어갈 수 있고 작은 길을 지나 안채로 갈 수 있다.

양통형인 사랑채는 양 끝에 벽돌로 지은 추가 공간이 있는데 왼쪽 끝은 방이고 오른쪽 끝은 창고다. 전면에 툇마루를 두고 좁은 대청을 중심으로 양 옆에 사랑방과 건넌방이 있다. 툇마루 앞에는 처마 밑에 장선을 깔고 그 위에 판재를 깔아 만든 차양이 있다. 장선을 강관 파이프 기둥으로 받쳤으며 장선 끝은 초각했다.

안채는 '一'자 형 4칸 규모이다. 왼쪽부터 작은방, 대청, 큰방, 부엌이 있다. 전형적인 초가삼간이다. 방 앞과 대청 뒤에 툇마루가 있는 3량 구조로 비교적 작은 부재들을 사용했다. 직재가 아닌 곡재를 사용해 자연미가 있다. 특이한 것은 앙토 바르기를 하지 않았다는 점이다. 앙토 바르기는 마감의 역할도 하지만 지붕 속 보

사진 1
2008년에 복원된 대문채

사진 2
일각문을 통해 사랑채로 들어간다.

사진 3
안채로 가는 길

사진 4
전형적인 초가 모습을 한 안채

사진 5
안대청

사진 6
안채는 앙토 바르기를 하지 않은 건새집으로 가는 부재들을 사용했다.

그림
건새집은 서까래 위에 대모리로 산자를 얹고 그 위에 겨릅대를 엮는다.

토가 떨어지는 것을 방지하는 역할을 한다. 하씨초가의 안채는 지붕 속에 보토 없이 바로 초가를 얹었기 때문에 군이 앙토 바르기를 할 필요가 없었던 것으로 보인다. 그러다 보니 천장이 노출되어 산자가 보인다. 나름대로 운치가 있다. 지붕은 볏집이 아닌 억새로 이었다.

근래에 복원된 광채는 2칸으로 토벽 마감이다. 광채 역시 초가이고 앙토 바르기를 하지 않는다. 오른쪽에 디딜방아가 있고 왼쪽을 곳간으로 사용한다. 광채는 곧은 부재로 지어 안채에서 느끼는 자연스런 맛이 없다. 부재 또한 큰 편이다.

함안 무기연당

咸安 舞沂蓮塘

소재지	경남 함안군 칠원면 무기1길 33
건축 시기	1728년경
지정 사항	중요민속문화재 제208호
소유자	주익재
구조 형식	하환정: 5량가, 팔작 기와지붕
	풍욕루: 5량가, 팔작 기와지붕

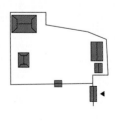

지붕 평면도

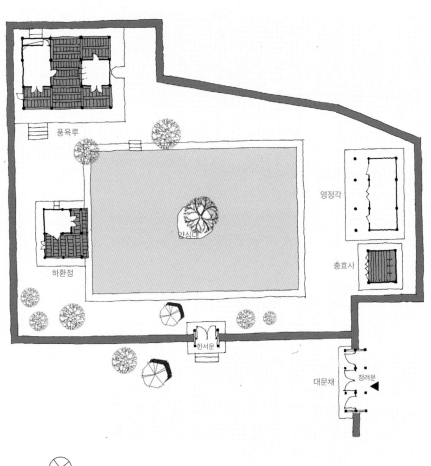

풍욕루

하환정

양심대

영정각

충효사

한서문

대문채   정려문

N   0   2.5   5m

배치 평면도

영정각에서 바라본
무기연당

사진 2
자연석 허튼층쌓기로 두
단 들여 쌓아 시각적이
안정감을 주는 연당 석축

사진 3
봉래산을 상징하는 양심대

사진 4, 그림
북동쪽 모서리에 있는
입수구로 물이 들어와
양심대를 한바퀴 돌고
남서쪽 모서리의 출수구로
빠져 나간다. 사진은
출수구이다.

사진 5, 그림
하환정과 하환정 가구
상세. 측면 기둥머리에
휘어진 충량을 걸고 그
위에 외기도리를 구성해
삼면의 서까래를 받쳤다.

사진 6
풍욕루

사진 7
영정각과 충효사

1728년 이인좌의 난 때 의병을 일으켜 큰 공을 세운 주재성(周宰成, 1681~1743)을 기리기 위해 생가 주변에 조성한 연못으로 주재성의 호에서 가져온 국담(菊潭)이라는 이름으로 불린다.

연당은 자연석 허튼층쌓기로 두 단 들여 쌓아 시각적으로 안정감을 주며, 직사각형이다. 가운데에 당주(唐州)를 두고 석가산을 만들어 양심대(養心臺)라고 했다. 석가산은 "하늘은 둥글고 땅은 네모다"라는 천원지방(天圓地方)을 상징한다. 입수구는 북동쪽 모서리, 풍욕루 앞에 있는데 물이 들어와서 가운데에 있는 당주를 한바퀴 돌고 출수구로 물이 빠져 나가도록 되어 있다. 입수구의 대각선 방향에 있는 출수구는 입수구보다 약 50센티미터 정도 높은 곳에

있어 비가 많이 오는 계절이 아니면 물의 순환이 잘 이루어지지 않아 보인다.

연당의 남동쪽 높은 기단 위에는 정면 3칸, 측면 3칸 규모로 홑처마 팔작지붕인 풍욕루(風浴樓)가 있다. 풍욕루 앞 연지와 가까운 곳에 정면 2칸, 측면 2칸 규모의 하환정(何換亭)이 있으며 맞은 편 서쪽에는 충효사와 영정각이 있다. 충효사와 영정각은 기양서원에 있던 것으로 서원 철폐령으로 없어진 것을 근래에 다시 지은 것이다. 기양서원은 주재성을 배향한 서원이다. 연지 주변에는 담장을 두르고 일각문을 세우고 영귀문(詠歸門)이라고 했다. 지금은 한서문으로 부른다.

무기연당은 원형이 잘 남아 있어 전통 조경관을 엿볼 수 있는 소중한 공간이다.

입수구

하환정

양심대(당주)

4

5

6

7

출수구

부록

용어 해설

기와집의 부위별 명칭

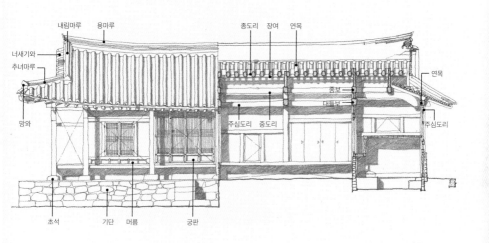

내림마루 · 용마루 · 종도리 · 장여 · 연목 · 너새기와 · 추녀마루 · 연목 · 종보 · 대들보 · 망와 · 주심도리 · 중도리 · 주심도리 · 초석 · 기단 · 머름 · 궁판

초가의 부위별 명칭

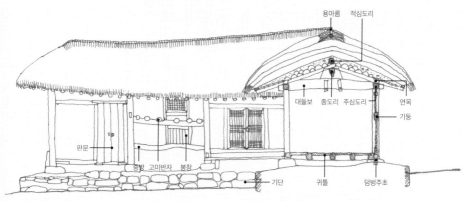

용마름 · 적심도리 · 대들보 · 종도리 · 주심도리 · 연목 · 기둥 · 판문 · 중방 · 고미반자 · 봉창 · 기단 · 귀틀 · 덤벙주초

걸쇠

대청이나 누마루 외벽의 분합문을 위로
들어걸 때 사용하는 철물로 대개 서까
래에 고정한다. 말발굽처럼 생긴 고리에
문짝을 올려 놓을 수 있는 것과 네모난
고리 사이에 각목을 건너질러 고정시키
는 두 종류가 가장 많이 사용된다.

걸쇠

걸쇠

건새집, 겨릅대, 대모리 산자

초가지붕은 서까래 위에 산자엮기를 하
고 그 위에 잘게 썬 여물과 함께 진흙
을 잘 이긴 후 깔아 준다. 흙 위에는 짚
이나 청솔가지, 낡은 이엉을 펴서 깔고
그 위에 볏짚을 엮어 만든 이엉을 깐다.
산자 위에 진흙을 바르지 않고 이엉을
올린 집을 건새집이라고 한다. 건새집은
서까래 위에 대모리 산자를 깔고 그 위
에 껍질을 벗겨 낸 삼대인 겨릅으로 이
엉을 만들어 올린다.

대모리 산자

겨릅대

서까래

게눈각

추녀 끝에 골뱅이와 같은 모양을 낸 것
으로 큰 부재임에도 무겁지 않고 역동적
으로 보이게 해 준다.

게눈각

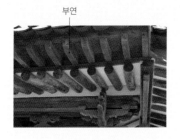

부연

겹처마, 부연

처마를 길게 빼기 위해 서까래 끝에 짧은 방형 서까래인 부연을 덧붙인 처마를 겹처마라고 한다. 겹처마는 건물의 위엄을 높이고 빗물이 들이치는 것을 막아준다. 부연은 처마를 깊게 하고 장식 효과가 있다.

돌난대

계자다리

계자난간, 돌난대

계자난간은 당초문양을 조각해 만든 계자다리가 난간대를 지지하는 난간을 말한다. 난간대는 돌난대라고도 한다. 계자다리는 올라갈수록 밖으로 튀어나오게 만들어 난간 안쪽에서는 손에 스치지 않는다.

고미받이

고미가래

고미가래, 고미반자, 고미받이

고미반자는 천장의 종류 중 하나로 고미받이와 고미가래로 구성한다. 보와 보 중간에 도리방향으로 건너지른 것이 고미받이이고, 고미받이와 양쪽 도리에 일정 간격으로 서까래를 걸듯이 건 것이 고미가래이다. 고미가래 위에 산자를 얽고 흙을 깔아 마감한 천장이 고미반자이다.

고상마루

다른 마루보다 높여 설치한 툇마루로 대개 아래에는 아궁이를 설치한다.

고상마루

광두정, 방환

여러 쪽의 판재로 만든 널판문은 띠장목에 못을 박아 고정하는데 고정할 때 머리가 큰 장식못을 사용한다. 이 장식못은 머리 모양에 따라 광두정, 방환 등으로 불린다.

광창

출입문 위에 설치한 낮고 긴 창호로 옆으로 길어서 광창(廣窓)이라고 한다. 대개 환기, 통풍, 채광용으로 설치하며 열리지 않는 붙박이나 벼락닫이, 미서기창 형태로 만든다. 바라지창, 사창(斜窓), 교창이라고도 한다.

광창

교살문, 교살창

살대를 45도로 교차해 짠 창호로 빗살문이라고도 한다.

교살문

굴도리

굴도리

도리는 서까래 바로 아래 가로로 길게 놓인 부재이다. 단면 형태와 놓인 위치에 따라 명칭이 다른데 단면이 원형인 도리를 굴도리라고 한다.

궁판

궁판

살창의 아래쪽에 끼워 넣은 얇은 판재. 회덕 동춘당에는 대개의 경우보다 궁판을 높게 설치한 사분합문이 있다.

귀포, 귓기둥

건물 모서리 기둥 위에 놓이는 기둥이 귓기둥, 모서리 기둥에 놓이는 공포가 귀포이다.

그렝이질

기둥이 기울지 않도록 초석과 기둥을 밀착시키기 위해 기둥 밑면을 초석 모양대로 깎아 내는 것을 그렝이라고 하고 그렝이 작업을 그렝이질이라고 한다.

꽃담

화장 벽돌이나 기와편으로 다양한 문양
을 넣어 쌓은 담장. 궁궐의 여성 공간에
서 많이 볼 수 있다.

납도리

단면이 네모난 도리. 조선시대에는 천원
지방(天圓地方) 사상이 있어 동그라미를
남성인 양성으로, 네모를 여성인 음성으
로 비유했다. 창덕궁 연경당 내행랑채
의 경우, 남성이 드나드는 문에는 굴도
리를, 여성이 드나드는 문에는 납도리를
사용했다.

납도리

내림마루, 용마루, 추녀마루

지붕 면이 서로 만나는 부분은 지붕마
루를 구성해 마감해 주는데 위치에 따
라 용마루, 내림마루, 추녀마루가 있다.
종도리 위에 도리방향으로 길게 만들어
지는 것이 용마루, 팔작지붕에서 합각을
타고 내려오는 것이 내림마루, 추녀 위
지붕마루가 추녀마루이다. 팔작지붕에
서는 세 개의 지붕마루가 모두 나타나지
만 우진각에는 내림마루가 없고, 맞배에
는 추녀마루가 없으며, 모임지붕에는 용
마루와 내림마루가 없다.

추녀마루   용마루   내림마루

내외담

집의 외곽에 쌓는 울타리 개념의 담장이 아닌 집 안에 쌓는 담장이다. 안주인의 공간인 안채와 바깥주인의 공간인 사랑채 사이나 외부에서 집 안이 바로 보이지 않도록 막아 주는 시선 차단용 담장이다.

너새기와

너새기와

맞배지붕이나 합각지붕에서 지붕 양 끝, 목기연 위에 올라가는 짧은 처마의 기와로 날개기와라고도 한다. 일반 암키와와 수키와를 사용한다.

널판문

나무를 판재로 얇게 만들어 여러 쪽을 띠장목으로 연결해 만든 판문으로 보온할 필요가 없는 대문이나 중문, 부엌 문 등에 주로 사용되었다.

눈썹반자, 외기

팔작지붕에서 중도리가 추녀를 받기 위해 내민 보 형식으로 빠져나와 틀을 구성한 부분을 외기라고 한다. 외기의 보방향 도리에 측면 서까래가 걸리고 도리의 왕지맞춤 부분에는 추녀가 걸리면서 외기 안쪽이 깔끔하지 못하나. 이것을 가리기 위해 설치한 천장을 눈썹반자라고 하는데 면적이 매우 작아 붙은 이름이다.

외기

눈썹반자

대공, 동자대공, 파련대공, 판대공, 포대공

대공은 종보 위 종도리를 받는 부재로 화반과 함께 가장 다양한 형태로 나타난다. 3량가나 부속 건물에서 주로 볼 수 있는 짧은 기둥을 세운 동자대공, 판재를 사다리꼴로 여러 겹 겹쳐서 만든 판대공, 첨차를 이용해 마치 공포를 만들듯이 만든 포대공 등이 있다.

파련대공

동자대공

더그매

지붕 밑과 천장 사이의 빈 공간을 다락으로 꾸며 사용하는 경우가 많은데 이 공간을 말한다.

더그매

덤벙주초

덤벙주초

자연석을 가공 없이 그대로 사용한 초석으로 자연석초석이라고도 한다. 산돌을 주로 사용하며 기둥이 놓이는 면을 살짝 가공하거나 기둥 밑면을 돌의 모양에 맞춰 그렝이질해 사용해야 기둥이 밀리지 않는다.

서까래   덧서까래

덧서까래

지붕의 물매를 조절하기 위해 서까래 위에 덧건 서까래

도랑주

원목의 껍질 정도만 벗겨 거의 가공 없이 자연 상태의 모양을 그대로 살려 사용한 기둥

장귀틀   동귀틀   마루청판

동귀틀, 장귀틀, 마루청판, 우물마루

우물마루를 구성하는 부재에는 기둥과 기둥 사이에 건너지른 긴 장선인 장귀틀, 장귀틀 사이에 일정한 간격으로 보낸 짧은 장선인 동귀틀이 있다. 동귀틀 옆에 생긴 홈을 메워 주는 것이 마루청판이다. 우물마루는 '井'자 모양으로 깔아서 붙은 이름이다.

동자주, 포동자주

5량가, 7량가에서 대들보나 중보 위에 올라 가는 짧은 기둥. 살림집에서는 대개 사각기둥 모양을 사용했으며 궁궐이나 사찰에서는 다양한 모양의 동자주를 사용했다.

동자주

포동자주

둔테

문짝의 촉이 들어가는 구멍이 있는 부재

둔테

막새기와

기와 끝에 드림새를 붙인 기와로 처마 끝에 건다. 암막새와 수막새가 있다.

수막새　암막새

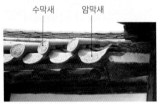

맞배지붕, 우진각지붕, 팔작지붕

맞배지붕은 건물의 앞과 뒤에서만 지붕 면이 보이고 추녀가 없으며 용마루와 내림마루만으로 구성된 지붕이다.
우진각지붕은 네 면에 모두 지붕 면이 있고 용마루와 추녀마루로 구성된 지붕이다.

맞배지붕　팔작지붕

우진각지붕

팔작지붕은 우진각지붕 위에 맞배지붕을 올려 놓은 듯한 모습으로 시기적으로 가장 늦게 나타났다. 측면에 삼각형의 합각벽이 생겨서 합각지붕이라고도 한다.

맞보

맞보

가운데 기둥을 중심으로 양쪽에서 온 보가 서로 마주보고 있는 것을 말한다. 한자로는 합량(合樑)이라고 한다.

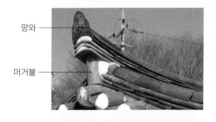

망와

머거불

망와, 머거불

머거불은 지붕마루 양 끝에서 착고와 부고의 마구리 부분을 막아 주는 수키와를 말한다. 망와는 지붕마루 끝에 올리는 장식기와이다. 마치 암막새를 뒤집어 놓은 것과 같다. 암막새에 비해 드림새가 높다.

맹장지

맹장지

문살의 안팎으로 두꺼운 종이를 여러 겹 발라 빛이 들지 않게 한 문으로 방과 방 사이나 방과 마루 사이 등에 주로 설치한다.

물익공, 직절익공, 이익공, 초익공

익공은 창방과 직교해 보방향으로 결구된 부재로 새 날개 모양이다. 익공의 숫자에 따라 초익공, 이익공, 삼익공이라고 부르며, 익공의 끝 모양이 뾰족하지 않고 둥글게 만든 것을 물익공, 직절한 것이 직절익공이다.

물익공

직절익공

머름, 머름대, 머름동자, 통머름

머름은 창 아래 설치된 높은 문지방을 말한다. 방 안에 앉아서 팔을 걸쳤을 때 가장 편안한 높이인 30~45센티미터 정도로 설치하는데 출입용 문에는 설치하지 않는다. 머름은 기둥 사이에 인방재를 위·아래로 보내고 그 사이에 짧은 기둥을 일정한 간격으로 세운 다음 기둥 사이는 얇은 판재로 막는다. 아래 인방재를 머름하방, 위 인방재를 머름상방 또는 머름대라고 하며 일정 간격으로 세운 짧은 기둥을 머름동자라고 한다. 머름동자 사이에 끼운 얇은 판재는 머름청판이라고 한다. 머름하방과 머름대만 설치하고 머름동자를 생략한 머름이 통머름이다.

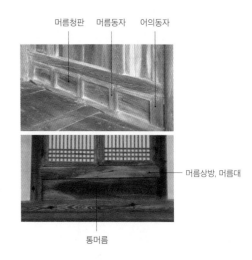

머름청판   머름동자   어의동자

머름상방, 머름대

통머름

민도리식

기둥머리에서 보와 도리가 직교해 직접 결구되는 구조로 첨차나 익공과 같은 공포 부재를 사용하지 않고 출목도 없다. 민도리식은 익공식과 구조가 비슷한데 익공식은 창방이 있으며 주두와 익공 위에 보가 올라가지만 민도리식은 창방이 없고 기둥에 직접 결구된다.

민흘림

민흘림기둥, 배흘림기둥

기두 하부가 상부보다 굵은 사선흘림을 갖는 기둥이 민흘림기둥이고, 기둥 하부에서 1/3지점이 가장 굵고 위와 아래로 갈수록 얇아지는 곡선적인 흘림을 갖는 기둥이 배흘림기둥이다.

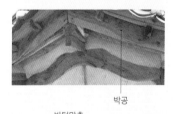

박공

박공

맞배지붕과 팔작지붕은 측면에 삼각형 부분이 생긴다. 이 부분에는 판재를 '人'자 모양으로 거는데 이를 말한다.

반턱맞춤

반턱맞춤

부재 두께의 반씩을 걷어내 맞대어 맞춤하는 것을 말한다. 반턱이 위로 열려 있고 밑에 깔린 부재를 받을장, 반턱이 아래로 열려 있고 위에 놓이는 부재를 업힐장이라고 한다.

보아지

건물의 수평 구조부재인 보의 전단력을
보강하고 기둥의 처짐 방지를 고려해 받
치는 받침목

보아지

봉창

부엌에서 연기가 빠져나가도록 벽에 구
멍을 뚫고 날짐승들이 들어오지 못하게
살대를 엮어 만든 창이다. 창호지를 바
르지도 않고 열리지도 않는다.

봉창

분합문, 불발기분합문

개폐방식에 상관 없이 외벽에 설치되는
두 짝 이상의 창호를 분합문이라고 한
다. 대청과 방 사이에는 가운데 광창을
달고 위와 아래에는 벽지를 발라 빛을
차단한 분합이 사용되는데 이 문을 불발
기분합문이라고 한다. 불발기분합문은
연창분합, 연창장지라고도 한다.

불발기분합문

빈지널문

판재를 위로 하나씩 올려 빼내는 분해
조립식 판문으로 주로 뒤주와 같은 곡식
창고의 문에 사용한다. 빈지널은 하나씩
올려 빼내기 때문에 빈지널의 순서가 중
요하므로 번호를 표기하기도 한다.

빈지널문

빗장둔테　빗장

빗장

양쪽 문짝의 가운데에 구멍이 있는 빗장 둔테를 세워 대고 그 사이에 가로목을 건너질러 문을 잠그는데 건너지르는 가로목을 빗장이라고 한다.

빗천장

수평이 아닌 서까래 방향을 따라 비스듬하게 설치된 천장이다. 대개 외곽 쪽은 평주 높이에 맞추고 안쪽은 고주 정도의 높이에 맞춰 만들어진다.

사개맞춤

사개맞춤

기둥머리에서 창방과 보가 직교해 만나기 때문에 기둥머리는 '十'자 형으로 트는데 이를 사갈이라고 한다. 사갈을 기본으로 결구되는 기둥머리 맞춤법이 사개맞춤이다. 기둥머리 맞춤에서 가장 많이 이용된다.

추녀　사래

사래, 추녀, 알추녀

기둥 모서리 위에 45도 방향으로 걸린 사각형 단면의 부재가 추녀이다. 추녀는 팔작지붕이나 우진각지붕에는 있지만 맞배지붕에는 없다. 부연이 있는 겹처마의 경우 부연 길이만 한 짧은 추녀가 하나 더 걸리는데 이것을 사래라고 한다. 사래는 추녀 위에 올라간다. 알추녀는 추녀 밑에 있는 받침추녀로 드물게 사용되었다.

사주문

행랑이 아닌 담장에 대문을 설치할 때
주로 이용된 문으로 솟을대문 다음으로
많이 사용되었다. 네 기둥 위에 지붕이
있다. 대개 맞배지붕을 올린다.

상인방, 중인방, 하인방

기둥과 기둥 사이에 건너지르는 가로재
를 인방이라고 한다. 상·중·하 세 단에
걸어 기둥을 잡아 주어 횡력을 견디게
한다. 걸리는 위치에 따라 상인방, 중인
방, 하인방으로 구분한다.

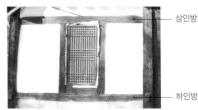

상인방

하인방

샛담

건물과 건물 사이 또는 담장과 담장 사
이를 연결하여 동선을 유도하거나 시선
을 차단하는 담장으로 사이에 있는 담장
이라는 뜻이다.

말굽서까래

선자연

서까래, 말굽서까래, 선자서까래

도리 위에 건너지르는 긴 부재를 서까래라고 한다. 선자서까래는 추녀 양쪽에서 부채살처럼 걸린 서까래로 지붕의 안허리곡과 앙곡 때문에 추녀 쪽으로 갈수록 길어지고 위로 치켜 올라간다. 선자연이라고도 한다. 말굽서까래는 뒷뿌리가 하나의 꼭지점에서 모이지 않고 추녀 옆에 엇비슷하게 붙은 서까래로 마족연이라고도 한다.

세살문, 세살창, 세살청판분합

문울거미 안에 세로살을 꽉 채우고 가로살을 위와 아래, 가운데에 서너 가닥 보낸 창호로 조선시대에 가장 많이 사용된 살창이다. 외벽 창호에 달리는 문을 분합이라고 하는데 세살이라는 살대 명칭과 결합해 세살분합, 세살청판분합이라고 한다.

소로

소로, 소로 수장집

소로는 첨차와 첨차, 살미와 살미 사이에 놓여 상부 하중을 아래로 전달하는 역할을 한다. 주두와 모양은 같고 크기는 작다. 도리와 장여 밑에 소로를 받쳐 장식한 집을 소로 수장집이라고 한다.

소슬합장

대공 옆에서 도리가 양쪽으로 구르는 것을 방지하기 위해 댄 'ᄉ'자 형의 보조 부재이다. 'ᄉ'자 대공과 유사해 혼동하는 경우가 많다.

소슬합장

솟을대문, 솟을삼문

외바퀴가 달린 초헌이나 말을 타고 출입하기 위해 지붕을 높인 대문으로 바퀴가 지나갈 수 있도록 문지방 중간을 끊어 놓기도 한다. 솟을대문은 양반의 상징처럼 되어 초헌을 타지 않는 일반 사람들도 솟을대문을 만들었다. 솟을삼문은 삼문 중에서 가운데 칸을 특별히 높여 격식을 갖춘 문으로 주로 사당 정문으로 사용되었다.

양통집, 홑집

측면 칸 수가 2칸인 것으로 2칸 겹집이라고도 한다. 퇴 없는 측면 1칸 집은 홑집 혹은 외통집이라고 한다.

양통집

엇걸이산지이음

기둥이나 수평재, 마감재 등의 이음에 많이 사용되는 이음으로 장부와 장부 사이에 산지를 끼워 이음한다.

엇걸이산지이음

연귀맞춤

액자 틀처럼 모서리 부분을 45도로 맞춤하는 것으로 주로 문얼굴의 맞춤에 사용된다.

연귀촉맞춤

연귀로 되는 중간 부분에 촉을 내어 물리는 맞춤

연등천장

천장을 만들지 않아 서까래가 그대로 노출된 천장으로 대청의 천장에서 많이 사용했다.

연목(3량가)

단연

장연

연목, 단연, 장연, 중연

도리 위에 건너지르는 긴 부재인 서까래는 놓이는 위치에 따라 달리 불린다. 3량가의 경우 처마도리와 종도리에 한 단만 걸치는데 서까래 또는 연목이라고 한다. 5량가에서는 처마도리에서 중도리까지와 중도리에서 종도리까지 두 단의 서까래가 걸리는데 하단 서까래를 장연, 상단 서까래를 단연이라고 한다. 7량 이상에서는 장연과 단연 사이에도 서까래가 걸리는데 이것을 중연이라고 한다.

연함, 평고대

평고대는 추녀와 추녀를 연결하는 가늘고 긴 곡선 부재이다. 연함은 기와골에 맞춰 파도 모양으로 깎은 기와 받침부재로 평고대 위에 올린다. 연함의 단면은 삼각형으로 생겼다. 서까래 끝에 걸린 평고대를 초매기, 부연 끝에 걸린 평고대를 이매기라고도 한다.

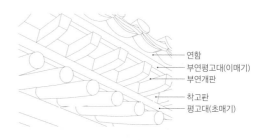

연함
부연평고대(이매기)
부연개판
착고판
평고대(초매기)

영쌍창

문이 두 짝인 것을 쌍창이라고 하는데 쌍창 중에서 가운데 문설주가 있는 것을 말한다. 영쌍창은 고식 기법이다.

문설주

와구토

막새기와를 쓰지 않는 처마 끝에 홍두깨흙이 보이지 않게 마구리에 발라 주는 백토로 강회를 많이 섞어 하얗게 발라 준다.

와구토

용지판, 화방벽

거리에 면한 외행랑채나 사당은 중방 아래로 기둥보다 튀어나오게 벽을 쌓아 방화나 빗물에 강한 덧벽을 설치하는데 이것을 화방벽이라고 한다. 자연석을 흙과 섞어 쌓거나 와편으로 쌓으면서 여러 상징적 문양으로 장식하기도 한다. 기둥과 화방벽이 만나는 부분에는 판재를 대 화방벽과 기둥이 직접 닿지 않게 하는데 이것이 용지판이다. 화방벽의 습기가 기둥에 영향을 주지 않도록 한다.

용지판

우리판문

울거미가 있는 판문이라는 뜻이다. 정교하게 문울거미를 짜고 살대 대신에 얇은 청판을 끼워 만든다. 《화성성역의궤》에는 당판문(唐板門)으로 표기되어 있다.

우미량

우미량

단차가 있는 도리를 계단 형식으로 상호 연결하는 부재이다. 소꼬리처럼 곡선으로 만들어져 우미량으로 부른다. 다른 보처럼 기둥을 연결하는 것은 아니다.

원산

원산

문지방이 없는 여닫이문에서 문짝이 밀려 들어가지 않도록 방지해 주는 턱을 말한다. 돌로 만들거나 철편으로 만들어 문지방에 박는다.

일각문

담장에 의지해 두 개의 기둥만을 세우고 외 짝 또는 두 짝 판문을 달고 지붕을 올린 문이다. 기둥보다 담장이 두껍기 때문에 마치 용지판을 대는 것처럼 기둥 양쪽에 조각 판재를 대 담장 마구리 부분을 막아 준다. 협문으로 설치되는 경우가 많다.

장마루

기둥 사이에 장선을 일정한 간격으로 걸고 그 위에 폭이 좁고 긴 마루널을 깔아 만든 마루

장여, 뜬장여

도리 밑에 놓인 도리받침 부재로 도리에 비해 폭이 좁다. 도리와 함께 서까래의 하중을 분담한다. 장여 아래에 또 하나의 장여를 보내는 경우가 있는데 이를 뜬장여라고 한다.

종도리장여   중도리장여

적새, 부고, 착고, 숫마룻장

지붕마루의 아랫단부터 착고, 부고, 적새, 숫마룻장이 놓여 용마루를 구성한다. 가장 아래에 놓인 착고는 지붕의 수키와와 암키와가 놓이면서 생긴 요철에 맞는 특수기와이다. 착고 위에 수키와를 옆으로 눕혀 한 단 더 올린 것이 부고, 부고 위에 암키와를 뒤집어 여러 장 겹쳐 쌓은 것이 적새이다. 적새 위에 수키와를 한 단 더 놓는데 이것이 숫마룻장이다.

숫마룻장
적새
부고
착고

주두

주두, 재주두

주두는 공포 최하부에 놓인 방형 부재로 공포를 타고 내려온 하중을 기둥에 전달하는 역할을 한다. 주두는 공포 하나에 하나만 사용하는 것이 보통이지만 이익공 형식에서는 초익공과 이익공 위에 각각 주두를 놓기도 한다. 아래에 놓이는 주두는 위의 주두보다 커서 대주두 또는 초주두라고 하고 위에 있는 것은 소주두 또는 재주두라고 한다.

주먹장이음

주먹장이음

서로 맞댄 면에 암수로 주먹장을 내어 끼워 잇는 이음법이다.

주심도리, 중도리, 종도리

종도리
중도리
주심도리

도리는 놓이는 위치에 따라 종도리 또는 마루도리, 처마도리 또는 주심도리, 중도리 등이 있다. 가장 높은 용마루 부분에 놓이는 도리를 종도리 또는 마루도리(마룻대)라 하고 건물 외곽의 평주 위에 놓이는 도리를 처마도리 또는 주심도리라고 한다. 3량가는 이 두 가지 도리만으로 구성된다. 5량가는 동자주 위에도 도리가 올라가는데 이것이 중도리이다.

쪽마루

쪽마루

툇간이 없는 부분에서 툇마루 역할을 할 수 있도록 평주 바깥 쪽에 덧달아낸 마루이다. 평주 안쪽에 만들어지는 툇마루와 혼동하는 경우가 많이 있다.

쪽문, 협문

쪽문은 매우 작은 일각문으로 사랑채와
안채를 연결하는 툇마루나 쪽마루에 설
치되어 주인만 이용하는 샛문이다. 협문
은 측면 부속건물로 이동하기 위해 샛담
에 달린 문이다.

쪽문

협문

창방, 창방뺄목, 뜬창방

창방은 기둥머리를 좌·우로 연결하는
부재이다. 민도리집은 창방 없이 도리
가 기둥머리에서 결구되어 서까래를 바
로 받는다. 평주가 아닌 동자주와 대공
사이에 걸린 창방은 뜬창방이라고 한다.
귓기둥에서는 창방이 서로 '十'자로 교
차해 기둥머리에서 업힐장 받을장으로
반턱맞춤되며 창방머리가 기둥에서 어
느 정도 **빠져나오게** 하는데 이를 창방뺄
목이라고 한다.

창방

첨차, 헛첨차

첨차는 도리방향으로 놓인 공포 부재로
대개 위·아래로 놓인다. 위에 놓인 첨차
가 아래첨차보다 길어서 위첨차는 대첨
차로 부르고 짧은 아래첨차는 소첨차로
부른다. 또한 위치에 따라 주심첨차와
출목첨차로 구분한다. 모양에 따라 교두
형, 호형, 운형, 연화두형 첨차 등이 있
다. 기둥머리에서 보방향으로 **빠져나온**
반쪽짜리 첨차는 헛첨차이다.

교두형 첨차

초석

초석

기둥 밑에 놓여 기둥에 전달되는 지면의 습기를 차단해 주고 건물 하중을 지면에 효율적으로 전달하는 역할을 한다. 주초라고도 한다. 자연석을 그대로 사용한 것은 자연석 초석이라고 하는데 다른 말로 덤벙주초라고도 한다. 돌을 가공한 초석은 가공석 초석인데 모양에 따라 원형, 방형, 다각형 등으로 구분된다. 또한 사용 위치에 따라 평주초석, 고주초석, 심주초석 등으로 구분된다.

출목

기둥 밖으로 길게 빠진 처마를 지지하기 위해 기둥 밖에 처마의 지지점을 두는데 이를 출목이라고 한다. 이 출목을 받치기 위해 기둥머리에서 마치 선반 까치발처럼 지지목을 받쳐 주는데 이 지지목의 다양한 형태가 공포로 발전한 것이다.

충량

충량

한쪽은 대들보에, 다른 쪽은 측면 평주에 걸리면서 대들보와 직각을 이루는 보로 측면이 2칸 이상인 건물에서 생긴다. 평주보다 대들보 쪽이 높기 때문에 대개 굽은 보를 사용한다.

치마널, 풍혈, 하엽

치마널은 난간의 머름하방이 놓이는 마
루귀틀에 붙인 폭이 넓은 판재를 말한
다. 넓은 치마널을 붙이면 난간하방이
두껍게 보여 난간이 안정돼 보인다.

풍혈은 계자난간의 난간청판에 낸 연화
두형의 바람 구멍으로 허혈이라고도 한
다. 풍혈의 작은 구멍을 통과하는 바람
은 풍속이 빨라지기 때문에 난간에 기대
앉은 사람에게 시원한 바람을 제공하는
선풍기 효과가 있다.

하엽은 계자난간의 난간대와 계자다리
가 만나는 부분에 주두를 얹듯 끼운 연
잎 모양의 조각 부재를 말한다.

하엽
계자다리
풍혈
치마널

토담, 토석담

토담은 목재로 담장 폭에 맞게 틀을 만
들고 여기에 일정 높이로 흙을 채워 다
지고 다시 채우고 다지기를 반복해 마치
시루떡 만들 듯 쌓아올린 담장이다. 흙
벽돌로 쌓기도 하지만 드물다.

토석담은 토담이 빗물에 약하고 수명이
짧은 것을 보강하기 위해 작은 자연석을
섞어 쌓은 담장이다.

토담
토석담

판벽

벽선 없이 기둥 사이의 중방과 하방에
홈을 파고 판재를 끼워 넣어 구성한 벽
으로 헛간이나 창고, 문간 등 난방이 필
요하지 않은 곳에 주로 쓰인다.

토벽
판벽

풍판

풍판

맞배지붕에서 박공 아래로 판재를 이어 대고 그 사이를 쫄대목으로 연결해 비바람을 막을 수 있도록 한 것이다.

함실

조리용 부엌이 필요 없는 공간에 부뚜막 없이 아궁이만 만들거나 벽체에 구멍만 내 아궁이로 사용하는 것을 말한다. 고래가 시작되는 부넘기 앞에 만들어지는 불을 지피는 공간을 함실이라고 하는데 함실에서 바로 불을 지핀다고 해서 함실아궁이라고도 한다.

행공

행공

익공식 공포에서 주심에 놓인 도리 방향 첨차이다. 같은 공포에서 출목상에 놓이면 첨차라고 한다.

화반

화반

주심포 형식 건물에서 포와 포 사이에 놓여 장여를 받치는 부재이다. 화반 위에는 소로를 올리고 장여를 받는다. 장여나 도리가 중간에서 처지는 것을 방지해 준다. 어떤 부재보다 형태가 다양하다.

활주

추녀가 기둥 밖으로 많이 빠져 나가 건물 안쪽으로 물린 길이보다 바깥으로 빠져 나간 길이가 길 때가 있는데 이 경우 추녀가 처지게 된다. 추녀의 처짐을 방지하기 위해 추녀 안쪽 끝을 무거운 돌로 눌러 주거나 철띠로 고주에 잡아매기노 하며 강다리를 이용해 지붕가구와 묶어 준다. 그래도 부족하기 때문에 추녀 끝에서 보조기둥을 받쳐 주는데 이를 활주라고 한다.

— 활주

회첨추녀

'ㄱ'자로 꺾인 건물에서는 지붕이 서로 만나 지붕골이 만들어진다. 이 부분을 회첨이라고 하며 회첨에 걸린 추녀를 회첨추녀라고 한다. 골추녀라고도 한다.

— 회첨추녀

※ 용어 설명은 김왕직, 《알기쉬운 한국건축 용어사전》 (동녘, 2007)에서 발췌 재구성했다.

참고 문헌

《문화재대관 – 중요민속문화재: 가옥과 민속마을》, 문화재청, 2010

《알기쉬운 한국건축 용어사전》, 동녘, 2007

《한국건축대계IV. 신편 한국건축사전》, 장기인, 보성각, 2005

《한국의 건축문화재: 1.서울편》, 홍대영, 기문당, 2001

《한국의 건축문화재: 2.경기편》, 김홍식 · 김왕직, 기문당, 2012

《한국의 건축문화재: 3.강원편》, 박경립, 기문당, 1999

《한국의 건축문화재: 4.충북편》, 김경표, 기문당, 2012

《한국의 건축문화재: 5.충남편》, 이왕기, 기문당, 1999

《한국의 건축문화재: 7.경남편》, 강영환, 기문당, 1999

《한국의 건축문화재: 8.전북편》, 홍승재, 기문당, 2005

《한국의 건축문화재: 9.전남편》, 천득염 · 전봉희, 기문당, 1999

《강릉 오죽헌 실측조사보고서》, 문화재청, 2010

《경주 독락당 실측조사보고서》, 문화재청, 2012

《경주 양동 관가정 실측조사보고서》, 문화재청, 2012

《경주 양동 무첨당 실측조사보고서》, 문화재청, 2012

《달성 태고정 실측조사보고서》, 문화재청, 2012

《대전 회덕 동춘당 실측조사보고서》, 문화재청, 2012

《상주 양진당 정밀실측조사보고서》, 문화재청, 2011

《안동 소호헌 실측조사보고서》, 문화재청, 2012

《안동 예안이씨 충효당 실측조사보고서》, 문화재청, 2011

《안동 의성김씨 종택 실측조사보고서》, 문화재청, 2011

《안동 임청각 실측조사보고서》, 문화재청, 2012

《안동 하회 양진당 실측조사보고서》, 문화재청, 2011

《안동 하회 충효당 실측조사보고서》, 문화재청, 2011

《영천 숭렬당 실측조사보고서》, 문화재청, 2012

《예안이씨 충효당 실측조사보고서》, 문화재청, 2003

《예천권씨 초간종택 별당 실측조사보고서》, 문화재청, 2011

《전통가옥 조사보고서》, 문화재관리국, 1983

《전통가옥 조사보고서》, 문화재관리국, 1984

《전통가옥 활성화 방안 마련 연구용역: 남양주 궁집, 화성 정용채. 정용래가옥》, 문화재청, 2006

《전통가옥 활성화 방안 마련 연구용역: 아산 윤보선전대통령생가》, 문화재청, 2006

《전통가옥 활성화 방안 마련 연구용역: 홍성 조응식가옥》, 문화재청, 2006

《하회민속마을 조시보고서》, 문화재청, 2013

《한국의 전통가옥 기록화보고서 1: 청운동성천택》, 문화재청, 2005

《한국의 전통가옥 기록화보고서 2: 의성소우당》, 문화재청, 2005

《한국의 전통가옥 기록화보고서 3: 창녕하병수가옥》, 문화재청, 2005

《한국의 전통가옥 기록화보고서 4: 고창신재효고택》, 문화재청, 2005

《한국의 전통가옥 기록화보고서 6: 달성조길방가옥》, 문화재청, 2005

《한국의 전통가옥 기록화보고서 7: 삼척 신리 너와집 및 민속유물》, 문화재청, 2005

《한국의 전통가옥 기록화보고서 8: 삼척 대이리 너와집》, 문화재청, 2005

《한국의 전통가옥 기록화보고서 9: 삼척 대이리 굴피집》, 문화재청, 2005

《한국의 전통가옥 기록화보고서 10: 보은선병국가옥》, 문화재청, 2006

《한국의 전통가옥 기록화보고서 11: 만운동모선루》, 문화재청, 2006

《한국의 전통가옥 기록화보고서 12: 합천 묘산목와고가》, 문화재청, 2006

《한국의 전통가옥 기록화보고서 13: 보성 이금재,이범재,이용욱가옥, 열화정》, 문화재청, 2006

《한국의 전통가옥 기록화보고서 14: 궁집》, 문화재청, 2006

《한국의 전통가옥 기록화보고서 15: 강릉선교장》, 문화재청, 2007

《한국의 전통가옥 기록화보고서 16: 정읍김동수가옥》, 문화재청, 2007

《한국의 전통가옥 기록화보고서 17: 윤증선생고택》, 문화재청, 2007

《한국의 전통가옥 기록화보고서 18: 홍성조응식가옥》, 문화재청, 2007

《한국의 전통가옥 기록화보고서 19: 해남윤두서가옥》, 문화재청, 2007

《한국의 전통가옥 기록화보고서 20: 남원몽심재》, 문화재청, 2007

《한국의 전통가옥 기록화보고서 21: 구례운조루》, 문화재청, 2007

《한국의 전통가옥 기록화보고서 22: 청도운강고택 및 만화정》, 문화재청, 2007

《한국의 전통가옥 기록화보고서 23: 함양일두고택》, 문화재청, 2007

《한국의 전통가옥 기록화보고서 24: 영천만취당》, 문화재청, 2007

《한국의 전통가옥 기록화보고서 25: 양동서백당》, 문화재청, 2008

《한국의 전통가옥 기록화보고서 26: 어재연장군 생가》, 문화재청, 2008

《한국의 전통가옥 기록화보고서 27: 영동규당고택》, 문화재청, 2008

《한국의 전통가옥 기록화보고서 28: 가일수곡고택》, 문화재청, 2008

《한국의 전통가옥 기록화보고서 29: 법흥동 고성이씨 탑동파 종택》, 문화재청, 2008

《한국의 전통가옥 기록화보고서 30: 정온선생가옥》, 문화재청, 2008

《한국의 전통가옥 기록화보고서 31: 영광연안김씨종택》, 문화재청, 2008

《한국의 전통가옥 기록화보고서 32: 경주양동마을》, 문화재청, 2009

《한국의 전통가옥 기록화보고서 33: 안동하회마을》, 문화재청, 2009

《한국의 전통가옥기록화보고서 34: 송소고택, 영덕화수루일곽, 대구 둔산동 경주최씨 종택》, 문화재청, 2010

《한국의 전통가옥 기록화보고서 35: 봉화설매리3겹까치구멍집, 예천의성김씨남악종택, 송석헌, 영주 괴헌고택》, 문화재청, 2010

《한국의 전통가옥기록화보고서 36: 낙안성 박의준가옥, 양규철가옥, 이한호가옥, 김대자가옥, 주두열가옥, 최창우가옥, 최선준가옥, 김소아가옥, 곽형두가옥》, 문화재청, 2011

《한국의 전통가옥기록화보고서 37: 나주홍기응가옥, 나주홍기헌가옥, 화순양동호가옥, 화순양승수가옥》, 문화재청, 2012

《한국의 전통가옥기록화보고서 38: 제원 박도수가옥, 제원 정원태가옥, 음성 김주태가옥, 단양 조자형가옥》, 문화재청, 2012

《한국의 전통가옥기록화보고서 39: 예산 정동호가옥, 부여 민칠식가옥, 부여 정계채가옥, 아산 성준경가옥, 윤보선 전 대통령생가옥》, 2012

《한국의 전통가옥 기록화보고서 40: 영동 소석고택》, 문화재청, 2012

《한국의 전통가옥 기록화보고서 41: 영천 매산고택 및 산수정, 달성 삼가헌, 영천 정용준씨가옥》, 문화재청, 2013

《한국의 전통가옥 기록화보고서 42: 경주 교동 최씨고택, 경주 김호장군 고택, 청도 임당리 김씨고택》, 문화재청, 2013

《한국의 전통가옥 기록화보고서 43: 부안 김상만 가옥, 홍성 엄찬 고택, 논산 백일헌 종택》, 문화재청, 2014

《한국의 전통가옥 기록화보고서 44: 보성 이용우가옥, 해남 윤탁가옥, 장흥 존재고택》, 문화재청, 2014

《향단 실측조사보고서》, 문화재청, 2010

찾아보기
가나다 순

찾아보기
연대별

1900년대 전반기

1800년대

찾아보기

가구 형식별

찾아보기

용어

찾아보기

인명

경상

영주 괴헌고택
가평리 계서당
해저 만회고택
거촌리 쌍벽당
송석헌
봉화 설매리 3겹 까치구멍집
봉화 만산고택
예천권씨 초간종택
예천 의성김씨 남악종택
율현동 물체당
안동 학암고택
가일 수곡고택
안동 권성백고택
하회 겸암정사
하회 남촌댁
하회 북촌댁
하회 빈연정사
하회 양진당
하회 옥연정사
하회 원지정사
하회 주일재
하회 풍산류씨 작천댁
하회동 하동고택
안동 하회 충효당
만운동 모선루
안동 예안이씨 충효당
하리동 일성당
안동 소호헌
안동 귀봉종택
안동 의성김씨종택
안동 오류헌
의성김씨 서지재사
안동권씨 소동재사
안동 송소종택
의성김씨 율리종택
안동 향산고택
안동 임청각
법흥동 고성이씨 탑동파종택
안동권씨 능동재사
안동 후조당
안동 광산김씨 탁청정공파종택
안동 번남댁
영양 서석지
영덕 충효당
영덕 화수루 일곽

영덕 영양남씨 난고종택
상주 양진당
의성 소우당
송소고택
청운동 성천댁
창양동 후송당
구미 쌍암고택
영천 매산고택 및 산수정
영천 정용준씨가옥
영천 숭렬당
영천 만취당
청도 운강고택 및 만화정
청도 임당리 김씨고택
경주 독락당
양동 강학당
양동 근암고택
양동 낙선당
양동 두곡고택
양동 사호당고택
양동 상춘헌고택
양동 서백당
양동 수졸당
경주 양동 향단
경주 양동 관가정
경주 양동 무첨당
경주 교동 최씨고택
경주 김호장군고택
울릉 나리동 너와집 및 투막집
울릉 나리동 투막집
달성 태고정
달성 삼가헌
달성 조길방가옥
대구 둔산동 경주최씨종택
거창 동계종택
함양 허삼둘가옥
함양 일두고택
합천 묘산 묵와고가
창녕 술정리 하씨초가
함안 무기연당

강원

고성 어명기가옥
강릉 선교장
강릉 오죽헌
삼척 대이리 굴피집
삼척 대이리 너와집

삼척 신리소재 너와집

서울·경기

금성당
양주 백수현가옥
진접 여경구가옥
궁집
수원 광주이씨 월곡댁
화성 정용채가옥
화성 정용래가옥
어재연장군생가
여주 김영구가옥

전라·제주

부안 김상만가옥
정읍 김동수씨가옥
남원 몽심재
고창 신재효고택
군지촌정사
구례 운조루
영광 연안김씨종택
나주 남파 고택
나주 홍기응가옥
나주 홍기헌가옥
화순 양동호가옥
화순 양승수가옥
순천 낙안읍성
낙안성 박의준가옥
낙안성 김대자가옥
낙안성 주두열가옥
낙안성 김소아가옥
낙안성 최선준가옥
낙안성 곽형두가옥
낙안성 이한호가옥
낙안성 양규철가옥
낙안성 최창우가옥
신안 김환기가옥
영암 최성호가옥
무안 유교리고가
해남 윤두서고택
해남 윤탁가옥
강진 영랑생가
장흥 신와고택
장흥 오헌고택
장흥 존재고택
보성 문형식가옥

보성 이금재가옥
보성 이식래가옥
보성 이용욱가옥
보성 이범재가옥
보성 이용우가옥
성읍 고평오가옥
성읍 고상은가옥
성읍 한봉일가옥
성읍 조일훈가옥
성읍 이영숙가옥

충청

서산 김기현가옥
예산 정동호가옥
예산 수당고택
아산 성준경가옥
윤보선 전대통령생가
아산 건재고택
아산 외암리 참판댁(큰댁)
아산 외암리 참판댁(작은댁)
홍성 엄찬고택
홍성 사운고택
부여 정계채가옥
부여 민칠식가옥
논산 명재고택
논산 백일헌종택
서천 이하복가옥
음성 김주태가옥
음성 공산정고가
중원 윤민걸가옥
제원 정원태가옥
제원 박도수가옥
단양 조자형가옥
괴산 김기응가옥
괴산 청천리고가
청원 이항희가옥
보은 선병국가옥
보은 최태하가옥
영동 소석고택
영동 참판고택
영동 규당고택
영동 성위제가옥
대전 회덕동춘당
세종 유계화가옥

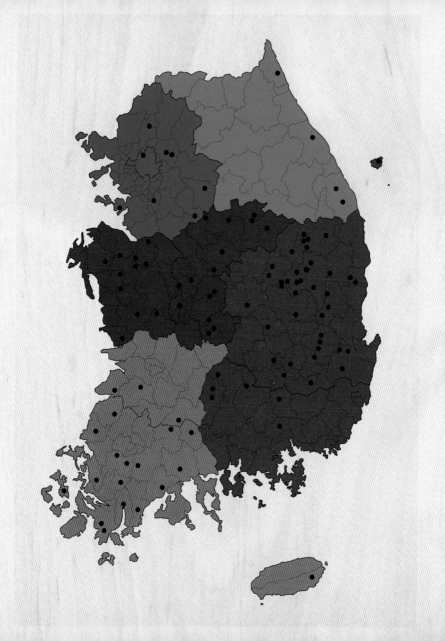